数字传媒研究前沿丛书

数字广告十讲

张 可 薛伟明 著

苏州大学出版社

图书在版编目(CIP)数据

数字广告十讲 / 张可,薛伟明著. --苏州：苏州大学出版社,2023.5
(数字传媒研究前沿丛书)
ISBN 978-7-5672-4100-8

Ⅰ.①数… Ⅱ.①张…②薛… Ⅲ.①数字技术-应用-广告 Ⅳ.①F713.8-39

中国国家版本馆 CIP 数据核字(2023)第 086323 号

书　　名：数字广告十讲

SHUZI GUANGGAO SHIJIANG

著　　者：张　可　薛伟明
责任编辑：杨　冉
装帧设计：吴　钰

出版发行：苏州大学出版社(Soochow University Press)
社　　址：苏州市十梓街1号　邮编：215006
印　　装：苏州市深广印刷有限公司
网　　址：www.sudapress.com
邮　　箱：sdcbs@suda.edu.cn
邮购热线：0512-67480030
销售热线：0512-67481020
开　　本：787 mm×1 092 mm　1/16　印张：15.5　字数：330 千
版　　次：2023 年 5 月第 1 版
印　　次：2023 年 5 月第 1 次印刷
书　　号：ISBN 978-7-5672-4100-8
定　　价：56.00 元

凡购本社图书发现印装错误,请与本社联系调换。服务热线：0512-67481020

张 可

张可，香港浸会大学传播学博士，苏州大学传媒学院副教授、硕士生导师。主要研究领域为数字营销。担任第十五届中国传播学大会暨中国传播学40周年纪念大会副理事长，江苏省新闻传播学学会理事，苏州市广告业发展专家指导库专家。主持国家社会科学基金后期资助项目"数字时代用户媒介采纳与使用研究"、江苏省社会科学基金青年项目"5G条件下视频传播技术创新和主流媒体融合创新研究"、江苏省高等教育教改研究课题"'新文科'背景下跨学科复合型人才培养体系研究与实践"、江苏省高校哲学社会科学研究项目"类社会互动视阈下明星代言广告效果提升研究"等多项国家级和省市级科研项目。在 Journal of Advertising Research、Journal of Product & Brand Management、International Journal of Communication、Frontiers in Psychology，以及《旅游学刊》《中国电视》《青年记者》等核心期刊发表多篇论文。

薛伟明

薛伟明,苏州市职业大学艺术学院副教授,主要研究方向为视觉传达设计。曾主持两项"江苏省高等学校大学生创新创业训练计划项目",分别获得两届江苏省"紫金奖"文化创意设计大赛的银奖和铜奖。

发表专业学术研究论文及教学研究论文数十篇,获得国家发明与实用新型专利证数十个。

前 言
PREFACE

在以人工智能、大数据、云计算、物联网、5G通信等技术引领时代潮流的数字时代，广告传播行业发生着巨大的变化，媒介融合和产销融合促进了广告内容生产者和消费者之间的互动和联结，广告业生产信息的方式纷纷转向以用户为导向，更多地依据受众的偏好推送契合受众需求的资讯。

不同于大众媒体笼统划分受众群体的广泛传播广告信息模式，精准推送可以根据用户需求差异等情况划分人群，通过对受众媒介使用行为数据（如网络搜索数据、面部识别数据、购买记录数据、售后服务数据等）的采集，绘制清晰的受众画像，制订符合受众个性化的推送方案，将经过筛选的契合受众个体需求和接受偏好的广告信息精准送达不同受众，从而降低受众因单一广告信息大范围、重复式刺激而引起的感官疲劳，也避免因广告信息过于泛化而难以抵达不同年龄、性别、职业、消费水平等的目标受众的无效传播，从而带来更具有针对性的广告劝服效果。

算法传播机制下的广告信息精准推送已不难实现，针对受众喜好传达品牌和产品信息已不是问题。然而，如何在此基础上强化受众对广告品牌的忠诚度，成为广告传播的核心目标。在广告信息极其丰富甚至爆炸的时代，广告内容除了需要通过大数据算法机制精准送达受众外，更需要帮助广告品牌从众多竞争者中脱颖而出，直击受众的情感和心理需求，促使受众理解品牌的精神内涵和认同品牌的价值观念，继而产生与品牌之间的情感联结。而受众在情感驱动下对品牌长期无偿的时间和精力的投入，才是粉丝经济时代品牌获取长远利益的核心资本。

大众传播时代惯用的广告营销形式，诸如传统商业广告和植入性广告，其盈利倾向往往过于明显和直白，非但不会带给受众良好的品牌形象，反而容易引起受众对品牌的反感。数字时代，受众已变得富有经验且足够聪明，能够识别广告的倾向性，利用草根化的社交媒体平台制作和传播人性化、平民化的广告形式更易被受众认可和接受。例如，呈现著名演员与品牌在日常生活中共同出现的画面或是将广告信息完全融合在新媒体传播内容之中的原生广告，潜移默化地将品牌观念植入受众心中，增加受众对品牌的信任感和认同度，是广告传播形式转型的一大趋势。

虚拟现实（Virtual Reality，VR）、增强现实（Augmented Reality，AR）、混合现实（Mixed Reality，MR）等技术为广告受众搭建类似真实购物的体验场景，通过使用计算机图形图像技术模拟和绘制虚拟图像，依靠传感器和软件运算系统传递多模态数据处理的文本、音频、视频等广告信息，从而复制出具有真实感的广告场景。受众可以与这些场景中的广告内容发生实时交互，进行位置和时间上的关联。广告内容即时响应受众行为，从满足受众生理和心理需求的角度，带给受众视觉、听觉、触觉等感官上的回馈。

数字时代网络广告发展迅速，然而业界和学界并没有给出过系统的关于数字广告甚至是互联网广告的概念梳理和特征归纳，更多的研究集中在法律监管和隐私保护层面。像效果广告、信息流广告、原生广告、程序化广告等国外常用的契合数字时代广告特点且已经在国内广告市场日趋流行的广告形式，鲜少出现在国内广告教育的理论和概念中，导致广告教育的理论运用仍停留在传统大众传播或文化美学教育的思路上，尚未从传统文科思维过渡到数字时代的交叉学科融合思维。

为契合数字时代广告发展的潮流和趋势，弥补国内广告相关教材中对建立在跨学科思维和算法机制上的数字广告的概念和类型梳理的不足，本教材的内容聚焦于数字时代较为流行的十大广告类型和现象。本教材的特点主要体现在编写思路方面，力图转变以往广告教育强调创意和审美特性的理念，升级为致力解决信息化时代的产业服务和社会化问题的广告学科定位；在教学观念和思维上将广告教育视为融合传播学、信息学、心理学、营销学等学科知识体系的综合性应用学科，注重交叉学科知识体系的协同融合，驱动广告教育思维从传统文科思维向交叉学科融合思维的过渡。在内容编写上，每一讲注重对一种数字广告种类关涉的问题进行系统的描述，内容基于国内外最新相关研究成果，同时配以典型案例的介绍和分析，力图使以高校学生为主的读者对象深入且详尽地理解数字时代最新主流广告的种类和现象。本教材在每一讲的末尾均列出思考题和推荐阅读书目，旨在帮助、促进目标读者进一步思考和探索我国数字广告发展的前景和道路。

本教材由苏州大学传媒学院张可副教授和苏州市职业大学艺术学院薛伟明副教授撰写，苏州大学传媒学院硕士研究生韩博雅为本教材的撰写搜集、整理了大量的资料。其中，薛伟明副教授负责第五讲至第八讲的内容写作，张可副教授负责绪论及其他讲的内容写作。本教材的出版还得到了苏州大学传媒学院陈龙教授、陈霖教授的指导和帮助，在此一并表示诚挚的感谢。

目 录

- 绪论 / 1
  - 一、数字广告的前世今生 / 3
  - 二、新时代的广告业新逻辑 / 6
  - 三、数字时代的广告受众 / 12
  - 四、数字广告的营销趋势 / 16

- 第一讲 计算广告 / 27
  - 一、计算广告的发展背景 / 29
  - 二、计算广告的内涵与特征 / 32
  - 三、计算广告的发展阶段 / 36
  - 四、计算广告的智能化趋势 / 39

- 第二讲 精准广告 / 45
  - 一、精准广告的内涵与分类 / 47
  - 二、精准广告的逻辑特征 / 49
  - 三、精准推送在广告产业中的作用 / 51
  - 四、精准广告面临的挑战与优化 / 55

- 第三讲 效果广告 / 63
  - 一、效果广告的发展背景 / 65
  - 二、效果广告的内涵与特征 / 67
  - 三、效果广告的案例运用 / 72
  - 四、效果广告的发展趋势 / 76

- 第四讲 原生广告 / 81
  - 一、原生广告的内涵、特征与类型 / 83
  - 二、原生广告的案例运用 / 89
  - 三、原生广告的传播模式 / 95

四、原生的信息流广告 / 100

■ 第五讲　H5 广告 / 107
　　一、H5 广告的内涵、类型与优劣势 / 109
　　二、H5 广告的案例运用 / 112
　　三、H5 广告的营销策略 / 117
　　四、H5 广告的设计特效 / 123

■ 第六讲　程序化广告 / 131
　　一、程序化广告的内涵与特征 / 133
　　二、程序化广告的发展现状 / 138
　　三、程序化户外广告 / 141
　　四、程序化户外广告的主要力量 / 147

■ 第七讲　短视频广告 / 153
　　一、短视频广告的内涵与特征 / 155
　　二、短视频广告的形式 / 157
　　三、短视频广告的模因传播 / 160
　　四、短视频平台下 MCN 机构的广告营销 / 168

■ 第八讲　场景营销 / 175
　　一、场景营销的内涵 / 177
　　二、场景营销中的仪式感营造 / 180
　　三、场景营销的案例运用 / 187
　　四、户外广告的场景化构建 / 193

■ 第九讲　情感营销 / 199
　　一、情感营销的内涵与特征 / 201
　　二、情感营销的优势和困境 / 205
　　三、情感营销的案例运用 / 207
　　四、微电影广告的情感营销 / 211

■ 第十讲　新零售营销 / 217
　　一、新零售营销的内涵与特征 / 219
　　二、IP 之于新零售营销：新的链接符号和语言 / 221
　　三、盲盒思维下 IP 新零售营销 / 224
　　四、盲盒思维下 IP 新零售营销的发展趋势 / 229

■ 参考文献 / 234

绪 论

近年来，中国互联网广告的市场规模一直保持增长态势。数字广告运作模式已经逐步取代传统广告运作模式，成为中国广告产业的主流运作模式。据《2021 中国互联网广告数据报告》显示，2021 年中国互联网克服了全球新冠病毒感染疫情的严重影响，互联网广告全年收入 5 435 亿元（不含港澳台地区），比 2020 年度增长了 9.32%。马克思认为，生产力是社会发展前进的动力，也是人类社会进步的决定性力量。科学技术的发展是生产力发展的重要组成部分，也是社会进步的巨大助力。数字技术的进步推动了生产力的发展，生产力的发展必然引起人类社会活动的变化。就广告而言，它是一种社会活动，数字技术的发展会引起广告行业甚至整个传媒行业的变革。科学技术具有两面性，它既带动了生产力的发展，同时又打破了科学范式的平衡。数字技术的进步对整个广告行业来讲既是一次机遇，也是一次挑战。

一、数字广告的前世今生

1993 年 9 月，全球网络导航（Global Network Navigator，GNN）出售第一个可点击横幅广告给海陆国际律师事务所。这是一个文字点击链接，是世界上第一个超文本链接广告。

(一) 从 CPT 向 CPM 发展的合约广告

合约广告也叫广告位合约，是最早产生的在线广告售卖方式，它是指媒体平台和广告主约定在某一时间段内、在某些广告位上固定投放该广告主的广告。这是一种非常典型的线下媒体广告投放模式，在互联网广告早期也很自然地被采用。

从互联网诞生开始，广告的参与者们就想从这个平台上实现商业变现，一开始采取了像报刊等传统媒介贩卖版面的方式进行广告位的出租，按展示时长计费（Cost Per Time，CPT）的售卖方式进行价格的结算。

起初，这种遵循传统媒介模式的广告投放运营也能基本满足客户群体的需求，它不需要区分受众的需求和定位，只需要将网站的模块拆分并出售，就能达到双方获益的效果。

但随着技术的发展和实践的探索，媒体平台和广告主都发现了 CPT 模式存在的弊端，在某一时间段向非目标受众投放的广告，其流量并不能发挥应有的效用。如果一个中年男性打开网页发现是女性化妆品广告，那么此时的广告流量又有什么意义呢？于是，面向不同用户展示定向广告的按展示量计费（Cost Per Mille，CPM）的模式应运而生。

CPM 模式就是按展示量即千次展示付费，并不是将同一广告挂在网站的同一模块，而是根据广告主标记的受众人群标签，通过广告系统进行精细化投放，以保证广告能够尽可能符合受众的定位，从而使流量效益最大化。在 CPM 模式运作下的合约广告，不仅广告主能将预算更加精准地投放到目标受众上，而且媒体平台也能分时段、定向获得更多的合约广告收益，因此 CPM 模式曾风靡一时。

▶▶（二）从合约广告到竞价广告

在数字广告发展中，无论是 CPT 模式还是 CPM 模式，都属于限定数量进行投放的合约广告。首先，随着技术的发展和升级，广告系统标签愈加细分，媒体平台在量的限制下还需要完成流量的细分，这无疑增加了合约完成的难度；其次，合约广告的效果呈现对于广告主来说缺乏透明性，广告的效果完全依赖于媒体平台。

既然对广告投放的两大主体都产生了一定的质疑，那全新合作模式的出现也就顺理成章了。过去的弊病促使展示广告开始打破合约的束缚，向着更加自由的竞价广告模式发展。

最早的竞价广告起源于谷歌（Google），作为搜索引擎的主要变现手段，它通过竞拍的方式将关键词广告植入搜索结果中，能达成精细的流量控制与更高的商业回报。在搜索引擎的变现模式中，广告往往穿插在搜索结果的中间，广告主确认广告投放收益的依据就是"点击率"，由此形成了按点击计费（Cost Per Click，CPC）的付费模式。用户每进行一次点击，就产生一次计费。

由于 CPC 模式在点击广告的环节就终止了，广告主不能确定广告所带来的收益，于是就衍生出了以收益为评估标准的按销售量计费（Cost Per Sale，CPS）和按行动计费（Cost Per Action，CPA）的付费模式。在这两种模式下，只有广告主获得了更多的收益和转化率，媒体平台才能相应地获得更高的广告费用，二者互利共赢。

尼古拉·尼葛洛庞帝在《数字化生存》一书中最早提出"数字化"的概念，他在书中预言所有媒介终将融合并向数字化转变，且数字化技术将对广告的发展起变革性作用，广告变得非常个人化，以至于我们几乎分辨不清什么是新闻、什么是广告了。[①]

随着时代与科技的发展，在现代社会广告传播的语境下，多数学者认为，数字时代广告的内涵扩大了。2006 年，学者舒咏平、陈少华与鲍立泉在《新媒体与广告互动传播》一书中系统提出了"广告互动传播"的概念，在探究新媒体技术与广告互动传播关系的基础上，指出互动一直是广告传播的一种追求，即使在传统媒体上也有一定体现。而《数字化生存》一书则认为，广告是由特定的组织和个人通过付费方式获得各种媒体载具上的时间与空间，旨在引导受众的情感态度与相应互动的、有关商品和观点的信息传播。

随着数字广告为适应品牌传播需求而不断变化，数字广告的形式也在推陈出新。若按设备终端来分，数字广告大致可以划分为计算机端、手机端、智能电视端及其他数字媒体终端。在数字媒体广告的应用投放现状下，计算机端和手机端是较为主要的两种媒

---

① 尼古拉·尼葛洛庞帝. 数字化生存 [M]. 胡泳, 范海燕, 译. 海口: 海南出版社, 1996: 199.

介载体。互联网数字广告（计算机端）提供了多种广告选择，如搜索引擎营销、内容广告、显示广告、搜索引擎优化、社交营销和电子邮件营销。而同样广泛使用的手机设备（手机端）则用于文本信息广告和移动营销。

在广告公司，按实际应用分类，通常又将数字广告分为搜索广告、展示广告、视频广告、电商广告、社交广告等形式。其中，搜索广告是品牌投放最多的数字广告形式。

媒介生态的数字化变革大大丰富了媒体形式，为品牌广告传播提供了更多的媒体选择。尽管数字媒体渠道比传统媒体渠道更加多元且分散，但随着数字技术和程序化交易的不断发展，广告主反而可以更加轻松地整合媒体资源，随时调整媒体投放策略，甚至对传播效果形成精准化评估。图 0-1、图 0-2 较为直观地反映了中国程序化广告技术生态圈与广告程序化交易平台的服务运作模式。

精准营销、成本分析与广告渠道效率向来是广告投放的痛点与难点，数字广告依托大数据实现目标消费者的精准定位，通过梳理并量化数据间的联系，以及分析其相关性的强弱来判断事物发生的可能性大小。在数字广告中，大数据首先将消费者的各种行为信息进行整合，通过分析其个体生理及心理特征，精准挖掘消费者的潜在需求；其次向消费者推送品牌广告以促进销售，实现广告投放效果的最大化。在日常生活中，时常会出现这样的情况：上一秒我们还在和朋友讨论防晒霜的性价比，下一秒我们手机上的各类软件就会向我们推送防晒霜品类的商品信息，如折扣活动和测评等。由此可见，数字运营商为了建立更为全面的用户数据库，已经将信息收集的手段渗透进了用户生活的方方面面，这让数字广告的投放变得更加便捷、迅速且精准，可以与用户需求进行高效匹配。

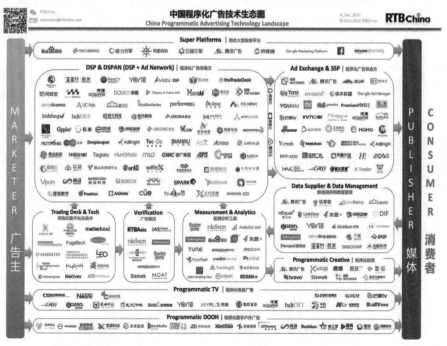

图 0-1　RTBChina 绘制的中国程序化广告技术生态圈

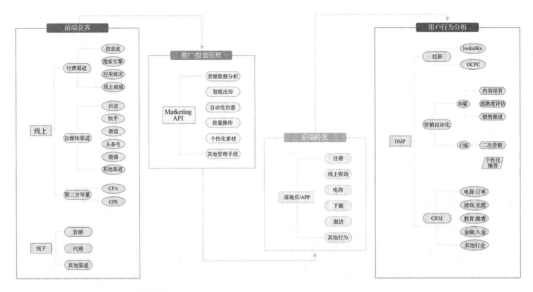

图 0-2 广告程序化交易平台的服务运作模式示意图

二、新时代的广告业新逻辑

当今，广告领域的研究者和从业者正站在一条全新的分界线上，这条分界线的意义深远。在此之前，更多的是以工业时代建立起来的传播模式和营销思维来指导广告实践；在此之后，信息技术革命的浪潮将使我们对广告、营销、产品、品牌和用户所面临的具体问题思考出一些新的答案。这些问题和答案涉及广告营销的方方面面，包括但不限于怎样看待广告、怎样进行营销、怎样了解用户、怎样分析市场，这些内容共同构成了不同时代的产学研共同体所遵循的不同的广告观和方法论，也就是广告的基础理论和底层逻辑。越过这条分界线，广告研究和广告实践便开启了一种基于数据、算力、算法的全新逻辑。这种新逻辑所提供的答案并不全是对经典广告理论和广告模型的否定，而是一种扬弃、重构和超越。新逻辑的开启，同时也意味着所有的广告策划、创意和投放等活动真正开始从本质上与信息、数据、计算和算法等科学概念产生有机的融合，而不仅仅是在形式上看上去与之有关联。[①]

数字技术的更新为广告带来了无限潜能，使得传统广告面临着严峻考验。在20世纪，电视是人们最追捧的媒体设备之一，为数不多的电视频道是大众向往的娱乐消遣渠

---

① 刘庆振，于进，牛新权. 计算传播学：智能媒体时代的传播学研究新范式［M］. 北京：人民日报出版社，2019：124.

道。随着电视频道的增多，观众的自主选择权大大提升，但仍要顺应媒体的安排接收相应的信息。广告的强行植入自然就成了众多企业眼中的绝佳商机，部分电视节目甚至为了商业盈利而增加广告播放量，缩短节目播放时长。观众因为缺乏自主选择权，对广告的强行植入无能为力。这种企图利用广告投放率刺激观众去消费的行为引起了观众的反感。现今，让观众被动地接收洗脑式的信息越来越行不通。

在电视作为主流媒体的传统媒体时代，各大频道的收视率十分稳定，商家不用过多地揣摩观众的心思，投入少量的广告成本就能获得可观的利润。移动通信技术和网络技术的迅速发展将观众从被动接收广告的困境中解放出来，越来越多的数字技术、应用、平台、设备等开始转移人们的视线。在手机上看电视，在互联网上看电子杂志，在平板电脑上玩游戏等，这些能看、能听、能回放的传播信息的新形式很快被人们接受和喜爱。越来越多的观众被不同的新媒体形式吸引，电视观众群的流失使得商家不得不改变盈利模式。广告业可以随着数字时代的发展而重新占领市场，厘清各类消费群体的心理和偏好，瞄准受众群，根据不同的群体有针对性地投放相应的广告，这样才能收获预期的效果。

20世纪80年代之前，由于媒介的有限和技术的落后，传统的广告大多是通过"文字—语言—图像"这个模式进行信息传递的。例如，当时最先进的电视广告大多以明星做代言，采取实拍方式，介绍商品的功能优点。千篇一律且单调的视觉表现力，在观众的记忆点上非常欠缺优势。即使品质上乘的商品，也因为广告视觉表现力的缺乏而被淹没在众多相似的广告之中。随着网络技术的发展，计算机软件在广告制作上日渐普及，这种低成本、高效率的手段很快又在广告产业掀起了一股盲目跟风的潮流。即使有新技术加持，众多缺乏视觉表现个性的广告还是难以赢得一席之地。

传统的广告形态主要通过平面的形式表现出来，这种表现形式往往不能形成较大范围的传播。而在数字媒体技术支持下的广告，以动态的形式传播，形式多元化，可以给接收人群极强的代入感。数字媒体技术出现以后，新媒体和传统媒体的地位差距就立刻显现出来了，受众从过去的被动接收转变为现在的主动选择，以往受众只能通过报纸、电视等媒体接收信息，而新媒体的出现拓展了受众的信息接收范围。简而言之，新媒体的出现在一定程度上影响了广告的进一步发展。大众开始习惯使用手机、计算机等新媒体设备，使用过程中所表现出的种种特性通过网络的大量传播，对现代广告的表现形式、交互模式、规范性产生了不小的影响。

广告是基于传播内容和传播形式而改变的，传统媒体和数字媒体下的广告传播形式的差异是很大的。从广告发展历程来看，以往一般以传统媒体下的广告为主。数字媒体技术出现以后，大众可以在网络媒体中自主接收广告，并在社交媒体上将自己的观点和面临的问题传递给更多的人。

数字媒体技术的存在为广告设计提供了更多的机会和可能，也在很大程度上满足了人们对广告的需求。① 但是，任何一个事物都具有两面性，数字媒体技术在为广告设计提供较大方便的同时，若广告设计者一味依赖数字媒体技术设计广告，也会约束广告设计的创新。在现代广告设计过程中，应当合理使用数字媒体技术，在使用过程中融入自身的创意，并进一步发掘数字媒体技术更多的表现形式，才能给受众带来更强烈的听觉冲击、视觉冲击。

数字广告的新形式不断涌现，各种题材新颖、形式特别的广告渗透进日常生活，以高度的娱乐性和艺术化的表现手法柔化了观众心中商业广告的既定形象，将观众对广告的被动接受和排斥转变为主动接受甚至从中获得乐趣，并将这种乐趣传播和分享给更多的人。这种调动观众参与其中进行交流互动的交互式广告，将广告的操作权和控制权交给消费者，让他们不再是只能观看广告的局外人，而是自主探索和自由选择的主导者，直接参与、体验广告所宣传的产品，从而达到企业宣传、推广的目的。近年来，VR、AR 发展的持续升温，更是为广告注入了前所未有的现代感和高科技感。尽管 VR、AR 融入日常生活的构想还处于摇篮中，但其巨大的潜能将在未来渗透、改变市场营销行业，成为不可阻挡的潮流趋势。

2020 年，数字广告在经济衰退的大趋势下蓬勃发展，数字媒体的综合有机增长因素推动了数字广告在全球范围内的迅猛增长。数字媒体的韧劲与需求远超预期。随着消费者恢复正常出行，各种重大活动如期举行，以及随之而来的经济复苏，这些将促使大部分垂直行业增加线性广告预算，但从长期发展趋势来看，整个市场将进一步朝着以数字为中心的营销环境转变。

▶▶（一）全球数字广告市场发展现状：支出小幅增长，疫情加速转型

据媒介资源整合中心 MAGNA 发布的 2020 年 12 月版《全球广告预测报告》中对全球广告市场趋势的研究显示，2020 年，媒体主广告收入大约减少 250 亿美元。不过，由于商业形势逐渐回归正轨，2021 年全球广告市场将回升 7.6%，达到 6 120 亿美元。广告增长受到强劲的经济复苏和个人消费的刺激，但增速之高不仅仅是市场奋起直追的结果，也受到了有机增长因素的推动影响。由于消费者出行限制，品牌广告预算及线性广告（线性电视广告、线性电台广告、平面广告、户外广告和影院广告）受到的影响较大。

过去五年，数字媒体的市场份额保持着 3%—4% 的年增长率。2019 年达到 52%，2020 年猛增 7%，全球市场份额达到 59%。据预测，尽管新冠病毒感染疫情对经济造成了一定的影响，但数字媒体广告支出呈小幅增长；事实上，数字媒体广告支出增长远超预期，部分原因是疫情的冲击加速了以数字为中心的营销生态系统的转型。除了直面消

---

① 何迪诗. 现代广告设计中数字媒体艺术的应用 [J]. 传媒论坛, 2019, 2 (19): 123 – 124.

费者的品牌与专业电商外，大品牌和小企业也在扩大数字业务；很多本地商店或餐馆开始利用搜索和社交营销来进行广告投放，或利用"线上下单，线下取货"的模式保持业务运转。

在数字广告投放形式中，搜索广告依然是最主要的形式；电商巨头（阿里巴巴、亚马逊）的产品搜索抵消了传统搜索引擎（百度、谷歌）增长减速的影响。防疫期间，社交媒体广告获得了更高的渗透率、更长的观看时间，广告插入量呈爆炸式增长。

▶▶（二）中国数字广告市场发展现状：移动设备占比显著

据媒介资源整合中心 MAGNA 发布的 2020 年 12 月版《全球广告预测报告》显示，2020 年，中国媒体主广告收入与上年相比，只增长了 0.2%。其中，数字广告收入增长 10%，达到 3 950 亿元人民币，占广告支出总额的 72%；数字广告支出增长主要来自移动设备，2020 年该领域支出增长 17%，占到数字广告支出总额的 83%。从广告形式来看，在中国，搜索广告目前占比依然最大，占广告预算总额的 59%。2020 年，搜索广告支出增长约 11%。其中，核心搜索广告支出出现一定程度的下滑，但因来自电子商务搜索广告巨头阿里巴巴和京东的广告支出持续走强而被抵消。2020 年，中国线性广告下滑 19%，仅占广告预算总额的 28%。

为了高效建立用户数据库以精准投送广告，第三方应用软件开始收集用户个人数据，包括性别、年龄、喜好、购物习惯等，以进行大数据分析，最终用来指导广告产品的投放，以此为产品销售提供精准转化。这样的数据收集模式无疑带来了弊端，不但将用户的隐私暴露无遗，还一定程度上降低了用户信任度。

我国的数字广告尚处于发展期，受众的维权意识较为薄弱，这直接导致了基于大数据的差别定价、入侵其他应用软件搜索隐私等丧失商业道德的行为，因此规范大数据的使用仍是行业组织和立法机构的难题。

2021 年 4 月 5 日，苹果官网发布消息提醒开发者：iOS14.5 正式版发布在即，请为"隐私新政"（图 0-3）做好准备。业内人士称，苹果最快在 4 月中旬推送 iOS14.5 正式版的升级更新，在北京时间 4 月 21 日举行的苹果春季发布会上公布。苹果公司宣布推出的 iOS14.5 软件更新将包含应用追踪透明功能（APP Tracking Transparency，ATT），在 iOS14.5 中，所有开发者必须遵守 ATT 规则。该规则要求他们使用 iPhone 的广告标识符跟踪不同应用的用户时必须征求用户同意，用户通过自主选择决定是否接受个性化广告跟踪。也就是说，苹果一直允许第三方应用调用其收集到的用户输入、搜索、阅览、停留时长等行为数据，但在 iOS14.5 后，这种基于用户数据隐私和兴趣算法推荐的方式被终结了。更新该版本后，苹果手机用户每次打开一个新应用软件都会跳出一个询问框，选择是否允许该应用软件追踪个人的一些使用行为和数据，苹果将其定义为进一步保障用户对个人隐私数据的控制。

苹果 iOS14.5 隐私政策的更新是对用户隐私安全的再升级，对于用户来说是一件好事，但对于极其依赖用户数据与私域流量池的阿里巴巴、字节跳动等大型商业公司来说，无疑提出了新的挑战——失去了跨应用数据追踪，也就失去了“个性化”的广告投放。不仅如此，如果用户不允许应用软件跟踪行为，广告商就无法知晓其是否访问了广告链接，是否因此购买了该产品，甚至无法知道用户在广告上停留了多久。这样，广告归因也遇到了困难。据移动归因与营销分析平台调查显示，2021 年 3 月，有 59% 的苹果用户禁止第三方应用软件追踪个人数据，平均每款应用软件仅有 28% 的用户做了授权允许。这意味着绝大部分应用软件将失去半数以上的用户行为数据。而就中国应用软件市场而言，已经被广泛应用的精准推荐、兴趣算法等，则将面临失效风险。降低广告的精准度，对部分企业的商业变现、市场估值都将是致命打击。

为 AppTrackingTransparency 做好准备

2021 年 04 月 05 日

确保您的 app 已为 iOS 14.5、iPadOS 14.5 和 Apple tvOS 14.5 做好准备。在即将发布的公开发行版本中，所有 app 都必须使用

AppTrackingTransparency 框架来征得用户的许可，才能对其进行跟踪或访问其设备的广告标识符。除非您征得用户对启用跟踪权限的许可，否则设备的广告标识符值将全部为零，您也将不允许跟踪用户。

将 app 提交审核时，您必须在产品页面的“App Store 隐私信息”部分中，为其他任何形式的跟踪（例如，按名称或电子邮件地址）提供声明；同时，这些跟踪将仅在通过 AppTrackingTransparency 征得许可的情况下才能进行。根据《App Store 审核指南》的准则 5.1.2 (i)，您还需要在系统中包含一个用途字符串以解释为什么 app 需要跟踪用户。这些要求将从 iOS 14.5、iPadOS 14.5 和 Apple tvOS 14.5 的公开发行版本开始，应用于所有的 app。

图 0-3　苹果发布的 iOS 14.5 版本的用户“隐私新政”

放眼未来，数字广告在隐私保护下的应对措施与发展趋势可以概括为以下几个方面。

1. 维护行业制定的大数据应用原则

大数据应用应当建立在对公共数据的合法使用上，获取大数据不能以牺牲用户隐私权利为前提。苹果的广告跟踪限制虽然短期内势必折损广告收益，但对于推动行业规范做出了贡献，在缺乏完善的个人信息保护体系的环境下，合理合法遵循用户隐私协议、维护行业规范是推进行业健康稳步发展的要素。

2. 发展基于区块链技术的数字广告

据上文分析，数字广告投放中的一个重要环节是程序化购买，中间商代理广告主整合媒介资源，优化广告投放效果。然而，程序化交易平台已出现数据不透明、流量造假、

数字供应链角色混乱等问题，而区块链技术的发展则非常适用于数字广告的投放。

（1）区块链技术简介

区块链技术，根据其特点简单归纳，是指一种去中心化、具有高度安全性与高可信度的技术。这种新技术框架能够利用加密链式区块结构来验证与存储数据，利用分布式节点共识算法来生成和更新数据，利用自动化脚本代码（智能合约）来编程和操作数据。[①] 在区块链技术中，各主体之间可以平等地进行信息交换和储存共享，有相同的权利和义务，这使数据信息不会受到单方面的强制操控。其中的智能合约技术能够确保信息安全透明，所有用户均可知晓智能合约的内容和作用，但不能对其进行修改。区块链系统在隐私保护基础上将数据读取方式公开透明化，并且将区块链数据以零成本向全体节点进行公开，使得所有参与其中的行为和数据都透明，从而降低查询全部节点的信任成本，提高可信度。

（2）区块链技术下数字广告的发展

基于区块链技术的数字广告发展将带来多重利益与效果。首先，广告主和广告公司间的信任链条将被重构，交易流程得到简化，广告效率大幅提高；其次，区块链的出现使各主体摆脱了第三方的数据监测，允许广告主清晰地进行追踪，透彻地了解用户点击、观看和转化等信息，并能够通过数据分析广告触达用户是否为目标用户，从而使得数字营销行业中的广告欺诈、流量作假等问题得到解决。与此同时，区块链可以控制交易活动的成本，降低单位时间内金钱和人力的投入，从而提高效率。区块链加密货币技术既能够有效地实现内容货币化，也能够实现广告投放的精准化。由于区块链技术的安全性、透明性，广告主可以很容易确定目标受众的特征，进行基于大数据分析的精准营销和人工智能技术下的精准投放，量化用户注意力并成功变现。

区块链技术的应用可以解决用户隐私问题，通过点对点的奖励机制，合法收集用户愿意分享的信息，同时调动用户的积极性。通过搭建区块链数据交易平台，每个人都可以对自己的数据资产和服务定价，通过智能合约达成与其他人的交易或合作，每一个浏览到广告的用户都可以获得向自己支付的广告费。广告主直接面对用户收集他们愿意分享的信息，数据维度更加全面，信息更加真实，用户画像也更加清晰和立体。从用户角度思考问题，数据既得以分享还能够获得奖励，隐私权又并未被侵犯。用户、广告主和广告公司三者互相独立，依赖区块链技术进行智能匹配，用户看到想看的广告和内容，广告主实现广告的精准投放，广告公司也从中获取收益，可谓一举三得。

3. 双向交流，创新数字广告形式

当下数字广告的投放在应用基于大数据的数字营销时，更加青睐明星宣传、概念输

---

① 袁勇，王飞跃. 平行区块链：概念、方法与内涵解析 [J]. 自动化学报，2017，43 (10)：1703 – 1712.

出等手段，这是企业根据大数据得来的。大企业制作的覆盖面大的 IP① 就是产品的保障，这是一种忽视交流的广告传播。且这种大数据的应用门槛并不具有普适性，因为数据引导的广告投放模式成本高昂，这种单向的传播模式并未根据不同企业的管理方式而做出区别。

数字营销并非万能的，以数据引导广告投放势必产生传播问题，因此要在广告设计和投放前做好准备，结合传播双方交流的原则，融合数据总结的元素，切勿单方面以大数据为唯一参考依据。

数字广告是技术发展下的大势所趋，在其迅猛发展的过程中也难免出现多重问题，苹果公司颁布的用户"隐私新政"不仅是对肆意收集用户数据的开发者敲响的一次警钟，也是对数字广告发展单一形式的一种提醒。在区块链技术蓬勃发展的背景下，抓住新兴技术实现用户隐私保护情境下更高效率的广告投放与效益转换应该被提上议程。这也值得广告主做更深刻的思考。

三、数字时代的广告受众

广告的最终目的是改变消费者的行为或观念，促成购买行为。面对受到数字化环境影响的新一代广告受众，不能只是一味强调广告劝服力的强弱，必须重视广告与目标受众的有效沟通，并且引发受众一定程度的共鸣，从而有效传达广告信息，促成消费者的最终购买行为。

▶▶（一）广告受众趋向碎片化

数字时代的两个显著特征是海量信息和信息碎片化。广告受众是信息碎片化的体验者，他们本身正经历着碎片化的过程。以消费市场为例，传统的大众消费市场如今正在被慢慢瓦解，形成了许许多多的碎片化的细分市场。比如，按年龄细分要素形成不同年龄段的细分市场，按职业细分要素形成不同职业的细分市场。而基于消费者的生活形态等各个维度来划分消费市场，已经成了新风向。越来越多的碎片化市场，导致消费者出现了阶层或群落的"碎片化"，与此同时，消费者的行为如生活方式、消费理念、品牌观等，也向着"碎片化"的方向发展。

广告主若想与目标消费者进行有效沟通，第一步便是在数量庞杂、面目模糊的社会大众中，找到符合目标消费者特征的群体，从而通过某种传播手段或者特定的渠道平台

---

① IP 是 Intellectual Property 的缩写，即知识产权。

将目标受众聚合到一起。

▶▶（二）广告受众的能动性和自主性增强

在传统媒体时代，传播形式是点对面的。广告受众个体只是作为受众中的一员而存在，媒体播放什么，受众就接受什么，没有一家媒体会针对某个受众的特别需求进行传播，受众对传播内容的反馈也十分滞后。总体来说，受众的能动性和自主性较差。然而在数字时代，广告受众在媒体选择上的能动性和自主性不断提高，这主要是因为移动数字技术推动了互动型、参与型平台的发展，受众摆脱了以往的一对多、点对面的传播形式。同时，数字技术还赋予了受众选择性接触信息的权利，受众在这些数字化平台上可以根据自己的喜好选择想要接触的信息内容，拒绝不喜欢的信息，并且可以向传播者即时反馈自己的观点和想法。数字时代赋予受众的权利，有利于广告主更方便地对受众进行跟踪调查，根据即时反馈机制，广告主还能及时调整广告营销活动，使之更加适应消费者的喜好，从而实现广告目的。

▶▶（三）广告受众需求凸显个性化，追求精神满足

当今社会，广告受众越来越强调个性化。从如今消费者选择品牌的倾向来看，选择品牌就是选择一种生活主张、生活态度，他们以此来展现个性。消费者身上发生的这种变化，要求广告主所投放的广告能够给目标消费者群体传递一种他们所认可的、不同寻常的生活主张、生活态度，展现他们的独特个性。这种消费趋势实际上象征着现如今的目标消费者群体不仅是为了满足物质层面的欲望，而且是为了满足精神层面的需求。这样一来，品牌也就成了消费者自我实现和自我标榜的一个符号，通过品牌符号可以强化消费者自我的价值认可。这样的消费趋势对于品牌如何定位、如何营销等提出了更大的挑战。

在数字时代，强调与受众进行互动是十分重要的，为此广告主所投放的数字广告必须转变以往陈旧的广告观念，树立以消费者为中心的营销观念，尽一切力量吸引消费者的注意。这可以体现在以下几个方面。

1. 数字广告营销模式更新

在传统的营销理论中，"推"与"拉"是两个具有丰富内涵的营销理念。例如，最早由美国杰罗姆·麦卡锡所提出的"4P"理论，即产品（Product）、价格（Price）、渠道（Place）、宣传（Promotion），就是典型的以企业为核心的"推"的理论，即"销售观念"，核心是将商品主动推销给消费者。而"拉"对应的则是"营销观念"，核心在于实现企业各项目标的关键是要正确确定目标市场的需要和欲望，并且比竞争者更有效地传达目标市场所期望的物品或服务，进而比竞争者更有效地满足目标市场的需要和欲

望。"销售观念"和"营销观念"的区别在于:"推"的观念注重卖方需要,即企业需求的满足和目标的达成;而"拉"的观念则更多地考虑如何通过吸引消费者并满足其需要,即通过广告或者其他宣传活动让消费者认识、接触企业产品,从而达成购买行为。

从"推"到"拉"的转变,顺应的是数字时代受众碎片化、个性化的新特点。如果依据传统的销售观念,从企业出发,目的只是将产品推销出去,那么在数字时代必然会受挫。受到数字媒介生态环境影响的广告受众,有着"挑剔"的消费观,生硬的推销模式往往被他们排斥。而"拉"的模式把选择权和自主权交给受众,从受众的角度出发,根据受众的需要设计产品,受众在需要产品的时候会自动地搜索产品信息和广告,摆脱了生硬的推销模式。这种营销观念一方面满足了受众平等、自主选择的需求;另一方面也满足了受众个性化的需要。因此,在数字时代,要及时转变广告营销模式,基于受众本位,把受众的特点考虑在内,通过互动沟通,增加受众的自主参与和互动体验,从而实现受众对品牌的认同。

2. 数字广告沟通模式变化

以往发布在传统媒体上的广告,通常都是对品牌或者产品各种属性加以介绍,呈现为单一的说服模式。然而,在如今的数字时代,一方面,品牌或产品间的差异越来越小,单是对品牌或产品的介绍已经很难再打动消费者;另一方面,由于新时代消费者个性化、媒体细化、信息膨胀、顾客挑剔的营销新环境,单一的说服模式很可能会起到适得其反的作用,不但达不到好的广告效果,还会引起消费者的厌恶和反感。因此,数字广告的沟通模式必须发生转变,将说服模式改为倾听模式,重视消费者的地位,倾听消费者对广告和营销活动的反馈、意见和建议,充分利用数字媒体的交互性,实现受众与广告的互动。

3. 数字广告传播模式升级

在传统媒体时代,广告只能做到"广而告之",而无法将产品信息和广告信息传递给特定的消费群体。但是,在数字时代,广告主可以凭借大数据的优势将含有产品或品牌信息的数字广告精准传达给特定的消费群体,我们可以称之为"窄而告之"。事实上,这种广告也有特定的名称——行为定向广告或定向广告。在数字时代,定向广告往往迎合了消费者个性化的特点,精准触达目标消费者群体,从而实现花费较少的广告预算达到较好的广告效果的目的。

▶▶ (四)数字广告致效模式更改:从 AIDMA 法则到 AISAS 法则的转变

AIDMA 是由美国广告学家刘易斯在 19 世纪末提出的单向传播理论,核心是从广告信息引起消费者注意(Attention)到使消费者开始感兴趣(Interest),再到消费者产生需求与欲望（Desire）并潜在地在脑袋中保留记忆（Memory），最后产生购买行为（Action）的过程。AISAS是由日本电通公司针对互联网与无线应用时代消费者生活形态的变化而提出的一种全新的消费者行为分析模型，作为对AIDMA理论的延展，主要是针对使用数字媒体的消费者的主动权、能动权的兴起，将"欲望"（Desire）和"记忆"（Memory）更改为"搜索"（Search）和"分享"（Share）。当产品或品牌的广告信息发布并引起消费者的注意（Attention）和兴趣（Interest）之后，消费者会主动搜索（Search）并找到相关信息，然后自主决定是否进一步了解，接下来才会采取行动（Action），有了实际消费经验之后，他们可能会与其他消费者分享（Share）自己的经验和评价，从而对企业主投放的广告活动进行反馈。从AIDMA法则到AISAS法则的转变，指出了数字时代下搜索和分享的重要性，充分体现了数字技术对人们生活方式和消费行为的影响与改变。

▶▶（五）数字广告目标受众观念变化：由"80/20法则"到长尾理论

在传统媒体时代，广告总是试图影响核心的消费群体，而忽视一些比较分散的消费群体。这是由于当时大多数的广告主都信奉"80/20法则"，即80%的利润是由20%的核心消费群体创造的。然而在数字时代，受众群体逐步趋向碎片化，核心消费群体已经分散错落在不同的碎片群落里，理想的市场规模已经难以寻觅。这时候，如何在碎片化群组中找到并聚合目标消费群体，成了企业营销前必然要面对的重大问题。就目前的形势而言，新时代很多广告主在正视这个问题的同时，也在积极转变思路，不再将注意力全部放在核心消费群体，而是逐步关注边缘消费群体的个性化需要，越来越推崇长尾理论。

长尾理论源于长尾市场，随着整个社会经济及科技的发展，如今的时代已经是一个"富足经济"时代，消费者除了具备一些共性的取向外，越来越追求个性化的需求，对各种商品都有购买的可能。这样一来，当无数消费者的个性化需求被满足时，必然导致长尾的产生。长尾理论由美国人克里斯·安德森提出，主要内容是由于成本和效率的因素，过去人们只能关注重要的人或重要的事，如果用正态分布曲线来描述这些人或事，人们往往只会关注曲线的"头部"，而将处于曲线"尾部"的市场忽略掉。克里斯·安德森认为，在网络时代，由于关注的成本大大降低，企业主可以以很小的成本关注到正态分布曲线的"尾部"，因关注"尾部"而产生的总体效益甚至会超过"头部"，所以数字时代是一个关注"长尾"、发挥"长尾"效益的时代。当下，许多品牌都日益重视起长尾理论，并将其贯彻到营销战略中，取得了不错的效果。例如，依靠"长尾理论"思想打开电商购物市场的拼多多，面对淘宝和京东的强势地位，没有复制它们任何一方的成功道路，而是依靠商品长尾营销（不设门槛限制，吸引商家入驻）、广告长尾营销（"大众媒体"和"个人媒体"相结合）、消费者长尾营销（挖掘三、四线城市乃至农村的小众市场）打开了电商领域的尾部市场，从而占据了一席之地。

随着数字技术的进步和广告信息传播方式的改变，品牌与消费者的关系已经发生了结构性的变化。广告主要想把握住数字时代的消费者，必须积极转变营销观念，适应数字媒体时代的广告投放特点，洞悉广告受众的新特点，顺应新兴的以消费者为导向的广告观念，以便更好地指导企业的营销活动。

四、数字广告的营销趋势

数字营销，其本质是一种用户思维，通过数据分析，更好地贴近消费者，提升消费者的体验。在数字时代，人与人的交互是以互联网为媒介的，这些交互的基础就是数字技术（指借助一定的设备将各种信息，包括图、文、声、像等，转化为电子计算机能识别的二进制数字"0"和"1"后进行运算、加工、存储、传输、还原的技术）的成熟。姚曦等在《技术与生存：数字营销的本质》中提到，技术使人逐步技术化，使人类开始从依赖自然物生存转向依赖技术物生存，从生存于天然自然界转向生存于人工自然界，在这个过程中人类的生存方式逐步从自然生存转向技术生存。而技术革新既是经济增长的推动力，同时也是经济增长周期波动的主要动力。20 世纪 90 年代，以美国新经济为代表的全球性信息革命使人类进入了一种"虚拟生存"的状态。一项技术的创新，不仅能催生出新的产业，还能促使原有产业接受改造；不仅能够在某个产业内部运用，还能够推动众多产业的发展。

由此，数字技术创造了数字产业，并运用于广告行业，产生了数字营销。数字营销就是基于数字技术的互联网营销，基于"虚拟生存"的虚拟实践的营销。以火爆的换装类游戏《奇迹暖暖》为虚拟形象的代表，以游戏《我的世界》（Minecraft）为虚拟空间的代表，"90 后""00 后"的自我意识在网络世界得到充分表达，具象成网络世界的虚拟形象。因此，只有使营销活动的对象成为虚拟实践的客体，才能实现数字营销的自主性、个性化及互动性；只有使营销活动的对象成为虚拟实践中不可缺少的部分，才能通过虚拟实践对现实实践的引导，达到数字营销的目的。

与传统的营销方式相比，数字营销的特点有：① 消费主体互动性更强。每个人都可以创造内容，成为辐射塔；每个人都可以与自己感兴趣的品牌或内容互动，对其进行评价。② 目标用户精确投放。传统媒体时代，点对面的投放既很难满足受众的个性化需求，也无法接受反馈，再加上进入 21 世纪民众思想解放、表达欲强，思想与爱好更加多样化。而数字媒体更强调个体化，即使数亿人同时使用一种设备，营销者依然可以和每个用户进行沟通。反之亦然，每个用户可以在与营销者的沟通中提出自己的喜好和需求，甚至生成自己的个性化空间。由此，营销者可以分析其个体差异，投其所好，优化营销方案。③时间和空间较为自由。广告牌、宣传册、电视广告等传统营销手段受到时间成本、人力成本、地域空间等多方面因素的限制；而通过数字技术，消费者可以随时获取自己想要获得的内容，而这也为营销者的推广提供了新的途径和方式，可以通过视频插入广告、公众号推送广告、网页插入广告等方式进行宣传、推广，突破时间和空间的阻碍。

数字营销是使用数字传播渠道来推广产品和服务的营销手段，常见的国内外线上营销渠道主要有10个，下面通过每种渠道的国内外代表案例透视数字营销在未来发展的趋势。

▶▶（一）社交媒体营销主阵地

社交媒体营销就是企业借助社交媒体去倾听用户声音、与用户进行良好沟通、宣传品牌理念、推广产品的营销模式。在国外，Facebook（脸书）、Twitter（推特）、LinkedIn（领英）等是数字营销的主要社交媒体渠道。在国内，广泛采用的社交媒体渠道聚焦于微信、微博、抖音、知乎、小红书等主流社会化媒体平台。此渠道的火爆案例较多，近两年微博、抖音的热门话题、热门人物，甚至抖音的热门特效都有可能成为营销的热点。

案例1　2019年6月的一天，Vans（范斯）中国在做数据洞察时，发现很多消费者在社交媒体上讨论"王安石"，王安石的英文名也被戏剧性地起为"Vans"，连读之后竟毫无违和感。这个"开脑洞"的玩笑迅速发酵，很多历史名人都被网友起了很有趣的英文名：孔子，字仲尼，英文名Johnny；李白，字太白，英文名Belle；杜甫，字子美，英文名Jimmy；苏东坡，字子瞻，英文名Supreme；陆游，字务观，英文名Wi-Fi（谐音"路由"）。"如果王安石有英文名"的话题迅速登上了微博热搜。

案例2　《X战警：背水一战》(*X-Men*：*The Last Stand*)（图0-4）上映期间，这部电影用社会化网站进行了推广。它让所有愿意加X-Men为好友的人可以使用特定的独有功能。结果在短短数个月内，差不多300万MySpace.com的会员加了X-Men为好友。电影一上映就爆红，并最终取得票房历史上第四名的佳绩。由于X战警系列本身就是"大IP"，观众基础较好，自身存在热点，宣传方将电影内容注入社交平台的活动，使受众的主动性和互动性大大增强。

图0-4　*X-Men*：*The Last Stand* 宣传海报

案例3 2019年名噪一时的星巴克"猫爪杯"（图0-5）是星巴克品牌在社交媒体进行数字营销的成功尝试。品牌借助抖音、微博、小红书等平台做预热，通过关键意见领袖（Key Opinion Leader，KOL）"种草"吸引消费者关注，引爆产品热点，即先由话题铺垫，继而采用饥饿营销为品牌造势。

图0-5　星巴克"猫爪杯"

▶▶（二）点击付费广告的大量涌现

从以今日头条点击付费广告（图0-6）、微信朋友圈信息流广告（图0-7）为代表，到现在的百度搜索引擎广告（图0-8），按点击计费的广告模式已经大量涌入市场，QQ、微信随处可见用来吸引受众的小说片段，此时受众若点击了解甚至随意点击广告页面范围，就可能会跳转至付费类型窗口。百度搜索更是把广告与类似"百度知道"的提问内容糅合在一起，如搜索一个健康类问题，立马就会跳出能解答该问题的产品企业发送的广告，一来消费者可以通过有关企业解决问题，二来有些广告点击本身也包含专业人士的咨询渠道，且与"百度知道"板块不冲突。因为更加个体化，所以相比于社交媒体营销，点击付费甚至更能迎合企业了解受众点对点的需求。

广告位　　　　　　　　　　　广告内页

图 0-6　今日头条点击付费广告

图 0-7　微信朋友圈信息流广告　　　**图 0-8**　百度搜索引擎广告

▶▶（三）会员制营销

会员制营销在零售行业应用比较广泛。据开市客（Costco）2019 年第四季度财报电话会议披露，其上海店注册会员超过 20 万人，创 Costco 成立以来最高纪录。随着中国互联网的繁荣发展,中国零售会员制也在探索中不断实践,利用大数据赋能的会员制营销,如淘宝"88VIP"(图0-9)是以价格区分不同的会员级别及体系,甚至给用户一种终身享受福利的感觉,极大地加深了用户对品牌的好感与信任感。

图0-9　淘宝会员制营销

▶▶ (四)本地广告投放

本地广告投放是比较常见的一种线上广告投放形式,一般常见于B2C(Business to Consumer)类企业,但是也有B2B(Business to Business)类企业投放的。以华为的一组广告为例,为了给企业业务单元信息与通信技术(ICT)做本地广告(图0-10),华为推出的广告形式给B2B类企业做出了示范。

图0-10　华为ICT本地广告

▶▶ (五)电子邮件广告

电子邮件广告(图0-11)投放是指企业将广告通过互联网发到受众邮箱的行为。它的特点是针对性强,费用低廉,传播面广,信息内容量大,并且广告的内容不受限制。

图 0-11　电子邮件广告

SwayChic，一家女性服装零售商，基于客户邮件打开数、购买历史和转化时间等细分客户，提供细分的客户邮件。运动品牌李宁（LI-NING）根据性别、年龄范围和产品点击发送针对性的产品邮件。主打宠物商品的闪购及团购服务网站 Doggyloot 则针对订阅用户的宠物大小发送量身定制的邮件。无论它们从哪种角度对客户进行分组，在点击率和回报率上都有所提升。

相较之下，国外的电子邮件广告投放的规模及成效好于国内。据相关报道披露，邮件营销是海外市场营销中最重要的渠道之一，独立用户达 38 亿人，具有远超社交媒体营销的高点击率、高转化率和高资本回报率。但在国内，邮件营销面临着比较尴尬的局面，常常被运营人忽略，当然这可能是由于国内社交媒体形态丰富，用户对邮件并不买账，以至于电子邮件广告投放几乎不在一般媒体进行大规模数字营销的考虑范围之内。

▶▶（六）网络公关

网络公关，又叫线上公关。与传统公关类似，它利用互联网渠道塑造企业形象，为现代公共关系提供了新的思维方式、策划思路和传播媒介。优秀的网络公关团队不仅能够树立企业良好的品牌形象，更能在应对负面舆情危机时化险为夷。

2019 年年末，奥迪的一条信息流广告（图 0-12）内容错投成了英菲尼迪，有人调侃，这个广告奥迪和英菲尼迪都应该买单，因为一条广告宣传了两款汽车。还有人称，可能是腾讯播放广告的工作人员以为英菲尼迪是奥迪的一款车，毕竟都是"迪字辈"。"事故"一出，汽车界一片喧哗，宝沃汽车、沃尔沃汽车等纷纷调侃奥迪，"朋友，也帮我们投一个呗"（图0-13）。事件发生之后，双方都做了危机公关，甚至其他品牌也顺势做了广告，将这次乌龙事件的影响降到了最低。

图 0-12　奥迪信息流广告

图 0-13　宝沃微博广告

(七)搜索引擎优化

SEO 是 Search Engine Optimization 的英文缩写,中文译为"搜索引擎优化"。它是在了解搜索引擎自然排名机制的基础上,对网站进行内部及外部的调整优化,改进网站在搜索引擎中的关键词自然排名,获得更多流量,从而达成网站销售及品牌建设的预期目标。2018 年 7 月,百度搜索发布细雨算法,打击 B2B 网站的内容标题存在关键词堆砌行为;打击企业网站标题包含其他品牌"官网",误导用户。平台型网站内页标题减少关键词出现频次,以旅游行业为例,可参考携程的酒店页面标题写法。企业网站首页标题尽量不要出现"官网"。2019 年 3 月,百度搜索推出烽火算法,严厉打击危害用户隐私、恶意劫持站点的行为。2019 年 5 月,百度搜索发布信风算法,打击网站利用翻页键引导用户的行为,极大地提升了用户的浏览体验。

(八)营销自动化

营销自动化可以提高营销投资回报率,提高客户的生命周期价值,简化产生销售线索的过程,减少客户需求响应时间,等等。

迈克菲(McAfee)是一家价值数十亿美元的专业安全技术公司,提供具有前瞻性且经实践验证的解决方案和服务,可为全球范围内的系统和网络提供安全保护。当很多人开始抱怨市场营销部门过于注重数量而忽视质量,销售转化率低得令人担忧时,McAfee 引入甲骨文营销云(Oracle Marketing Cloud)以帮助他们的营销和销售部门实现工作协调一致,并达到获取更多客户的共同目标。市场营销开始将客户线索进行细分并开展个性化的后续跟进,而不再只是简单地将销售线索转交给销售。通过线索打分跟踪每个潜在客户培育的进展,并只将最有可能达成交易的销售线索转发给销售。最初,自动化的线索管理只局限于北美部门。随着时间的推移,McAfee 最终在全球范围内推动了战略转变。

(九)集客营销

集客营销区别于传统营销,它是在制定好营销策略后,在媒体渠道铺设精准优质的内容,创造机会被客户发现,是一种让用户"自己找上门"的"拉动式"营销策略。集客营销需要在落地页、咨询、购买、售后等各个环节和阶段与用户进行交互,并为其提供价值,最后通过数据分析来进行活动效果评估。

(十) 内容营销

案例 Kindle 与故宫文化联名礼盒（定制版）（图0-14）套装包括电子书阅读器（Kindle Paperwhite）、故宫文化定制保护套及包装礼盒，其中，后两者又包括千里江山、祥云瑞鹤、福寿双全、翠羽烁金四种元素的设计，外观上古典优雅，寓意也十分美好。微博上 Kindle 官方还发起了"阅动紫禁"的话题互动及抽奖，话题的阅读量达233万次。翻翻里边的评论，会发现不少有趣的点评："科技以换壳为生""没有写着'奏折'的吗"。也有不少人表示："壳很贵，买不起""很美啊，不过我觉得我的壳也不错"。不管粉丝的评价如何、最终转化如何，一个代表现代化阅读方式，一个代表传统文化传承，双方的合作以崭新的方式传递中国传统文化，给读者带来了内涵与颜值的叠加享受。

图 0-14　Kindle 与故宫文化联名礼盒（定制版）

　　互联网正以几何级数的加速度发展。在数字时代，各个阶层、各个年龄段的人都在上网看新闻、玩游戏、找工作、看视频、参与社区讨论、聊天、收邮件，以互联网为重要特征的数字化生活方式潜移默化地改变了人们的习惯，受众细分逐渐呈极端个体化的趋势。数字化的大潮已经席卷整个社会。可以说，数字广告、数字营销以后也会更加快速地增长。阿里巴巴虚拟经济的爆炸式增长就是很好的例子，很多国际品牌也早就把数字营销做得风生水起。据统计，全球消费者平均每天花费33%的时间在数字媒体上，但是营销者花在数字媒体上的预算仅占全部媒体预算的8%。奥美互动亚太区主席肯特·沃泰姆指出，营销人员必须转变传统的营销模式，但事实是，我们的营销者并没有充分地利用消费者的在线时间，数字营销投入的费用与消费者在线使用的程度之间存在着巨大的鸿沟。这代表着数字营销的大整合才刚刚开始，未来伴随着数字时代的蓬勃发展，数字营销也将逐渐成为主流的营销形态。

小　结

随着数字技术的发展，广告形态的表现方式发生了翻天覆地的变化，网络信息的接收者拥有了自由选取内容的权利，这种改变意味着新媒体和传统媒体所扮演的角色本质上就是不同的。例如，看报纸是一种单向的信息传播，接收者和传播媒体之间的地位是不平等、不充分的，广告难以与接收者建立直接的联系，而数字媒体环境下的现代广告恰恰在这一点上做到了极致。在数字时代，广告可以借助数字媒体及其技术力量，创造出一个全新的平台。但是，如何正确使用数字媒体，使广告朝正确的方向发展，是广告发展过程中需要攻克的难题。

【思考题】

1. 数字时代的广告有什么特点和优势？
2. 相较于传统媒体时代的受众，数字时代的广告用户发生了哪些转变？
3. 数字媒体的出现使广告目标发生了哪些基本而又重要的变化？

【推荐阅读书目】

1. 薛敏芝，胡雅. 数字环境下的广告实战研究：理论、案例与分析［M］. 上海：上海交通大学出版社，2016.
2. 阳翼. 数字营销［M］. 2版. 北京：中国人民大学出版社，2019.
3. 廖秉宜. 数字内容营销［M］. 北京：科学出版社，2019.

第一讲 计算广告

计算广告（Computational Advertising），通常被称为在线广告或网络广告，指的是在网络上找到与特定上下文匹配的最相关的广告。上下文取决于广告的类型，可能是指广告显示的内容、观看广告的用户或用户的社交网络。计算广告学是一门科学分支学科，涉及信息检索、统计建模、机器学习、大规模搜索和文本分析等诸多领域。计算广告解决的核心问题是广告和上下文之间的匹配。在过去的十年里，计算广告的研究取得了很大的进展，目前对计算广告在查询重写和点击预测等传统领域及最近发现的用户定位、移动广告和社交广告等领域的研究都在继续。

一、计算广告的发展背景

随着大数据和人工智能技术在广告传播中的应用与发展，品牌、用户、传播渠道、场景的形式和关联发生了变化。计算广告研究的迅速崛起，为大数据时代的品牌理论发展提供了新的维度。计算广告的精准性、匹配性、整合性、交互性和个性化，彻底改变了品牌传播和营销推广的许多环节。技术、个人/群体、市场/环境的变化对整个品牌环节的信息传递、用户行为、感知互动、决策反馈、价值共同创造产生了深刻的影响。

就广告的形式而言，广告数字化就是将不断变化的广告信息，如图像线条、声音信号等，转换成一系列离散的单元，在计算机中用二进制数 0 和 1 表示。数字广告是数字时代的直接产物，各种形式的互联网广告（也称网络广告）都是数字广告。广告的数字化技术在互联网出现之前就已经存在了，但正是借助互联网，该技术才得以传播。1994 年 10 月，美国电话电报公司（AT & T）发布了世界上第一个在线广告——Banner（横幅）广告。横幅广告迎来了新时代。早期互联网的典型应用形式是各类网站。当时网站上的广告类型主要是文本链接广告、横幅广告和发送到用户邮箱的电子邮件广告。这些广告实现了广告的数字化，但问题是无法区分用户，准确性差，用户体验不好。早期的网络广告与传统的线下广告并无不同，只是广告的载体发生了变化。即便如此，当数字广告被插上互联网的"翅膀"时，它的生存空间和形式都得到了极大的扩展。

随着互联网的普及，网民数量呈爆炸式增长。他们的在线行为会以一种被称为数字足迹的数据形式记录下来。此外，随着移动互联网时代的到来，用户倾向于随时在线，通过不断收集用户数据来更好地了解他们。随着互联网和数据技术的发展，互联网广告已经突破了早期的局限，可以在特定的场景中将广告信息传递给正确的用户。DoubleClick[①] 公司成立于 1996 年，将横幅广告和 Cookie 技术相结合，通过记录用户的

---

① DoubleClick 是美国一家网络广告服务商，主要从事网络广告管理软件开发与广告服务，对网络广告活动进行集中策划、执行、监控和追踪。

在线行为和定向广告目标群体，使广告更加有效。网络广告变得越来越精准，其原因在于：第一，互联网用户在网络上留下了各种行为数据，广告发布商可以利用统计和机器学习的方法对用户进行有效分类，从而实现广告受众需求的细分。第二，广告主或广告发布商可以利用这些用户行为数据来精准衡量广告投放的效果，从而及时调整广告投放，以达到一定的目标（如提高广告匹配受众的准确性或广告发布商的收益等）。①

随着计算机功能的日益强大及其在社会各个领域的广泛普及，人们对计算机的思考和理解也在不断深入。尼古拉·尼葛洛庞帝在《数字化生存》中指出，计算不再只和计算机有关，它决定我们的生存。计算思维早已存在，它与实验思维、理论思维一起被称为人类的三种科学思维方式，但计算思维一直没有明确的定义。曾任美国卡内基梅隆大学计算机科学系主任的周以真教授这样阐明计算思维：计算思维是指运用计算机科学的基础概念来进行问题求解、系统设计和人类行为理解等涵盖计算机科学之广度的一系列思维活动。计算思维包括一系列反映计算机科学领域范围的思维工具。计算思维是将一个看似困难的问题重新组合成一个我们知道如何解决的问题，也许可以通过简化、嵌入、转换或模拟来解决。

简单地说，计算思维是一种通过算法的设计和实现来解决某一领域具体复杂问题的思维方式。"算法"是计算机科学中的一个常见术语，指的是计算机遵循的一套规则或指导方针。算法会建立一个内部模型，并利用它进行预测，同时用更多的数据测试和完善模型。

计算思维不再是一个遥远和模糊的概念，而是真正融入人类活动的各个方面，它几乎影响自然、人文、社会科学等所有学科。广告是一种追求投入产出比的复杂经济活动。在广告业的数字化转型中，计算思维开始体现在互联网广告运营的各个环节。

大数据时代，数据资产成为核心竞争力。英国 Nature（《自然》）杂志和美国 Science（《科学》）杂志分别在 2008 年和 2011 年推出了"大数据"专刊，从多学科和多专业领域分析了大数据的影响与意义。"大数据"逐渐成为学术研究的热点。"大数据时代"一词是由维克托·迈尔-舍恩伯格和肯尼思·库克耶的《大数据时代：生活、工作与思维的大变革》推广开来的。从行业角度来看，以数据挖掘、存储、处理和应用为核心的大数据技术越来越受到各行各业的重视，数据已成为商业密码和商业财富。"大数据"不仅仅是一个技术术语，更是当前企业资产、核心竞争力、完整产业链、先进生产力的代名词。因此，大数据应该被视为一个完整的概念和系统，而不是一个独立的方法论、技术理论，甚至应用理论。苹果公司于 2007 年 1 月发布了第一代 iPhone，开启了移动互联网时代。移动互联网让我们可以把互联网放在口袋里，随身携带，一天 24 小时在线。从这个意义上说，移动互联网才是真正的互联网。从此，越来越多的人拥有

---

① 吕尚彬，郑新刚. 计算广告的兴起背景、运作机理和演进轨迹 [J]. 山东社会科学，2019 (11)：164 - 169.

了个人的互联网终端，这带来了更频繁的互动和更丰富的数据。计算广告系统是一个大型的数据处理平台，对数据处理的规模和响应速度有很高的要求。在广告业中，大数据除了应用于受众洞察、媒体投放等环节外，广告商也开始尝试数据驱动的创意策略，如程序化创意和动态创意优化，让机器自动进行创意的生成与优化。

机器学习研究计算机如何模拟或实现人类的学习行为，以获取新的知识或技能，并学习如何做出预测和建议。它是人工智能的核心，是使机器获得智能的根本途径。具体来说，机器学习是通过各种算法（与学习任务相关）从数据中学习如何完成一项特定的任务，这个过程被称为训练，然后使用学到的知识（规则或模型）对现实世界中的事件做出决定或预测。机器学习就是让机器从大量无序的数据中独立挖掘出有用的信息，它是继专家系统之后人工智能应用的又一个重要研究领域。机器学习研究的进展直接决定了人工智能的技术水平。机器学习自20世纪90年代以来取得了巨大的进步，而目前流行的深度学习就是机器学习的一种类型。人工智能自20世纪60年代诞生以来，在社会上并没有引起太大的关注，其社会影响极其有限。人工智能通过算法，使软件程序或机器表现出与人类相似的自然智能，使软件或机器具有人类特有的学习、逻辑、理解甚至行为能力。2016年，阿尔法围棋（AlphaGo）战胜韩国职业围棋九段棋手李世石的消息，使人工智能成为全球关注的焦点，这也被视为人工智能第三次发展高潮中的一件大事。人工智能能够迎来第三次发展高潮的原因有很多，如计算能力的不断提高、数据的极大丰富、算法的不断优化等。其中一个关键点是，人工智能的兴起与行业的垂直应用是紧密相连的。大数据技术与人工智能技术紧密结合，密不可分。目前人工智能的代表性算法是深度学习，深度学习通常需要足够的训练数据。广告业一直在探索大数据技术和人类智能技术的应用，以推动互联网广告的创新。从行业角度来看，竞价排名、程序化购买、程序化创意、信息流广告等概念不断涌现，并已成功应用于实践。人工智能对广告运作的重构，形式上是系统性重构，内涵上是颠覆性重构。形式上，人工智能解构了传统广告运作，形成消费者智能洞察、广告智能创作、广告智能投放和消费者智能应对的新型运作方式；内涵上，人工智能构建了基于消费者全景画像的大规模个性化广告创作、全覆盖精准化广告投放、主动型策略化消费者应对的新型算法模型。人工智能技术在广告中应用的方式、形态随着数据、算法和算力的发展处于不断推进与变化中。人工智能重构的广告运作对不断变化中的广告智能化发展具有重要的理论意义与实用价值。人工智能在给广告业带来新挑战的同时，也为广告业带来了"涅槃"的新机遇。

二、计算广告的内涵与特征

计算广告的概念最早由雅虎（Yahoo）前副总裁安德雷·布罗德提出，他认为计算广告的核心挑战是在特定环境下找到合适的广告和特定用户之间的最佳匹配。但他并没有从学术的角度来定义计算广告。2011年，中国学者周傲英给出了一个定义，计算广告是一种精准投放的广告投放机制，它在计算的基础上找到最优匹配的广告内容，并将其定向到目标人群。在这种机制下的广告可以实现广告收益的最大化，形成和谐的广告产业链；百度的戎文晋认为，计算广告主要依靠大数据技术和算法模型，寻找广告与消费者之间的最佳接触方式，包括消费者场景、广告形式和交互方式，从而达到广告主的某种目标。计算广告的范围并不局限于网络广告或仅适用于广告投放环节，它将适用于未来所有的媒体，无论是线上还是线下，涉及广告运营的整个业务链，而不单是投放机制。①

计算广告既不是一种广告形式，也不是一种广告业态，而是目前广告活动发展的一个全新阶段、一个高级阶段、一个必然阶段。计算是嵌入广告中的核心概念，而广告活动是基于计算的。然而，在大数据概念出现后，计算的概念被划分为"传统"计算和"大数据"计算，二者有质的区别。

计算广告有两个主要特征：第一，从广告的角度来看，计算广告实现了广告的准确性。计算广告是基于大数据技术和算法模型实现广告信息与用户的精确匹配的。第二，从广告效果的角度来看，计算广告实现了可衡量的广告效果。计算广告可以计算出广告展示的最高收入，所以广告效果不再是"空中楼阁"，而是直接的数字符号，它将数据和流量大规模地运用于现实，让广告效果跃然纸上。计算广告试图促使广告实现跟所处语境之间的一致性，也就是广告跟语境的匹配度。匹配度越高，广告就会越自然，人们看到这些广告的时候，抵触情绪就更低。计算广告通过收集数据、用户画像、行为预测、个性化推荐等多种方式来匹配用户需求，以最短的路径完成从吸引用户注意到实现用户购买的过程。因此，计算广告本质上是一种基于算法和计算能力的面向数据的新型广告模式。

计算广告旨在探索计算方法来提高在线广告的效率。它构建了一个庞大的广告生态系统，由广告主、广告媒体、广告平台、广告技术公司、数据提供商、用户等多种参与者组成。用户洞察、广告文本生成、媒体选择和效果检测都被纳入计算广告的运行框

---

① 戴世富，陈倩楠. 计算与算计：计算广告的伦理反思［J］. 国际品牌观察，2021（22）：18-22.

架。计算广告的核心内容是广告、媒体与用户的最佳匹配,计算广告的最终目标是广告成本、用户体验、商业价值之间的平衡和考虑。基于营销大数据的计算广告技术日益成熟,它贯穿于互联网生态链的每一个环节,是互联网广告不断升级演变的产物。

从这个角度来看,"计算"是大数据时代广告宣传活动的重要手段和关键特征,是提高广告活动营销效果的重要抓手和有力保障。在新媒体时代,人类行为和态度可以通过数据的形式呈现出来,如果能够对数据进行采集、分析、探索和应用,就可以实现精确营销,引导广告商将资金投向有需求的特定受众。这不仅可以节省大量的广告预算投资,还可以在精确定义市场需求的基础上提高广告效果。[①]

计算广告的运作系统主要包括广告算法、广告、语境、受众(用户)四个方面,结合这四个方面可将当下的广告形式归纳为三类:基于文本分析的计算广告、基于用户分析的计算广告和基于用户参与的计算广告。

▶▶ (一)基于文本分析的计算广告

近年来,文本分析成为自然语言处理学科的一个热点研究问题,该学科的一些应用研究学者相继将网页分析、文本倾向性分析、文本相似性分析、机器翻译等研究成果应用到网络广告实践中。为商业公司提供技术支持的突出代表分别为百度竞价排名、Google AdSense[②]、Contextual Ad(上下文广告)。虽然这三者都是基于文本分析的,而且有着相同的前提假设——用户喜欢与自身信息需求相关的广告,但是这三者的系统原理截然不同。百度竞价排名通过对用户搜索关键字与广告主竞拍关键字进行相似性计算,实现在搜索结果的最前面插入与用户搜索相关的广告。显然,百度竞价排名人为干预搜索结果有一定的误导用户之嫌。谷歌为了保证搜索结果的公平性,较早放弃了竞价排名广告,转向以站长加盟的形式实现在搜索目标页面投放与搜索词相似的广告,即Google AdSense。而 Contextual Ad 基于对用户所浏览网页的主题分析,从广告库中检索与主题相似的广告插入网页指定位置,实现广告与语境的匹配。

▶▶ (二)基于用户分析的计算广告

如果说基于文本分析的计算广告与语境相匹配是间接实现广告与用户相匹配,那么基于用户分析的计算广告便是直接使得广告调性与目标用户的喜好相匹配。当前,用户分析主要从 IP 地址、注册资料、服务器日志、Cookie(储存在用户本地终端上的数据)、历史数据、浏览器行为等方面切入,具有代表性的广告形式为电子商务个性化推荐广告和 MediaV(聚胜万合)。个性化推荐广告可以看作 POP 广告(Point of Purchase

---

① 杨扬. 计算广告学的理论逻辑与实践路径 [J]. 理论月刊, 2018 (11):162 – 167.
② Google Adsense 是由 Google 公司推出的针对网站发布商的一个互联网广告服务。

Advertising，购买点广告）的一种智能化改进，根据用户的兴趣特点和购买行为，向用户推荐其感兴趣的商品。此定位过程是 IP 定位、信息检索、协同过滤、数据挖掘等多种算法组合计算的过程。而 MediaV 则是根据 Cookie 跟踪用户浏览历史，分析用户的兴趣取向，在用户登录某网页时，通过 MediaV 平台识别用户，投放与之兴趣相符的广告。

▶▶（三）基于用户参与的计算广告

文本和用户行为都可以通过相关算法进行兴趣相似性分析，然而图像、视频这种多媒体数据在现有的图像识别技术下尚不能进行主题分析，因此需要借助人工参与。基于用户参与的计算广告系统其主要目的在于搭建一个用户、广告主、站长的联盟平台，如 Pixazza[①] 图片广告联盟和爱奇艺视频广告联盟。联盟广告系统以利益分成的方法吸引网民作为志愿专家参与到广告创作活动中，专家浏览图片或者视频时发现商品信息，则在相应位置插入广告兴趣点，并链接到与之相对应的商品购买广告。与传统的视频插播广告不同的是，这种广告系统只有在用户指向广告兴趣点时才会显示广告，在一定程度上减少了对用户浏览图片、视频的打扰。

计算广告涵盖了一系列的计算系统、技术、广告和促销行为分析与决策的方法。可以说，计算广告是指一个具有丰富计算能力的广告生态系统，它利用数学、物理、信息技术（Information Teahnology，IT）和经济方法来匹配丰富的广告对象和环境，以及利用模型分析复杂的利益相关者行为，在客户/产品/品牌/公司的不同互动和接触点的不同背景下，通过各种媒介向潜在消费者提供广告信息，并为广告决策和市场设计提供高效、优化的解决方案。

计算广告的逻辑基础是匹配。传统广告也被认为是线下广告，其广告信息包含在预先制作好的广告产品中，受众的选择只能通过不同的媒体、版面或渠道来实现。这里的受众是群体意义上的受众，因为报纸、电视等大众媒体无法将受众细分为个体，所以广告信息与受众之间的联系是通过"大众传播"来实现的。在这个意义上，传统广告的用户接触通常是广泛的。计算广告在广告信息中既可以预先确定（如搜索关键词中的广告和广告中准备好的程式化），也可以即时生成（如常规点播广告的创意自动生成技术，这是程序化广告的进一步发展），这里的受众是个体化的受众，他们的个体特征是通过用户画像来描绘的。计算广告依赖于各种数据和算法模型，广告信息和用户之间的联系是通过"匹配"来实现的——我们也可以把匹配看作一种更精细的沟通。匹配是计算广告的基本逻辑，这也体现了广告的两个转变：第一个转变是广告运营理念从群体到个体、从一般到精确的转变。互联网连接着无数的个体，这些个体是互联网庞大网络

---

① Pixazza 是一家图片匹配广告服务商，它将发布商网页里的图片进行识别、标记，从广告商提供的产品广告图片里找到匹配的显示出来。

结构的基本单元。此外，随着互联网的发展，在互联网的数字空间中，个人无处可藏，个人的数字足迹已经成为许多组织的财富来源。它们成功的秘诀就是精准定位成千上万的用户。第二个转变是从经验判断到定量计算的转变。过去，主观、感性和经验因素在广告经营决策中起着重要作用。随着社会向大数据社会、计算社会的转型，广告主在广告运作中将更加依赖客观、理性和数据因素。

计算广告寻求特定上下文中的特定用户与适当广告之间的"最佳匹配"。由于计算广告与计算机系统的使用密切相关，因此在此基础上借鉴计算机系统中"输入—处理—输出"三个模块来思考计算广告的运行过程，并从这个角度解释计算广告的运行机制。在计算广告的运作中，将互联网用户（广告受众）和媒体使用环境（广告环境）视为复杂的数据集，共同构成输入模块。在处理模块中，广告平台作为主体处理前两个数据集（不同媒体往往依赖不同的广告平台），同时在后台检索庞大的广告库。在广告库中有很多已完成的广告，或者只是广告材料，可以在数据和算法的帮助下快速生成广告。广告主可以随时替换或更新广告库中的广告和广告资料。广告实现的计算过程是互联网用户数据集、媒体使用环境数据集和广告库的交互与匹配。在寻找"最佳匹配"的过程中，算法就像一个魔术向导（这就是为什么许多人认为它是一个不透明的黑盒），最终将"最佳匹配"传递给用户。该算法的核心功能是对大量数据进行分类、检索、排序和选择，最后将有价值的信息以匹配的方式呈现出来。不难发现，计算广告实际上是一个完整的闭环系统，算法及其控制机制构成了一个闭环黑盒。一旦互联网用户使用某个媒体，所有的数据就会立即被发送到广告平台，并触发广告平台的广告匹配过程——这个过程是连续的。互联网用户、媒体使用环境和广告库都是动态的，如用户浏览媒体内容的变化、用户地理位置的变化、广告库的更新等，任何一方的微小变化都会影响最终的匹配结果。此外，算法本身也在不断地优化和变化，算法的变化也会影响互联网用户所接触到的内容。

计算广告时代的技术推动了品牌、用户、传播渠道、广告内容在传播与互动方面的转型。跨学科和新兴领域的知识体系和研究成果将依赖于品牌与用户之间的关系，不断碰撞和整合，激发更多元化的探索。颗粒度、信息质量和临场感是计算广告品牌传播中具有跨学科意义的三个重要维度。一方面，这三个维度起源于计算机科学，在人机交互等领域有成熟的技术性研究成果。另一方面，将算法、AR 等技术性功能植入品牌孵化和品牌战略开发的基因中，三个维度在品牌与用户的互动中不断优化，以用户为学习样本，积累了丰富的实践经验。①

这种对于用户消费行为、媒介触达能力、广告内容策划、供需精准匹配、投放即时监测、价格动态调整、策略实时优化等各个环节和详细数据的大规模采集和"计算"

---

① 段淳林，崔钰婷. 颗粒度、信息质量和临场感：计算广告品牌传播的新维度：基于 TOE 理论的研究视角[J]. 武汉大学学报（哲学社会科学版），2022，75（1）：79-90.

能力，是以往任何广告活动都不具备的。①

在数字时代，广告活动的核心问题（提高效率和效果）并没有改变，但提高效率和效果的要素、手段和方法发生了根本变化。计算广告就是这种变化的产物，它强调的是计算能力，但这并不意味着过去广泛的广告活动不需要或不具备一定的计算能力，而是由于其不具备强大的计算能力——这种能力不被视为广告活动发展演变的核心驱动力。从这个意义上说，计算广告不是一种单独的广告类型，而是一种全新的广告思维。在一个将广告能力准备好的高级广告发展阶段，所有的广告活动都会逐渐具备计算思维的能力，向着更高级的进化阶段发展。其中，"最佳匹配"是指在特定思维和特定能力前提下的相对"最佳"匹配。事实上，效率的最大化和效果的最优化始终是一个相对的概念。正是因为对这种最大化和最优化的追求，技术驱动的广告活动才从创意广告、策划广告、统计广告发展到现在的计算广告阶段。

三、计算广告的发展阶段

计算广告是一种以用户为中心的基于数据和算法的智能营销方法。在实时高效的数据计算下，对一系列用户需求进行快速交付和精确匹配优化。操作上的优势是程序化购买，即广告自动竞价和用户购买。传统的广告活动包括研究、计划、创意、传递和效果评估。受数据垄断、企业数字化转型等障碍的制约，计算广告并没有完全颠覆传统的广告运动过程，而是帮助后者完成了一次创新和进化，其中，最具创新性的是广告传播环节的转型。现阶段，计算广告的传播已不再是大众的传播，而是以个体为基础的精准传播。这一变化的真正逻辑可以从媒体广场、广告主广场来理解。首先，媒体零售的每一个信息接触都是一个广告曝光的机会。随着大数据和算法时代的到来，个人在媒体终端的每一次点击、搜索、浏览等行为都被视为一次与广告密切接触的机会，即广告曝光。媒体端借助数据技术，将这一"机会"上传到互联网广告交易（Ad Exchange）平台管理的卖方平台（Supply Side Platform, SSP），并将其作为广告曝光进行销售。这一过程意味着媒体不再按时间或空间出售广告空间。相反，它们根据曝光的次数来出售。其次，广告主使用数据技术来购买每一次点击的曝光率。广告主将广告需求发送给第三方平台——需求方平台（Demand Side Platform, DSP），需求方平台与数据管理平台（Data Management Platform, DMP）连接，筛选符合广告主需求的广告曝光机会。同时，通过Ad Exchange 平台反向竞价（RAT）购买曝光机会，在竞价成功后的几秒内即可投放针

---

① 刘庆振，钟书平. 重新思考计算广告：概念界定与逻辑重构（六）[J]. 国际品牌观察，2021（25）：20 – 21.

对个人的广告。现阶段计算广告的传播不再是大众的传播，而是基于个体的精准传播。[①]

参考数字广告的市场化进程，计算广告的发展可分为四个主要阶段。

▶▶（一）搜索广告蓬勃发展

搜索广告是指在搜索引擎的基础上，将广告商的广告信息显示在搜索结果的显著位置。1996 年 7 月，雅虎推出搜索引擎广告，用户在搜索关键词后自动显示横幅广告。这虽然与今天的关键词广告（AdWords）有所不同，但主动拉近了搜索引擎与广告之间的距离。2000 年，谷歌探索新的广告模式，推出 AdWords 广告平台。通过 AdWords 广告平台，广告商可以使用关键词竞价在谷歌的搜索平台上投放广告。2001 年，百度在中国推出了第一个付费排名广告。百度的收入来源已经从主要销售技术服务转变为向广告商出售广告。在互联网兴起初期，互联网的基本形式是 PC（个人计算机）互联网。搜索引擎公司牢牢占据了互联网的入口，利用其强大的地位推出竞价排名广告，吸引了一大批广告主。广告模式为分析用户输入的关键词，并在搜索页面显示与用户搜索相关的广告，这成为谷歌和百度当时最重要的收入来源。搜索广告已经成为分类广告的舞台，因为页面上显示了过多的广告。广告数量的增加对于用户来说是一种干扰而不是帮助，因此广告的有效性就降低了。更重要的是，随着移动互联网的崛起，越来越多的门户网站正被应用程序取代，而移动屏幕再也无法容纳曾经出现在计算机屏幕上的大量广告，搜索巨头的地位受到了严重削弱。谷歌的 AdWords 虽然仍是关键词广告之王，但并不是谷歌收入组合中的唯一收入来源。例如，视频作为一个新的领域，吸引了大量用户的关注，2006 年，谷歌以 16.5 亿美元收购了 YouTube。在中国市场上，百度也在其他平台不断尝试新的广告方式。

▶▶（二）广告网络崭露头角

在早期的互联网广告市场上，搜索引擎和门户网站占据了主导地位。那么林林总总的各类中小型网站，它们应该如何销售自己的广告位才能实现流量现金化呢？这时，广告网络（也称广告联盟）作为媒介代理人的中间人出现了。它们收购并整合了分散在中小型网站上的广告位库存，然后引导广告商在上面投放广告，赚取佣金或差价。广告网络以典型的长尾市场为目标，作为整合者，将中小型网站及大型网站上的长尾广告空间与中小型广告商连接起来。广告主可以通过相对简单的操作界面，实现多个网站的广告投放。搜索公司随后瞄准了广告网络这块"蛋糕"，百度和谷歌分别在 2002 年和 2003 年推出了网站的广告联盟和 AdSense。广告网络以平台的形式提供服务，如加载广

---

① 邢冰冰. 计算广告的传播范围窄化问题与其可行性解决模式 [J]. 新闻前哨，2021（9）：125–126.

告代码、监控网站页面上的代码。当打开包含代码的页面时，页面上的代码会要求后台系统匹配该广告。广告网络的重点在于广告匹配定位技术，如内容定位、行为定位、区域定位等。该系统可以在广告网络向用户投放广告时，根据广告效果数据灵活、智能地调整媒体组合策略，从而实现广告价值的最大化。市场上有众多广告网络，每个广告网络都有不同的定位和目标广告主群体，相应的收入分成也不同。由于广告网络所控制的媒体和广告主有限，各个广告网络的媒体广告位可能无法满足广告主的需求，从而导致网站的广告位卖不出去或卖不出好价钱，因此广告主在投放广告时选择有限，广告效果自然难以进一步优化和提高。

▶▶（三）程序化广告成为热门

程序化广告是指广告主通过数据管理平台来设定目标用户，再进行竞价，最后通过广告交易。平台将某一媒体上的用户进行匹配，实现自动投放广告。程序化广告诞生于 2005 年。美国 Right Media 成立全球首个广告交易平台，拉开了程序化广告交易的序幕。2012 年，中国涌现了一大批 DSP、SSP、DMP 等科技公司，标志着中国正式进入程序化广告时代。程序化广告兴起的原因在于广告主和媒体对交易过程都不是很满意。广告主希望能够提供大量的广告位，像大型自选超市一样，可以根据价格和需求进行选择。媒体广告空间冷热不均，好的位置和时间供应不足，冷门的位置和时间无人问津。程序化广告对于互联网广告来说是革命性的。它将传统的广告购买定位转变为用户购买，并以灵活性、精确性为卖点，从理论上解决了传统广告的浪费问题，弥补了过去广告模式的缺陷。一个潜在的根本问题是程序化广告是虚拟的广告拍卖平台，在这个平台上，用户和广告空间被打包拍卖。用户最终看到的广告受自身属性、喜好等因素的影响，但最大的因素是广告主的竞价。程序化购买仅仅是自动的媒体购买，并不能保证用户看到的广告是自身真正感兴趣的。在一段时间内，程序化广告已经成为第三方广告技术公司的主要卖点。随着互联网巨头自身广告体系的不断完善，程序化广告理念开始淡出，许多第三方广告技术公司将面临更加不利的局面。

▶▶（四）信息流广告呈现强劲势头

在移动互联网时代，由于手机屏幕相对较小，广告空间有限，广告量不高，个人计算机互联网上的广告模式无法移植和继承。互联网巨头们很快找到了一种解决办法，那就是发展信息流广告。目前，大多数互联网巨头的主要收入仍然来自广告，其中，占比最大的便是信息流广告。信息流广告又称信息流原生广告，是在应用软件、网站、浏览器等平台的信息流中穿插展示的原生广告，将广告整合到上下文内容中。信息流广告突破了在用户操作和阅读中强制植入广告的传统观念，尝试将广告作为内容的一部分，从而达到商业目标和用户体验之间的平衡。2006 年，Facebook 率先推出了信息流广告，

2012 年，微博也推出了信息流广告。此后，腾讯、今日头条、UC 浏览器、百度等平台相继出现信息流广告，信息流广告发展十分迅速，它以非常自然的方式融入用户接收到的信息中，用户的接触频率很高。信息流广告是计算广告领域的下一步，需要考虑更详细的媒体使用环境。信息流广告依赖于对用户数据的完全控制，互联网巨头在这方面有独特的优势。通过对这些数据信息的深入分析，可以很容易地获得当前用户的行为、情感、意图等动态信息。以信息流为代表的数字广告越来越集中在少数互联网巨头手中，甚至有被几家大公司垄断的趋势。Facebook、Twitter 等国外社交平台以信息流广告为主，微信朋友圈、微博等国内社交平台也以信息流广告为主。此外，知乎、今日头条等国内内容信息平台上的广告的主要形式也是信息流广告。百度作为搜索时代的大赢家，也将重心转向信息流广告。信息流广告虽然回应了社会需求和产业面临的现实问题，但仍然存在四个方面的问题：体验、评估、内容和伦理。[①]

四、计算广告的智能化趋势

　　计算广告需要根据每一个人的行为进行定制化推送，而无法单靠对小部分个体的采样来完成。计算广告的核心问题是为一系列用户与环境的组合找到最合适的广告投放策略，以提高整体广告活动的利润。在线广告区别于传统线下广告的最大特点体现在计算优化和可衡量的效果上。大数据技术在计算广告中的应用主要体现在计算优化上，具体表现为受众定向的冷启动及数据驱动的投放决策。

　　广告最初的定向标签往往都设置在较粗的粒度上，最典型的是一些人口属性标签。广告本身属于服务业，受众定向显然要更符合需求方的口味和利益，这也使得受众定向推动着市场向精细化运作的方向快速发展。

　　与工业革命时期机械化的根本驱动力——电力相类比，互联网时代的根本驱动力可以认为是数据的深入加工和利用。在线广告的计算技术在很大程度上也要依赖于其对数据的大规模利用。现代在线广告系统广泛收集用户的行为数据和广告反馈数据，利用云计算的基础设施给用户打上合适的标签，同样，根据数据在多个广告竞争同一次展示时做出决策，再将投放的结果统计数据反馈给广告操作人员以调整投放策略，此为计算广告的基本投放逻辑。可以认为，在线广告系统就是一个大数据处理平台，对数据处理的规模和响应速度的要求都相当高。

　　就目前情况来看，深度学习技术在计算广告上取得的成功，没有像在语音、图像这

---

① 张驰，安玛. 信息流广告的缘起、发展及其存在的问题［J］. 品牌研究，2017（6）：37－42.

些领域提高得那样显著。这里面规律性的解释是，语音图像识别是对自然现象数据的收集和处理，我们完全可以通过主动的语料收集，对各种传感器做到充分的覆盖，这是一个基本确定、变化不快的数据空间；而计算广告面对的社会现象数据是一个由千万网民反馈、快速变化的数据空间，即使对同一个人、同一则广告、同一个广告位，点击与否都是很不确定的事件，而这样的不确定性即使引入再多的上下文信息也无法消除。

从狭义层面来理解，人工智能便是"大数据+自动化"的产物。狭义人工智能是建立在海量的数据基础之上的，也就是当下火热的深度学习和大数据有着非常紧密的联系。

而普罗大众所期待的广义人工智能，是要做到像人类一样面对任何不确定环境都能凭借多维度的思考方式来试图给出解决方案。松鼠没有像人类一样拥有多维度的思考方式，但即使在几年之后，它依然可以精确记住几千个橡子所在的具体位置，这种技能就能甩人类好几条街。人工智能也很类似，计算广告利用狭义人工智能的存储力和计算力，在对人类各色标签记忆的完整度上已经超过了人类，在竞价环节的实时数据反馈方面也交上了令人满意的答卷。但面对不确定环境的决策能力，因为人类还没有"教"给它，所以广义的人工智能即通用人工智能。

换个层面来理解"智能"，会发现它不是一个单一维度的概念，有的智能或许非常复杂，包含许多象征各种思维模式的子节点；有的智能或许较为简单，却发挥到了极端，处在可能性空间的角落位置。我们可以将智能视作一套生态系统，不同思维模式的节点相互依赖、共创共生。

计算广告的理念是让整个互联网广告生态系统实现良性循环和可持续发展。目前，计算广告的突出问题是，它从广告主的角度关注如何提高网络广告的效率，而对用户需求和用户体验关注不足，特别是在广告量过多、广告质量不高的情况下。要实现计算广告蓬勃发展的目标，需要更丰富的数据和更精确的计算。人工智能技术的日益成熟，为计算广告和未来想象提供了更大的发展空间。互联网已经发展到3.0时代，以人工智能技术为支撑的一种新型经济发展——智能经济与我们渐行渐近。我们已经进入了一个使用数据和算法来实现商业目标的时代。

计算广告追求广告的精确度和自动化。可以说，早期的计算广告或多或少涉及人工智能技术，但智能程度不高。随着人工智能技术的发展，计算广告将与更先进的人工智能技术相结合，从而呈现出高智能的新特点。未来，如果人工智能技术能够在广告领域取得更大的突破，计算广告将演变为智能广告。智能广告仍然是基于数据和算法的——这与计算广告完全相同，但它显示出了新的功能。例如，它可以确定用户的真实需求，以及用户何时需要，而不是一种骚扰；它可以脱离屏幕的形状，通过语音界面与用户进行交互。我们试图这样定义智能广告——智能广告是指依托互联网平台，利用大数据和人工智能等技术，针对特定的用户及其所处的环境，在广告创作、生产、发布、传播与交互的各个环节实现自动化、精准化、智能化。智能广告是计算广告发展的高级阶段和形式，可以具有虚拟现实、自动发布、智能匹配等特点，特别是在受众识别、发布方式、内容生成和效果监控等方面的智能化特征最为显著。[1]

谷歌、Facebook、百度等互联网巨头的搜索和广告业务本质上是由以机器学习为核心的人工智能驱动的，并已被证明是成功的。谷歌的广告平台 Auto Ads 使用机器学习来"阅读"网页，为了获得最佳的用户体验，应该考虑广告放置的位置及放置内容的多少。

在计算广告的演变过程中，可以对传统互联网时代、移动互联网时代和人工智能时代进行详细的比较，从而从更广阔的时间维度把握计算广告的演变轨迹。需要指出的是，计算广告的演变是叠加而不是替代，从而使计算广告的类型和形式呈现出多元化共存和互补的发展格局。智能广告的发展需要多方合作，只有这样才能做大做强智能广告产业。今天的营销组织必须快速适应技术变革，拥抱计算广告的智能化浪潮。如今，在广告的运作过程中，改变了分析数据之前先计算广告数据的做法，而是实时收集和分析数据，分析结果具有很强的时效性和广告的实时交互性。

智能化已成为计算广告形态演变的重要特征和必然趋势。智能广告的兴起充分体现了互联网时代广告的演变，体现了计算思维、大数据、人工智能对广告行业的全面渗透。在各种信息平台的帮助下，广告主可以根据用户的大数据信息自动触发并智能匹配相关广告，从而及时、恰当地满足用户的个性化信息需求。然而，真正意义上的智能广告还没有完全形成，这还有赖于以人工智能为核心的通用技术体系的进一步完善，有赖于智能广告技术和智能广告产业的成熟。从用户的角度来看，智能广告作为一种先进的计算广告形式，最终将像其他信息服务一样成为生活中必不可少的一部分。在不久的将来，人工智能技术将使这一愿景成为现实。每个人都有机会创造这样一个以个人为中心的"社会星系"，周围是提供个性化服务的人工智能。这些人工智能将根据每个人的喜好和要求提供量身定制的信息和服务。

计算广告处于各学科的交叉领域，具有广阔的研究前景。

从 IT 的角度来看，计算广告的核心挑战之一是在特定上下文中的特定用户和合适的广告之间找到"最佳匹配"，这需要利用与消费者、广告主和发布者相关的信息。市场营销和垂直广告通常强调沟通效率、价值传递、商誉存量和促销活动预期利润的重要性。基于这些目标，人们普遍认为在计算广告领域进行跨学科的努力是非常必要的。在这个意义上，我们认为，在交叉学科中整合不同的观点、方法、理论和技术存在许多挑战。计算广告的最终目标是为广告生态系统中各种类型的利益相关者创造可持续的价值（如公司的利润和消费者的效用）及互惠关系。

---

[1] 易龙. 智能广告初论 [J]. 新闻界, 2008 (4): 170–172.

从学术和产业的角度来看，一些计算广告研究的观点值得所有主要学科进一步关注。

首先，新兴的媒体载体（由IT技术发展而来）为广告和营销活动开辟了新的道路，如来自搜索引擎的赞助搜索广告。事实上，媒体载体平台和相关广告系统的普及，在很大程度上取决于对用户感知、交互风格和特定空间（无论是实体还是虚拟）概念"漂移"的理解，正如许多网络和移动服务的行业实践所观察到的那样。此外，现有的媒体也可以产生新的广告形式，这可能是由于技术的发展，也可能是由于外部知识的引入。创新广告形式的挑战在于设计真实、激励相容的机制，以及广告存储、检索、排名和展示的高效流程，这需要对消费者行为和广告商的战略行动有深刻的理解。

其次，现代广告实践需要跟踪能力，因此积累了大量真实世界的数据。这种情况为以前无法进行的各种研究提供了有利的条件。一方面，近年来，运用统计学和计量经济学模型分析广告因素在广告和营销领域的影响的实证广告研究激增。另一方面，许多数据驱动技术已被应用于广告研究，包括信息检索、统计建模、机器学习和文本分析等。后一类中的大部分工作都是由IT和统计领域的研究人员完成的，但是，除了一些特殊情况之外，这些工作很少引起广告和营销专家的注意。这样的学科差距带来了巨大的研究挑战。此外，由于潜在消费者通常会在不同的媒体之间转移，因此越来越有必要以一种综合的方式做出广告决策，特别是在虚拟（在线）和实体（离线）空间之间。

最后，从广义上看，计算广告还可以利用过去半个世纪在基础领域理论发展过程中的广告和营销模型的研究。这些研究工作的主要目的是为广告系统建立数学模型，并为广告决策问题开发分析解决方案。请注意，我们通常会区分广告的分析模型和统计模型。二者各有利弊：前者基于的是对兴趣现象的深刻理解，对广告系统进行精确描绘；后者是基于数据驱动的，可以用来评估广告因素的影响及它们之间的相互作用。一方面，现实的广告系统比任何分析模型都要复杂得多。因此，为了得到一个封闭的解决方案，科学家必须做出权衡决定。从这个意义上说，广告的分析模型可能需要数学家和物理学家的深入参与，以探索更现实的广告模型和解决方案，专门针对新颖的广告形式。另一方面，我们设想，广告的分析模型和统计模型的整合可以显著改善广告系统的理论研究，促进消费者对广告行为的理解，并帮助广告商做出最佳的广告决策，为出版商（或广告服务提供商）设计有效的市场规则。

计算广告是一个快速发展的跨学科研究领域，它与各种已建立的科学学科交叉，包括计算机科学、人工智能、广告学、市场营销、语言学、统计学、经济学、心理学和社会学。我们可以把计算广告的诞生看作一个前所未有的机会，无论是对于广告和营销的学术学科，还是对于工业实践都如此，尽管它仍处于起步阶段。

小 结

计算广告的出现，让广告不再是单纯的广告，它不仅是一门艺术、一种工具，更是艺术思维的感性化创意与逻辑算法的理性化数字思维的结合。计算广告是以数据为基础、以算法为手段、以用户为中心的智能营销方式，它在数据的实时高效计算下，描绘用户场景画像，并快速投放、精准匹配及优化用户的一系列需求。与传统广告相比，计算广告为监测、跟踪、衡量、评估广告活动和消费者行为提供了一个理想的平台，从而使提供精确、个性化的广告服务成为可能，其结果可以量化。然而，随着消费者变得更加个性化、多元化，在这些新颖的广告系统中，消费者行为背后的动机、信念和态度变得更加复杂和难以捉摸，因此需要复杂的市场机制、过程和策略来达到令所有利益相关者满意的目标。

【思考题】

1. 计算广告的基础、主要工具、目的分别是什么？
2. 计算广告的计费模式有哪些？哪种计费模式比较符合数字广告产业未来的发展趋势？
3. 计算广告促使广告专业的学科属性发生改变了吗？基于算法和数据的广告产业需要融合哪些专业的知识和技能？

【推荐阅读书目】

1. 刘鹏，王超. 计算广告：互联网商业变现的市场与技术［M］. 北京：人民邮电出版社，2015.
2. 段淳林，张庆园. 计算广告［M］. 北京：人民出版社，2019.
3. 刘庆振，赵磊. 计算广告学：智能媒体时代的广告研究新思维［M］. 北京：人民日报出版社，2016.

第二讲

精准广告

精准广告（Precise Advertising）以其精准、高效、个性化的优势成为众多广告主青睐的工具，驱动着整个广告产业的未来发展态势。对于广告这一对市场依赖性较强的行业来说，借助技术和智能平台精准地定位目标人群、洞察市场需求显得格外重要。了解数字时代的精准广告运作策略和核心特征能够帮助业界更好地实现广告主和消费者的信息匹配，推动新动向下广告行业的新一轮创新与优化。

一、精准广告的内涵与分类

数字时代的精准广告是在网络信息技术逐渐完善、传统广告发展受阻、消费者需求日趋多样化和个性化的浪潮中逐渐发展起来的。其基本的思想和原理就是以收集和挖掘到的消费者人群包数据为基础，根据其兴趣爱好和使用情境进行精准化的广告投放，以确保广告主投入的成本能够最大限度地触达最有潜力的一部分人，实现最高效的曝光和转化。数字时代的精准广告是指依托互联网广告网络（Ad Network）和广告交易平台，借助大数据信息检索、受众定位、数据挖掘等技术对目标消费者的信息数据进行实时抓取与分析，并根据消费者的个性化需求和特征推送具有高度相关性商业信息的广告方式。[①] 由于大数据技术的不断迭代升级及互联网信息的海量性与开放性，数字时代的精准广告具体类型复杂多样，可以根据广告的展示方式、交易手段和定向方法对其进行划分。

（一）搜索广告与展示广告

广告主一般依托大数据精准推送技术并结合消费者的网络浏览行为习惯选择适合自身品牌或产品类目的呈现方式。而根据广告展示方式的不同，精准广告可以划分为搜索广告（Search advertising）和展示广告（Display advertising）两类。

搜索广告是指广告主按照产品的调性和特征，并结合消费者的搜索习惯和行为预测设置关键词，在媒体平台制作、投放相应的广告，当消费者在平台上搜索相关关键词时，关联的广告投放便会自动弹出。在最初大数据技术不完善之时，搜索广告的精准性较差，但随着互联网用户数据积累激增，数据处理技术效率与能力提升，搜索引擎甚至用户移动端软件都可凭借用户个人的浏览痕迹和检索词汇展示出相匹配的广告信息，最终达到引导消费、创造营收的目的。

---

① 鞠宏磊，黄琦翔，王宇婷. 大数据精准广告的产业重构效应研究［J］. 新闻与传播研究，2015，22（8）：96－106，128.

展示广告通常被视为传统广告，通过每千次曝光计费投放到互联网网页和移动终端的接收端口上，随着程序化购买广告的兴起，展示广告的形式更加多样和灵活，同时更适合在多样化媒体终端进行传播，比如下文将会详细阐述的DSP广告就是程序化购买广告的一种类型。展示广告相较于搜索广告来说，更擅长拉新引流，适合新产品或者新品牌在发展初期进行投放。

（二）RTB广告与非RTB广告

按照广告交易手段的不同，精准广告可以划分为实时竞价（Real Time Bidding, RTB）广告和非实时竞价广告。实时竞价是指依托第三方技术平台，针对消费者使用互联网和移动互联网的具体行为展开测评的一种竞价技术。[①]

这种类型的广告区别于广告主直接购买大量广告位的模式，而是媒体借助算法技术将暂时"闲置"的流量进行实时公开拍卖，出价高的广告主优先获得曝光机会。RTB广告涉及的广告主体包括DSP、SSP、Ad Exchange三方，[②] 整个竞价流程大致是广告主将广告投放需求发布在DSP平台上，媒体将存量资源发布在Ad Exchange平台上，受众信息数据保存在SSP平台上，当消费者点击进入某个网络页面时，行为信息就会被SSP平台记录，并且SSP平台会在极短的时间内将信息发送给Ad Exchange平台，之后有关广告位的具体信息会被传送到DSP平台，DSP平台公开信息让有意向的广告主进行实时竞价。RTB广告是多方共赢的一种广告形式，媒体能够以最高价卖出广告资源，广告主能找到最精准的投放渠道和最具有购买潜力的消费者，从而避免了资源浪费和解决了点击率转化低的难题。非RTB广告也是程序化购买广告的一种，包括受邀竞价、优先购买、私有程序化购买等形式。

（三）定向广告

数字时代的精准广告一般需要根据大量的人群数据来判断哪类为目标受众，但喷涌而来的海量数据反而可能会增加机器工作的难度，因此将数据划分为不同类目更便于算法的优化与运作。使用定向方法可以将广告划分为不同形式，并且随着移动互联网和数据技术的发展，定向方式会更加细分和多样。在PC端，定向方式主要包括需求定向、内容定向、行为定向等；在移动终端，定向方式主要包括生活方式定向、位置定向、运营商定向等。

如图2-1所示，不同维度的任意几个变量组合就能产生更加细分的精准广告类型，

---

① 喻国明. 镶嵌、创意、内容：移动互联广告的三个关键词：以原生广告的操作路线为例 [J]. 新闻与写作，2014（3）：48-52.

② 刘梦娟，岳威，仇笠舟，等. 实时竞价在展示广告中的应用研究及进展 [J]. 计算机学报，2020，43（10）：1810-1841.

比如当搜索广告采取实时竞价的形式进行投放时，就组合成了 RTB 搜索广告；当展示广告按照需求定向的方式，采取实时竞价的形式进行投放时，就组合成了需求定向 RTB 展示广告。

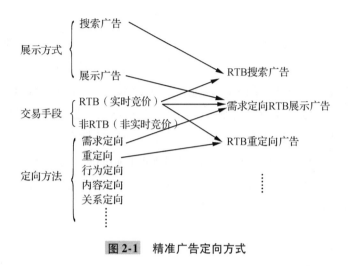

图 2-1　精准广告定向方式

二、精准广告的逻辑特征

从本质上说，数字时代的精准广告是以算法为核心，为破解传统广告发展难题，顺应数据技术潮流，成功实现广告主、媒体与消费者三方需求相匹配，实现利益最大化的广告形式。目前，学界对数字时代的精准广告特征缺乏逻辑性、系统性的归纳，整体发展趋于无序，本研究基于精准营销理论、场景营销理论、内容营销理论、使用与满足理论，构建起精准广告逻辑特征的框架，能够更加清晰地展示精准广告投放过程中的影响因素、理论变量和结构特征，更加直观地反映出精准广告的优势。

▶▶（一）用户相关性

精准营销的 4R 法则即正确的顾客、正确的信息、正确的渠道和正确的时机。从用户的角度来看，大数据技术为精准营销提供了巨大的可能性，一方面是广告投放前人群的选择更加细分，创意内容更具有个性化；另一方面是以数字为基础的多样元素重新组合适合不同情境下的个体进行信息接收。即使广告主的产品质量过硬、广告宣传投入很足，但如果将该产品的广告信息投放到一个根本没有此类需求的消费者身上，也依然无法取得理想的投放效果。由此可见，精准营销的过程实际上就是不断提升与用户匹配度的过程，在此归纳为对用户相关性的增强，由此，判断一个精准广告投放好坏的标准在很大程度上归因于用户相关性的大小。

▶▶（二）场景匹配性

除改变用户相关性之外，精准广告的另一个典型特征是对场景的应用。"场"是地点或特定场合，"景"是情景走向，场景匹配即在某个特定场合、某个剧情走向下能够给消费者带来更直观的感受，且这种感受更容易引起消费者的共情，转化变现力更强。传统互联网广告经常在消费者浏览网页的过程中弹出，一方面会加重消费者的反感，另一方面也很难达到广告投放预期的效果。精准广告借助大数据技术精准抓取消费者的生活场景，满足消费者在不同场合下的需求。例如，当消费者踏入新城市时，会自动推送当地的房源广告、美食旅游广告；当电视中出现聚餐画面时，会自动推送酒水广告；等等。广告投放场景的匹配，一方面能更加巧妙地让消费者接收到广告信息，另一方面也能加深消费者对该场景的记忆。

▶▶（三）内容适配性

在数字营销新时代，有人认为，数字营销时代遏制了广告创意的产生，使得内容不再是必要条件，一些品牌将目光聚焦于点击通过率（Click Through Rate，CTR）、投资回报率（Return On Investment，ROI）之类的转化和实效数据上。然而，不可忽略的是，一切创意的背后都是内容营销，数据支撑固然重要，但背后的洞察和优质内容才是决定品牌广告能否打好的关键。① 技术的进步进一步延展了内容营销，通过颜色、字体和主题的组合产生多样化的内容，在此归纳为内容适配性。

▶▶（四）需求满足性

根据使用与满足理论，受众在使用媒介的过程中并不是完全被动的，而是在很大程度上掌握着控制权，受众总是基于自身的心理需求、情感需求与期望等来选择是否使用媒介和接受信息。站在受众的角度来说，广告投放能否满足自身需求，是否能吸引注意力和是否具有娱乐性是影响其接受程度的重要指标，因此在数字时代主要利用精准画像技术对用户的信息进行精准采集。选择合适的智能广告进行匹配必须以用户的需求作为第一出发点。

综上所述，数字时代精准广告呈现出用户相关性、场景匹配性、内容适配性和需求满足性四个最主要的逻辑特征，如图 2-2 所示。

---

① 王智阳. 移动互联网时代下的品牌广告传播研究［J］. 中国传媒科技，2017（5）：97-98.

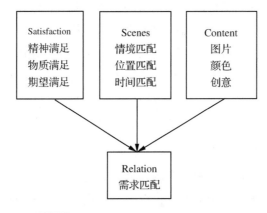

图 2-2　数字时代精准广告的逻辑特征

三、精准推送在广告产业中的作用

(一) 精准广告相较于传统广告的优势

亚马逊作为美国最大的电子商务公司,在中国品牌出海领域,区别于 Google 和 Facebook 这两大平台,亚马逊平台出海业务具有很大的潜力。本节以亚马逊 DSP 广告为例分析其发展模式与特征,进而与传统广告发展路径进行对比,以便为下文进一步分析精准广告带来的传播模式的调整和产业结构的调整做铺垫。DSP 即需求方平台,是指借助第三方平台通过实时竞价的手段来获得曝光的形式。而亚马逊 DSP 广告作为一种广告形式,又具有其他 DSP 广告不具备的独特优势,下面通过分析亚马逊 DSP 广告优势特征对比传统广告形式来帮助更好地理解二者的差异。

1. 提供独特的受众解决方案

亚马逊 DSP 使广告客户能够通过亚马逊平台掌握消费者在平台上的点击、观看和购物习惯数据所收集到的第一方洞察数据,再结合专业团队对行业信息的了解,可以帮助品牌将最相关的人与品牌联系在一起。为了接触最相关的受众,广告主可以通过使用像素、数据管理平台、第三方集成商来利用亚马逊的受众和自己的受众。

除此之外,亚马逊 DSP 在活动前、活动期间和活动后提供受众洞察和强大的性能分析。广告活动上线后,深度报告分析包括关键指标,如提高购物车转化率、未在亚马逊上销售的品牌所销售的总购买量和产品单元,像素转换率,以及未在亚马逊上销售的品牌的视频完成率,等等。这些关于潜在消费者的数据分析报告能够使广告主的花费更有价值,以最少的时间花费更低的成本来获得最精准的广告曝光和点击。

数字时代的精准广告与传统广告投放最大的区别就是触达人群的不同,即目标个体与目标人群的差异。传统广告更多的是购买广告位触达某个媒体的使用群体,而非单独的品牌潜在消费个体;对消费群体特征的描述更多的是由不同特征的词句组合而成的概念集合,其中掺杂的更多是主观观念的划分,而非精准的数据支持。而以亚马逊DSP广告为代表的精准广告所触达人群的准确度和效果都远远超过传统广告。

2. 确保广告投放符合品牌要求

随着广告主在数字库存上花费更多的预算,其对透明度和质量控制的需求也在不断增加和演变,其中主要涉及三个方面,包括流量质量、品牌安全与可查看性。在传统广告投放的过程中,预算花费很多但投放效果不明显或者取得与投放目的相违背的效果是困扰众多广告主的一大难题。而亚马逊DSP广告能通过供应质量保障措施帮助确保广告在广告主认为其品牌安全的情况下出现在屏幕的可查看部分,从而减少浪费性支出。供应质量保障是广告主和品牌活动成功的关键。供应质量差可能会对广告主的投资回报及品牌的声誉产生负面影响。在流量质量保障方面,需要确保交流是由人类合法生成的,而不是由机器人产生的。

亚马逊DSP采用专有技术,帮助保护广告主免受无效流量和未经授权的卖家侵扰。在品牌安全方面,亚马逊DSP可以降低品牌广告与内容之间错位的风险,其中涵盖法律和监管风险。通过使用第三方解决方案和广告政策相结合,帮助保护广告在品牌不安全的情况下不出现。其他第三方解决方案(如集成广告科学、甲骨文数据云和双验证)也可以作为亚马逊DSP上的选项供广告客户申请广告活动。可查看性是指广告是否有机会被查看。不同于传统广告通过CPC的方式进行采买,亚马逊DSP广告主通常为购买编程广告时呈现的印象付费,以及CPM的形式采买——提供第一方可查看定位、测量及向广告主报告,可报告的指标包括可查看印象、可查看率、可测量印象和可测量率,或按可测量印象划分的可服务印象。借助这些方法能够确保广告主花钱投放的广告出现在正确的位置上,被正确的人看到,使花费更有价值。

3. 实时优化广告投放效果

在亚马逊DSP平台上,广告主可以通过手动和自动的方式优化广告活动,以达到广告和业务目标。在自动优化方面,亚马逊DSP平台提供最好的格式、最好的供应来源和网站服务,此外,针对广告主目标的每一个曝光,优化引擎实时分析为广告主提供了基于观察到的购物模式的亚马逊第一方见解。在广告活动运行过程中,根据活动目标动态更新预算和调整点位规划。在手动优化方面,广告主可以优化广告系列的各种杠杆,包括预算、受众、出价、频率上限和供应,可以利用显示屏、视频和移动广告类型、创意类型,如展示具有电子商务创意的广告、图像广告、视频广告等。

在传统广告投放中,广告传播的效果具有一定的延迟性和累积性,必须要在广告活动投放结束后，根据销售效果和传播效果对广告表现进行整体衡量，因此整个过程中也存在着数据不透明的问题。而由于精准广告采取的技术方式不同，精准广告活动投放过程中活动效果监测与投放可以同步进行，这就大大提升了广告投放的效率，更优化了广告投放效果。

▶▶（二）大数据技术带来的广告产业重构

大数据技术及人工智能技术在广告领域的应用，不仅改变着人与信息生产的关系，还使整个广告行业的信息传播规律和法则发生了改变，传统的广告主、广告公司、广告媒介线性双向代理的广告产业链受到严重冲击并将被重构。[①] 个性化、精准化的受众定位也使广告转向以消费者为中心，不再是传播什么消费者就接受什么的状态，消费者有更多的渠道，可以更自主地选择广告信息来源。而数字时代精准广告的产生不但丰富了广告投放形式，还为整个互联网信息传播行业注入了巨大的能量和推动力，未来对整个广告行业的产业结构、行业生态和运作都会产生巨大的影响。

1. "大规模"与"专业化"共同促进精准化营销

中国已经成为仅次于美国的世界第二大数字广告市场。在传统广告投放时代，由于技术的限制和数据的匮乏，广告主对精准广告的理解有限，广投入、低精度、高成本是普遍存在的广告投放弊端。而在数字时代，广告投放逐渐由粗放型转变为精细化，广告公司逐渐摆脱单一运营模式，演变成整合营销公司，线上线下为客户提供一体化整合营销方案，实现活动闭环。因此，广告主须结合企业自身的需求和未来发展方向从宏观上把握企业的广告投放模式。

精准广告一方面推动广告产业的聚拢与整合，以实现高效的大规模传播与覆盖；另一方面借助其定制化的专业服务为企业建立与消费者之间的联系。技术主导下的广告产业整体结构的优化与调整的最终目的是更好地为广告主服务，帮助其树立品牌形象和提升投资回报率。在当今广告业，技术和数据逐渐成为与创意洞察并驾齐驱的重要元素。

2. 从"媒体"到"受众"中心转换，重构广告产业流程

精准广告的高效与技术支撑必然会带来广告产业主体的进入或退出，带来广告产业流程的重大变革。传统广告主要通过"二次售卖"的方式运作，其中，媒体由于握有优质的广告位资源，因此在整个过程中占据着较为主导的位置。媒体将受众感兴趣的内容、产品或服务卖给消费者，并将消费者的浏览点击行为等数据卖给广告主。而优质的广告位资源总是有限制的。此运作模式建立在受众有需求的前提下通过搜索或点击来触达相关广告信息。但在各大社交媒体平台上，每个时间点都有大量的广告信息投放，受

---

① 秦雪冰. 复杂关系网络：人工智能重构下的广告产业链［J］. 当代传播，2021（2）：103-105.

众在浏览的过程中，本品牌曝光所占的比例有多大？消费者在搜索关键词时，本品牌的关键词能占到几个？这些都是传统广告在投放中需要考虑的问题。

随着优质媒体资源的短缺，传统媒介采买公司也就是"中介型"的代理机构逐渐被整合和消亡，比如知名的 WPP 集团（全球最大的广告传播集团之一）和申通公司等都逐渐展开了收购与重组的行为。精准广告以整体投放过程透明、自动和灵活取胜，在整个广告活动的过程中根据每一位消费者制定个性化定制的投放策略，以 Facebook 开发的 Ads Manager（广告经理）为例，使用该广告平台，广告主可以自行选择广告的目标人群、撰写广告文案、上传广告创意作品、管理广告投放时间和版位、查看广告在不同设备上的展示效果。

3. 由内容到情境，创意的新广告发展趋势

广告行业一贯以创意作为衡量广告优劣的核心因素，通过画面、色彩、文案、创意元素的再组合等形式来吸引消费者的注意以引起共鸣，但这种形式效率低且传播效果难以保证。而精准广告借助相关技术将广告营销的过程嵌入消费者生活场景的方方面面，内容上产出受众最关注的方向，形式上满足用户对媒介内容的期待且不会打断用户的观看过程。大数据技术的发展使消费者线下的生活场景也化身为由 0 和 1 组成的二进制编码，使广告内容能够通过学习理解消费者的生活场景，进而通过元素的组合产生数字化的个人定制广告创意。这一方面极大地解放了人力资源，使这些资源应用到更加值得投入研究的地方；另一方面也能够使创意形式更好地匹配使用场景，线上与线下零售数据的打通将会成为未来广告行业发展的关键性通路。

大数据的应用同时也解放了传统广告内容创意，结合情境释放出新动能，提供更广阔土壤，借助数据的收集与分析，传统事物和元素之间不明显的关联也被发掘了出来，并被加以利用和创造。例如，数字时代的精准广告会根据位置信息判断目标受众所处的气候特点，在进行广告创意素材的再创作和匹配的时候，会将气候信息考虑进去，并为其推送最适合当地气候条件与地理条件的产品广告信息。此外，由内容创意到情境创意的转换也大大拓宽了广告的传播路径。在信息严重过载的时代，广告信息不仅仅需要有好的创意表现形式，同时也需要有恰当的传播路径，不然很有可能被淹没在消费者接收到的"信息海洋"中。数字时代的精准广告采用分众传送的方法，从曝光总量来说，表面上好像减少了，但实际上触达的人群是少而精的，减少了其他无关信息对消费者的干扰，增加了广告创意的传播路径。

四、精准广告面临的挑战与优化

（一）挑战

1. 广告创意情感说服力不足

在数字时代，业界越来越多的人认为，只要充分利用数据挖掘和推送技术实现高的转化就证明该广告是有效的，创意在当今这个时代好像无关紧要了。但事实并非如此，仅仅凭借传递给客户单调的广告信息并不会充分调动起其购买的意愿，从考虑阶段到购买阶段的跨越，需要品牌方不断与消费者进行互动，进行有诚意和"直击心灵"的表达，承担这一功能的就是广告创意。借助数据技术找到精准的消费者之后，品牌方需要想方设法说服受众，并结合自身品牌和产品的优势去制订完整的营销策略规划，而并非仅仅将单一的广告信息触达消费者就算完成整个营销了。

广告曾被称为说服的艺术，许多经典的广告即使放在现代语境中也让人为之惊叹，同时也深深地影响着现代人的价值观与审美标准。好的创意能够让产品或品牌在同质化市场中显得更有差异，赋予品牌全新的面貌和整体印象，如国货李宁凭借"中国李宁"差异化的路线走进了广大年轻人的心中，同时也能在一定程度上消减消费者对广告的抵触心理。有趣、新颖的广告创意也会驱使消费者主动分享，实现自传播的效果，因此创意的力量不能被忽视。

目前，在精准广告投放的过程中，大部分广告创意素材只是根据不同消费者的位置和行为特征等将无创意的广告物料稍微修改推送给消费者，缺乏针对消费者的更有感染力的交流与触达。这虽然在一定程度上降低了人力成本，实现了广告创意的批量产出，但相较于传统广告创意从业者经过一定时期的构想创作出来的作品，其原创性和趣味性大打折扣。打动消费者是数字时代的精准广告发展所面临的重要课题。技术的力量不容小觑，但是人思考的价值也同样不可或缺，在未来，精准广告的创意投放需要找到硬性与软性的平衡，始终坚持以人为中心。

2. 消费者隐私保护危机

在数字时代，传播技术的革新使信息更自由和快速地流通，精准化服务与多样化内容的提供在给受众带来极大便利的同时，也引发现代社会的隐私焦虑。对被称作"石油资源"的数据的监控、预测和争夺成为各市场主体提升竞争力的关键。根据杰里米·边沁提出的"圆形监狱"（Panopticon）理论，现代电子技术的发展使整个社会成为由各种监控监视网络所笼罩的圆形监狱，监狱之中的人群的一举一动都会被观察并被记录保留。数字时代的精准广告能够正常运作正是建立在这些监控网络收集的数据之上的，原因包括：一是社交媒体兼具公私属性，用户在平台上发布的任何信息都有可能暴露自身隐私，被网络永久地记录下来；二是正如百度CEO李彦宏曾言，中国人愿意用隐私换取安全和效益。精准化的服务能够给用户带来更好的使用与消费体验，因此消费者更愿意不断让渡关于其身份、爱好、行踪和社会关系的信息来获取服务享用权，从而更好地融入基本的社会生活。在数字时代，用户隐私保护问题面临危机。

目前，最经常出现的情况就是消费者的个人信息资料在其不知情的情况下被无良商家使用或者售卖，但由于用户几乎每时每刻都在各大可能会泄露隐私的平台扮演着"游牧民"的角色，因此即使知道有该情况的发生也难以找到源头。此外，关于用户隐私保护的法律体系不完善更加剧了隐私危机，一方面对市场主体能否获取和使用消费者信息的决定权规定不明晰，在大多数情况下，消费者即使不希望市场主体持有个人信息并推送相关产品信息，也不持有最终的拒绝权；另一方面市场主体在获取消费者数据的过程中也难以做到透明化和合法化，同时对于一些社会相对敏感的话题数据获取也应设置相应的限制。

3. 可能引发的负面社会效应

数字时代的精准广告推送内容实际上是受众生活习惯与消费水平的折射，该受众日常倾向于浏览哪类产品、收入水平如何都可以从广告推送中侧面反映出来。对此，人们除了反感和吐槽外，根本无力与大数据技术抗衡，因为没有谁会比数据技术更加了解自己，其中就会涉及超脱技术层面的其他社会心理因素。一个典型的例子就是微信朋友圈信息流广告刚上线时，关于宝马中国、可口可乐和vivo手机广告的争论，刷到宝马广告的人表示自己买不起宝马，刷到可口可乐广告的人则表示自己没那么贫穷，而刷到vivo广告的人感叹为什么没有收到宝马的广告。另外一个比较常见的案例，也有可能是每个消费者都正在经历着的情况，就是大数据"杀熟"现象。各大平台会根据用户的一切在线信息如浏览、搜索、购买等进行加权分析，按照标签分类推送相关广告信息，这看似是技术与用户的共赢、需求与服务的统一，但身处在"技术陷阱"中的用户根本没有意识到权力的存在。① 携程、滴滴等软件会对不同级别、不同消费支出情况的用户在使用软件叫车时进行价格的调整，看似明码标价实则"暗度陈仓"，给消费者带来不好的社会心理体验。

▶▶（二）优化

数字时代的精准广告创意情感说服力不足、消费者隐私保护存在危机、可能会引发

---

① 朱建秋. AI赋能广告需求方：人工智能在数字营销领域的新使命［J］. 国际品牌观察，2021（5）：71-72.

负面社会效应等问题，如不加以整治将会影响整个广告行业生态和精准广告未来的发展，在结合前文对精准广告的特征、发展现状和发展中所面临的问题与挑战的分析的基础上，从政府监管、市场责任、内容生产、场景营销方面提出以下优化策略。

1. 政府监管：健全广告发布安全监管与评估体系

在共识分化和信息庞杂的互联网内，广告信息的真实、安全影响整个互联网生态，因此政府应该强化治理的顶层设计，以增强法治引领和规范网络行为为重要措施，有针对性地跟上大数据技术发展进度；与此同时，对非法虚假广告信息进行密切监管，对市场上存在的违法广告投放进行严厉查处。此外，政府应该领跑技术，加强完善相关法律法规的修改与制定工作。以协同治理代替分段监管，建立多部门的协同整合机制、安全危机预警机制，建立有效的网络监管体系，加强研发互联网关键基础设施的重要核心技术，创新互联网的技术手段，确保网络协同管理的自主、可控。

在消费者隐私保护方面，虽然像腾讯、阿里巴巴等企业都制定了相关的隐私保护政策，但是由于其条款仍存在漏洞、表述不清晰，并且缺乏一定的安全保护，公民个人隐私安全仍然无法得到保障，因此政府应从立法层面来硬性限制市场主体对消费者个人信息利用的行为，并且能够根据具体国情，借鉴外国成熟的做法来更好地健全隐私保护法。对于模糊不清的语言表述，相关法律也应该进行明确的界定，澄清采用定向技术来获取消费者信息都是以何种方式、有哪些法律条款适用情境。这一方面能够使存在问题的市场主体在获取信息的时候知道怎样做才是合法的，另一方面当消费者对隐私或者数据收集渠道合法性的判定存在疑问时，也能依法进行解释。

有了更加精准明晰的法律条款还不够，因为网络收集消费者信息的方式多种多样，除了精准定向的方法外，还包括邮箱、购物、搜索等方式，因此政府在制定相关法律的时候除了需要有针对性外，还需要有普适性和政策的一贯性，从而避免对各种技术因厚此薄彼而造成利益上的漏洞。在法律层面政府应该严宽并济，一方面在监管市场环境的时候，不能过于宽松，让一些不法收集信息者有机可乘；另一方面也不能过于严格，以免矫枉过正，因为市场发展需要一个宽松的环境。如今，互联网产业能够得到快速的发展，与国家宽松的政策和鼓励支持制度密不可分，因此政府应该综合考量，在保障消费者合法权益的同时，也能够适当保证网络主体的多元化收入来源。

关于是否允许收集和储存用户信息的决策权应该交给消费者，首先，在市场主体施行数据挖掘行为的初始阶段，消费者理应保有知情权；在收集的过程中存留了哪些内容、将来可能会以何种形式推送给消费者等方面，消费者应有选择权。其次，借助相关教育手段和培训课程提升消费者个人信息保护意识也是政府的责任之一，要让消费者认识到在互联网中发布的任何一个信息和同意的每一个政策都与自己的信息安全息息相关，因此在注册登录相关软件或网站时应注意查看服务与隐私政策条款，在社交媒体平台发布动态时也应注意不要轻易暴露联系方式、家庭住址等重要信息，从根本上提升消费者的自我防范意识。最后,让消费者掌握当自己的隐私被侵犯时的保护措施与方法。

在精准广告投放的过程中,应始终坚持"避免消费者反感"这一原则,只有让消费者打消自己的信息存在"被盗取"的可能性的疑虑,才能更好地实现精准广告的利益最大化。

2. 市场责任:深化自我约束监督机制

企业虽然始终将盈利作为最终的目的追求,但作为重要的一方——市场主体也应该兼顾社会的利益。想要在市场上可持续健康的发展,维系与消费者良好的关系,树立企业优秀的品牌形象是不可或缺的,这就需要企业在进行广告投放时要严格明确法律红线,加强自我约束,在将自身品牌的产品信息投放到相关平台时应做到对产品信息了如指掌,确保信息真实、客观。此外还应建立企业内部相应的核查机制,对不确定的广告信息一一排查,审核广告方案是否可行和是否在法律范围内。仅仅依靠信息投放平台的核查机制和消费者理性的判别能力是远远不够的,企业必须主动承担起核查信息的重任,掌握广告监测的主动权。

要保证企业自我监督机制的一贯执行,就必须建立严格的行业自律制度。只有整个行业内部依据法律法规、公约规范协调市场主体间的关系,维护行业的整体利益和良好的行业风气,才能带动各类市场主体最大限度地尊重规律和约束自我。精准广告企业应该遵循规范使用、妥善保管、严格保密、确保安全的原则,认识到推动网络营销诚信守法、公平发展的重要意义。行业间市场主体只有充分意识到自我规制的必要性,在内外力的相互作用下履行好自己的职责,遵守行业准则,才能真正将保护用户隐私落到实处。同时,行业也应建立相关的奖励激励制度,为消费者隐私安全保护考核达标的企业进行认证或提供奖励,营造良好的信息安全氛围。

此外,依靠市场主体的主观意志力还不够,必须借助技术的"东风",加大研发力度,做到即使不人为干预也依然能自动保护消费者隐私,这需要企业多培训和采纳优秀技术人才,并建立丰厚的奖励激励机制去留住人才。信任是互联网企业的生存法则,因此精准广告在运作过程中应该自动将保护消费者的个人信息纳入运作机制中,这就需要相关技术人才不断优化算法,建立综合运行体系,做到即使个体无作为,消费者隐私也不会受到侵害。而这需要从数据获取和数据存储两方面来展开。首先,在数据获取方面,应加强数据加密技术,在机器获取信息并开始贴标签和进行加权分析之前,对消费者信息进行匿名化保护,从而避免在信息收集阶段出现隐私泄露的问题;其次,在数据存储方面,目前网络公司主要采取集中存储的方式,存在被黑客恶意攻击、盗取信息资源的风险,在这一层面需要对传统信息的存储方式进行离散化、加密化处理,这样就能降低信息被集中盗取的风险。总的来说,"技术的锅由技术来背",市场主体在隐私保护问题上理应主动承担起责任,从而更好地利用或驾驭技术为人类服务,将其限制在法律和道德范围之内。

3. 内容生产：打磨创意，坚持内容为王

即使推送算法再高明，当低含金量的内容被推送到受众面前时，也无法被受众接纳。广告生产者始终要保持高标准的广告内容生产，不能因算法而降低自身的标准。"巧妇难为无米之炊"，无论多么智能的算法，都不会促使受众接受低质量的内容。在信息过载的时代，每天都有大量同质化的内容推送，在此背景下，消费者不再刻意追求信息的数量，而是更注重信息的内容质量、相关性与有用性。因此，要想让广告进入观众的视野，就必须悉心打磨创意内容，传递真正具有故事性和情感性的内容。比如在2017年，知名汽车品牌雪佛兰投放了一则名为《暗黑简史》的H5[①]广告，整个广告内容不仅与该品牌神秘大气的调性相符合，而且在广告中还设置了一些互动按钮，注重与消费者之间建立情感连接。数据显示，该广告最终达到的效果为累计100万次的曝光量。因此，在数字时代，技术与创意相结合就能达到事半功倍的效果，运用数据使得创意更加精准和高效，程序化创意将是未来广告行业的发展趋势。

在碎片化时代，广告行业不应该陷入以技术为尊的桎梏当中，而应该跳脱出资本的陷阱，一味地重视"找对人"，而不在意"说什么"，便意味着"魔弹论"时代的到来。虽然创意在广告行业的角色和地位发生了转变和调整，但这绝不意味着"创意已死"，只是还需要一段时间去适应和融合。创意不再是单独的一个环节，而是广告产业链上不可或缺的一个驱动点。创意与技术紧密结合，携手进入程序化创业的时代。因此，创意需要精准发力，需要与数字时代精准广告发展的各个阶段、速度和规律紧密结合，需要接受角色的转换。另外，程序化创意的投放和购买在很大程度上为广告主节省了广告成本，"低投入，高产出"成为其一大特点和优势，这也为难以负担起高昂的广告成本的中小型企业提供了新的发展机遇。成本降低并不意味着内容质量下滑，相反，正由于形式上的投入减少，才更有理由将更多资源投入核心内容的打造中，这才是资源合理配置的正解，也更能充分享受技术带来的红利。

在新媒体环境下，广告创意应该逐步实现形式上的突破，尝试更多带有互动性质的创意。广告主首先需要深刻洞察消费者的需求，找到其关注点与兴趣点，对症下药，为与受众开始互动做好充足的预热准备；其次需要着重培养互动性的文化氛围，从而重塑创意价值。新一代的受众接受的范围更广，包容心更强，他们乐于思考并爱好社交。在产出相关广告创意的时候，应该充分考虑消费者特质和现代的文化环境，抓住消费者的心理特征，并结合时下流行的元素进行再创作，吸引更多受众的目光。另外，广告行业从业人员在创作的时候需要放宽视野，从多维度思考创意内容，提升创意的整体质量，思考各个元素的关联性，这样有助于延长广告创意的活跃周期。

[①] H5 是指第五代超文本标记语言（Hyper Text markup Language，HTML）。

4. 场景营销：提升精度，满足受众需求

目前来看，相对于传统购买固定版位的广告，精准广告确实能够给受众带来更加丰富、全面的洞察力和更高的广告支出回报率。但是，从纵向比较的角度来看，数字时代的精准广告中也存在着数据精准度不够、时效性不强等问题。因此，在为特定消费者推送广告时，结合的数据需要严格限制参考时期，保持数据的实时更新，以更好地了解消费者当下的兴趣点。此外，通过单一渠道收集的数据难以绘出全面的消费者画像，只有将社交媒体信息，如所在地址、职业、年龄、社交圈层，还有消费者的购买交易信息，如点击、点赞等多渠道的信息综合起来，然后根据"消费者行为轨迹，进一步判断其关联需求，挖掘其潜在需求，对其消费需求进行预测；再通过具有针对性的关联推荐，促成有效购买和消费"①。只有这样才能提升广告投放精度，真正找对核心人群。

找到核心人群后，需要进一步提升场景覆盖率与辐射力，使广告投放尽可能多地连接到消费者生活的各个场景。如今，多设备、跨时空成为消费者使用网络媒体的重要特征，并且从横向上用户的使用范围也越来越扩大，能否在用户生活的碎片化场景中抢占先机是影响各大市场主体竞争力的关键。如果精准广告定位的用户仅仅是 PC 端某个具体场景中的某个具象的人，那么一旦消费者切换设备，就可能造成潜在用户的流失和广告成本的浪费。因此，精准广告只有充分覆盖消费者生活的各个方面，才能最终实现内容与用户的无间隙连接。

小 结

数字时代的精准广告需要进一步提升场景预测力。如今，消费者的生活轨迹更偏于时刻流动的状态，这也为技术预测场景增加了难度，但正是由于状态的不确定性和复杂性，对用户生活场景的分析和判断才显得至关重要。在算法技术的优化和加持下，"想用户之所想"，走在用户前列，不仅能够提升消费者的满意度，从而提升黏性，同时也能够更好地实现技术和内容本身的价值。

【思考题】

1. 精准广告对品牌曝光率的提高和企业网站流量的增多起到了哪些作用？

---

① 段淳林，任静. 智能广告的程序化创意及其 RECM 模式研究［J］. 新闻大学，2020（2）：17－31，119－120.

2. 如何保证精准广告的投放转化率？

3. 在精准广告投放趋势下，如何平衡好挖掘数据价值与保护用户隐私的关系？

【推荐阅读书目】

1. 鞠宏磊. 大数据时代的精准广告［M］. 北京：人民日报出版社，2015.

2. 李斌. 广告精准投放：移动互联网时代的广告投放策略［M］. 北京：中国经济出版社，2017.

3. 迪亚兹·耐萨蒙奈. 精准投放：个性化数字广告一册通［M］. 杨懿，译. 北京：中国人民大学出版社，2019.

第三讲 效果广告

效果广告（Performance-based Advertising）是在以效果为基础的广告系统中，广告主只需要为可衡量的结果付费。这种方式能更好地保护广告主的利益，而互联网平台让效果广告有了充分发挥的舞台，因而也必将盛行。品牌广告（往往被人们称为"注意力经济"），旨在唤起消费者的注意及兴趣，树立企业或者产品的品牌形象，这需要大量资金的投入，通过广告的反复播放来帮助消费者形成记忆。由于其距离消费者最终的购买行为比较远，过程控制异常复杂，因此结果一般也难以衡量。效果广告（也可称为"欲望经济"），针对的是最接近消费者购买行为的探索阶段（产生欲望），其表现形式与品牌广告完全不同，比如资金投入不再是大多数中小型企业遥不可及的天文数字，广告效果可以衡量，因此广告主也无须关心传统品牌广告系统中复杂的过程管理。

一、效果广告的发展背景

《网络传播学》中定义凡符合广告的法定特征，也就是具备有偿性、依附性、目的性、商业性这四大特点的互联网上的信息都可界定为互联网广告。而另一概念——原生广告是指内容风格与页面一致、设计形式镶嵌在页面之中，同时符合用户使用原页面的行为习惯的广告。① 而目前 APP 内部的原生广告的主要形式被业界分为两种——品牌广告和效果广告。传统意义上的效果广告是机遇欲望经济视角下的产物，这一概念最早由国际推销专家海因兹·M. 戈德曼提出，主要内容是要将受众的注意力集中到产品上，在消费者的注意力转移之前，提高消费者对产品的兴趣，从而产生购买欲望，最终完成购买行为。这个过程是迅速且冲动的，因此这种广告往往是迅速的、直击痛点的。

广义上的互联网广告就是满足广告条件的互联网上的所有形式的交互，因此互联网广告包含了所有网站、平台等以计算机和移动终端为核心组成的计算机网络为媒介的广告。随着移动应用的全民化普及，网络已经成为现代生活中的重要媒介。20 世纪 60 年代，媒介理论家马歇尔·麦克卢汉在《理解媒介：论人的延伸》（*UnderStanding Media：The Extension of Man*）一书中，勾勒出了一种电子媒介文化社会的图景，未来的世界将是一个地球村，媒介即人的延伸，将延伸至前所未有的深度、广度和高度，即以数字技术为基础、以网络为载体进行信息传播的新媒体社会即将到来。而作为成熟的媒介，内容的多元化是必然发展趋势，传统媒体的广告招商在新媒体平台和移动应用上也开始实现。2014 年 2 月，原生广告（Native Advertising）这个概念被美国互动广告局（Interactive Advertising Bureau，IAB）提出，它是同手机 APP、网页内容等产品密切相

---

① 喻国明. 镶嵌、创意、内容：移动互联广告的三个关键词：以原生广告的操作路线为例［J］. 新闻与写作，2014（3）：48－52.

连的广告形式，通常使受众以为原生广告就是产品的一部分。在移动互联的大背景下，原生广告不断发展成熟，现在在众多全民性移动应用媒介的商业化发展下，原生广告按照其广告位置、计费模式和售卖方式综合分为两类：品牌广告和效果广告。

品牌广告以树立品牌形象、提高品牌的市场占有率为直接目的，突出传播品牌在消费者心目中确定的位置，投放周期相对较长，价格也非常高，且会选择优质曝光的媒体平台资源（如 APP 开屏），长时间地传输自己的品牌价值观，占领用户心智市场。品牌广告的售卖方式也是根据企业发布的刊例价格和媒介部门进行排期预定，提供的素材经过审核符合平台内容规范之后才被允许准入。相对于效果广告来说，品牌广告转化周期较长，是长期教育消费者的过程，其主要目的是提高消费者对推广产品或者品牌的认可度。

在外文文献中，更多的研究集中在互联网广告对用户消费习惯的影响上。在信息时代，消费者更愿意把时间分配在互联网平台上。消费者增加了网上购物量，增加了他们的成衣产品的需求。因此，学者基于互联网广告的态度、信息共享、动机、信息生产等维度研究消费者的购买决策。国外学者对于互联网广告研究更多的是基于实验，并且会分析互联网广告对政治选举的影响，凯瑟琳在 2016 年就研究通过使用 Facebook 广告对群众施加舆论压力，从而增加候选人的投票率。关于互联网广告的监管问题，也是国外互联网广告研究的重要方向。

对于国外市场来说，互联网广告的价值主要体现在三个方面。第一，是对政治文化的影响，大多数文献的论点都在于互联网广告对选举的影响及如何更好地控制舆论。第二，是对经济社会的影响，广告学发源于美国，广告行业的标准化，也是基于美国广告市场的完善，并且广告可以真实地影响消费者的行为，所以研究目的更多地是帮助广告主成长和促进经济发展，了解广告如何影响受众。第三，是对广告市场监督和制度的规范成长，这一点跟国内的研究目的有所重合。

互联网广告发展迅速，但是业界和学界还没有给出关于互联网广告的明确定义，且研究时间较短，仅在一些学术著作中尝试给出定义。更多的研究集中在法律监管和隐私保护层面。"从 1997 年到 2019 年，20 多年来，互联网广告监管制度从摸索到发展再到完备，不仅有国家的努力，也有行业的自律。然而监管主体难以确定，监管制度依旧存在漏洞，自我监督热情遭到打击，在互联网广告监管中，这些问题不断涌现。"[①] 除此之外，对于互联网广告的虚假流量研究成为学界比较热门的话题。"近年来，互联网广告发展迅速，市场规模逐年攀升，但在快速发展的同时，互联网广告虚假流量大量产生，严重影响了整个行业的生存与发展。"[②] 只有少部分学者在研究广告效果及最新的互联网行业的计费模式对广告主的影响。"由于互联网使用日趋普及，许多广告主也开

---

① 杨辉. 论互联网广告监管存在的问题及对策 [J]. 新闻研究导刊, 2019, 10 (18): 214 – 215.
② 赵月奇. 浅析互联网广告虚假流量的常见类型及产生原因 [J]. 传播力研究, 2019 (27): 177 – 178.

始增加在互联网上投放广告。过去的研究大多以点击率来评量广告效果的优劣,然而目前过低的互联网广告点击率是无法真实的反映出广告内容是否真正传达给消费者,也无法了解消费者是否有能产生购买意图。"①

纵观整个营销的发展历程,"效果"一词始终占据核心地位,它是由某种因素作用后所产生的结果,在营销中一般体现为某个可以监测或衡量的现象,比如销售额、关注度等。对企业而言,其不仅力图能以效果为目标来进行营销策划、预算设置、策略制定,还希望可以通过对效果的衡量来判断是否达成了预期目标,并将这一结果作为后续营销的研判基础。所以,"效果"贯穿了以产品为中心、以消费者为导向、以价值创造为核心、以自我实现为驱动的多个营销时代。在这些时期,促进产品销售、树立品牌形象、积累企业资产等始终是营销活动的重要目标,也是广告效果的重要体现,并逐步发展为效果广告的重要组成部分。可以说,没有效果的营销是失败的,没有效果的品牌也无法存活。由此,揭开了效果广告研究的序幕。

随着数字经济持续发展,数字技术不断成熟,人工智能、大数据、机器学习在广告领域的深化应用,使得品牌和消费者之间形成了规模化且个性化的互动联系,这推动广告逐步迈入了效果导向的发展阶段。广告主和媒体方可以更精准地把握数字时代的营销传播规律,以导向更明确、过程更精细的广告运作来创造更多的价值。其中,效果广告在这一进程中发挥着重要作用。可以发现,近年来,在数字技术驱动下,直播带货、社交电商、短视频营销等新业态不断涌现,以更加数字化的方式结合效果广告激发更多消费者融入数字营销全链条的热情,在满足自身需求的同时,也实现了广告投放等多元目标。为此,效果广告或者基于效果广告的效果营销逐步成为广告产业数字化发展的重要表征。

二、效果广告的内涵与特征

关于效果广告的概念,不管在学界还是业界,目前都没有权威的界定。较为流行的观点是效果广告一词的英文所对应的定义,即为效果而付费的广告。但这一理解在客观性、合理性等方面仍然存在较大不足。为此,国内外学界也展开了相关探讨。

在国内研究方面,移动广告自诞生以来,效果广告就一直是其主要形态,特别是APP应用和游戏推广类的效果广告一直受到广告主们的欢迎。这些行业也获得了持续快速的发展。因为效果广告的监测方式更加简单,它注重直接点击效果,广告主只需要为

---

① 钱增艳. 互联网广告曝光率对广告效果的影响探究[J]. 中国商论,2019(1):14-15.

可衡量的结果进行付费。效果广告的广告主一般集中在中小型企业，它们预算有限，注重投资回报率，更关注广告活动的精准性和对消费者行为的驱动效果。效果广告和效果营销、直效营销等具有紧密关联，也一直是广告和营销领域的重要研究对象和运作工具。效果广告是企业的一种营销策略，它希望在短时间内实现具体的、可衡量的财务结果，这样的目标包括提高销售额、用户留存，增加消费者忠诚度或者其他特定指标。效果广告能够使广告主充分利用所有的营销渠道和营销预算，使得花出的每一分钱都能最大限度地获得投资回报。

在国外研究方面，效果广告被认为是在线广告的一种实践方式，广告主仅在广告产生特定动作时（如点击、购买等）才向媒体方付费，而传统广告的收益不取决于广告实际吸引的消费者数量及产生的交易规模。从全球范围来看，效果广告与互联网技术紧密相关，因为新技术能够将曝光量与一个可以用传统大众媒体无法统计、跟踪和分析的行为联系起来，如搜索引擎能够记录某个在线广告产生的点击率进而衡量广告的效果，这也是效果广告早期主要以在线广告、网络广告等形态存在的重要原因。而谷歌、亚马逊等互联网公司则是当时效果广告的重要展示平台，也是它们经营收入的主要来源。此后，效果营销（Performance Marketing）的概念被提出，它是指企业所拥有的在增加销售、提升竞争力、开发新产品、提高产品质量、减少产品交付时间、优化客户服务、扩大市场份额等方面的营销能力。效果广告是效果营销的重要构成，也是一种数字营销活动，包括付费搜索、社交广告、展示广告等，它对广告主掌握广告费用的流向及实际产生的经济效益具有重要影响。

可以看出，国内外学界关于效果广告的定义并没有达成共识性的结论。但综合这些已有的相关观点，可以发现它们在关键词方面存在一定重叠，如行为、付费、可确定、可衡量、营销、产品、服务等。这些多次重复出现的关键词其实构成了效果广告概念的核心要素，它们也是效果广告内涵的重要体现。为此，北京大学新闻与传播学院的陈刚与高腾飞对效果广告做出明确界定：效果广告是数字时代为塑造品牌、推销产品或提供服务，并达到可确定的传播效果或销售转化效果，以付费的方式通过数字平台等向生活者传播有沟通力的内容的广告活动。在这一定义下，效果广告具有三个典型特点：一是过程的可追溯性，包括广告主、媒体方、生活者等任何主体在效果广告过程中的所有行为和活动都会形成数据积累，并且可被追溯；二是结果的可衡量性，效果广告投放的所有结果最终都可以通过某种方式被量化呈现和进一步分析；三是目标的经济性，效果广告的最终目标始终是以更少的广告成本尽可能获取更多的传播和转化。

效果广告是相对于品牌广告（形象广告）而言的一个概念，它们的区别在于广告的目的不同：品牌广告的目的是建立品牌的知名度；效果广告的目的是促进销售或其他消费者行动。从广告投放上看，品牌广告和效果广告针对的是消费者消费行为过程中的不同阶段。为了更容易理解二者的区别，这里引入 AIDA 模型。AIDA 模型是国际推销专家海因兹·M. 戈德曼总结的推销模式，是西方推销学中一个重要的公式，它的具体含义是指一个成功的推销员必须把顾客的注意力吸引或转变到产品上，使顾客对推销人员所推销的产品产生兴趣，这样顾客欲望也就随之产生，而后再促使其采取购买行为，达成交易。AIDA 是四个英文单词的首字母的合成，依次是：A 为 Attention，即引起注意；I 为 Interest，即诱发兴趣；D 为 Desire，即刺激欲望；A 为 Action，即促成购买。效果广告中可衡量的行为包括点击、下载、注册、打电话、在线咨询、购买等，基本上可以归纳到 CPA（按转化计费）的范畴。当然，企业最欢迎的是 CPS，即按照销售量来付费。一些研究表明，CPA 模式比较适合服务类型的企业，而 CPS 基本上还处于尝试和研究之中。在实际的广告操作中，大企业一般将品牌广告和效果广告结合使用。通过品牌广告建立消费者对产品的早期认识，通过效果广告促进消费者最终购买产品。

效果广告基于广告效果，广告主只需为可衡量的结果付费。针对最接近消费者购买行为的探索阶段（刺激产生购买欲望），目的是促进销售或其他消费者行为。虽然需要考核具体效果数据，如 CPC、CTR、CPA、ROI 等，但更多时候在乎的是效果的转化、性价比及其带来的销量。通俗来说，就是广告的目的是实现效果转化。

品牌广告，顾名思义，旨在唤起消费者的注意及兴趣，以树立品牌形象，在消费者中建立良好的品牌忠诚度，提高品牌的市场占有率为直接目的。一般会涵盖展示广告和富媒体广告（如"楼中楼"、视窗等），但有的也会把百度的品牌专区视为品牌广告投放策略的一种。品牌广告的投放目的是加强品牌的知名度。考核点往往也比较简单，如曝光量、覆盖人群、CPM 成本（每千次曝光成本）、互动情况等。通俗来说，就是通过一系列做法，宣传品牌形象，提升企业知名度。然而，放眼望去，互联网有众多媒体平台，很多人不是很清楚此平台是效果广告还是品牌广告。因此，下面将为大家列举头条和抖音媒体平台广告，让大家更清晰地了解广告。

- 品牌广告：抖音开屏广告（图3-1），强势曝光，会在当日首次启动 APP 时出现。按 CPM 模式计费，考核的也是广告曝光。
- 效果广告：头条信息流广告（图3-2），是一种契合资讯深度阅读体验的广告形式；广告即内容，可通过落地页承载来增加品牌与用户的沟通机会，从而实现产品/服务转化。

图 3-1　抖音开屏广告

图 3-2　头条信息流广告

品牌广告与效果广告的区别有以下六点。

▶▶（一）目的不同

1. 品牌广告

品牌广告的目的是加深用户对品牌和产品的认知程度，让用户在第一时间可以触摸到品牌/产品。

2. 效果广告

效果广告的目的是促进销售，也可以简单地理解为"花钱买流量"。效果广告考核的东西更为直观，如 CPC、CTR、CPA、ROI 等，更多时候在乎的是效果的转化、性价比及带来的销量。

▶▶（二）广告费用来源不同

1. 品牌广告

品牌广告费用的一般来源是一个公司的市场费用。

2. 效果广告

效果广告费用的一般来源是一个公司的销售费用，比较典型的是一些公司的电商部门。

（三）所需的创意不同

1. 品牌广告

品牌广告注重创意，创意是加分项目，能提高用户对品牌的认知并使其留有好感。但是，对视觉呈现效果的制作要求很高，一般是高大上的图片，涉及的专业性较强（图3-3）。

图 3-3　品牌广告

2. 效果广告

效果广告讲究能促使用户成交的创意，一般以用户的感受及需求为主，需要多方面测试。

（四）媒介选择不同

1. 品牌广告

品牌广告选择优质媒介资源，如门户网站的首页横幅、APP的开机画面、微信朋友圈等，一般是按照保量购买的。

2. 效果广告

效果广告对媒介的选择只追求效果，不讲究是否优质，如信息流广告、搜索引擎优化等，一般是实时竞价。

（五）投放策略不同

1. 品牌广告

品牌广告注重对投放全过程的把控，通常会从前期的比稿、方案策划、投放时间、预估覆盖人数等多维度进行规划，确保品牌广告效果好。

2. 效果广告

效果广告一般会从测试开始，用多个创意、多个定向维度去做测试，并从中得出最佳组合方案，也就是说，效果广告是一个持续优化投放的过程。

（六）投放时间不同

1. 品牌广告

品牌广告一般以营销节点为主，如在春节、情人节、"双十一"等大型电商节日进行营销，采取排期式投放。

2. 效果广告

效果广告具有持续性，一般是常年持续投放的，没有时间的限制。

三、效果广告的案例运用

最初，百度搜索引擎的广告是效果广告的先驱，随着人工智能算法在信息分发中的普遍使用，以今日头条为首的资讯类APP在国内开创了信息流广告的先河，从此千人千面的效果广告在国内实现了精准营销，改变了以往大水漫灌式的广告，在提高广告效率的同时，节约了广告成本。基于此优势，效果广告开始服务于成千上万的中小企业。

效果广告是一种由用户自主投放、自主管理，通过调整价格来进行排名，针对其受众人群，按照广告效果付费的新型网络广告形式。效果广告快速反应、以效果为导向，对投放的媒介不会特别关注；投放时间一般从几天到半个月不等，基本上投放当天就能看到效果，转化周期相对于传统媒体来说非常短，所有广告的点击量、转化率都可以实时监测。

2014年，字节跳动在国内首创信息流广告模式，即用户在使用移动应用时，主动推送，并与平台内容功能混排在一起的原生广告。该种广告模式可精准捕捉用户意图，有效降低用户干扰，将广告展现给目标客户，去中心化的同时激发了受众的主动性。

效果广告分布在字节跳动四大主要商业化产品的信息流中，资讯类产品"今日头条"，视频类产品"抖音""西瓜""火山"均以 Feed 流①的形式展现内容给受众，通过人工智能算法，推送不同的内容给不同类型的人。用户在使用这些 APP 的时候，系统会给用户行为打上标签，效果广告的投放后台经常会使用云数据管理平台生成人群包，在此平台中可以选择各种用户行为词。尤其是在电商平台，可以针对发生过购买行为的人群进行广告的二次投放。

经过人群筛选之后，效果广告会以竞价的方式出现在用户的信息流中，广告样式适应于平台内容样式。例如，在"今日头条"上，信息流广告会以大图、小图、组图和横版视频等形式出现，标题也会根据资讯类新闻去拟写，用户在不注意的情况下便无法明确辨别是平台内容还是广告内容，用户点击之后，详情页通常是跟头条文章类似的网页，但是会有转化组件的出现——电话拨打、在线咨询、客户留资表单等。在"抖音"平台，信息流广告会以竖版视频的形式出现，一般出现在用户刷到的第 4 位之后，以一定的频控逻辑出现。为了体现效果广告的原生性，一般会以抖音特色音乐作为广告背景音乐，也会使用一些抖音上比较火的玩法和"梗"去使效果广告更加符合平台属性。

瓦尔特·本雅明提出的沟通转型中的两种模式：从口头传播到视觉传播，从讲故事转向现代信息和娱乐行业。"讲故事"是最古老的沟通形式之一，而在大众传播时代，二级传播（two-step flow of communication）为主要的传播模式，来自大众媒体的影响首先传达到意见领袖，再由意见领袖传达给大众。随着互联网的发展，品牌传播在原有的二级传播的基础上不断衍生。网红行业的发展也是对意见领袖在互联网时代的新诠释，字节跳动旗下的产品也是 UGC（User Generated Content，用户生成内容）的内容生态占据主要的流量池，平台常态化之后又配合一定的 PGC（Professional Generated Content，专业生产内容）产出，越来越多的自媒体机构旗下的网红入驻平台，在短时间内可以孵化一个"大 V"账号进行直播带货。但是，在这种传播形态下，营销话语权再次中心化，集中在某几个网红"大 V"身上，前期需要用大量的时间去积累粉丝，通过资本的注入跟粉丝产生一个良性互动且提高双方黏性，后期才能通过与品牌方的合作达成粉丝变现。

在此形势下，更多的人把目光瞄准了精准受众，依托社交媒体的私域流量成为各大广告主争抢的流量池，关键意见消费者（Key Opinion Consumer，KOC）这一群体应运而生。在字节跳动商业化广告平台，每一个广告账户都是一个关键意见消费者的存在，通过在自己的广告账户里搭建广告计划，上传推广视频。广告主逐渐去中心化，可以自己运营自己的广告账户，成为关键意见消费者的同时把平台流量转化为私域流量。通过在信息流广告中获取意向客户的信息的方式，把大众传播的流量转化为私域流量。原本

---

① Feed 流，即持续更新并呈现给用户内容的信息流。

网红"大V"的自然流量变为在平台上投放广告，购买相应的流量取代达人带货，通过表单填写筛选出有意向的客户，按照客户的留资信息做传统的电话销售，并将其引流到私人联系渠道，进行深入销售渗透。

信息流广告是移动互联网时代新的广告模式。这种广告往往穿插在用户日常浏览的资讯信息流或视频流中，并且通过用户的刷新不断展现。信息流广告以推荐引擎为核心，通过大数据算法，由机器智能分析用户在平台内的一系列行为和兴趣分布，将用户属性、兴趣特点与广告进行精准匹配，根据历史广告的展现点击情况对新广告请求进行预估，并按照千次展现的预估收益进行排序，经过频次过滤，进行主动推送。

目前，字节跳动的效果广告主要使用的计费模式有四种：OCPM[①]、CPA、CPC 和 CPM，使用频次依次递减。以广义第二定价（Generalized Second-Price，GSP）策略为逻辑进行扣费。GSP 是服务于在线广告场景的专属扣费逻辑。早期的互联网广告以展示次数来计费，广告主一次签订一个广告的合同，低效的同时价格也不够透明可控，企业或许可以支付，但是对于低成本创业的中小企业来说，难以支付高额的广告费用。2002 年，谷歌首次提出 GSP 的计费逻辑，出价最高者的结算价格为出价第二高者的报价再加上一个最小值。GSP 是一种稳定的竞价方式，可操作性很强，现阶段绝大多数的互联网广告平台都使用这一种竞价方式。

基于 GSP 的计费逻辑，广告主出价在同一级行业的流量池中进行竞价，以四种不同的计费方式进行扣费。OCPM 按照展示进行计费，以转化为目标进行出价和人群建模，采用更准确的点击率与转化率预估机制，将广告展示给最容易产生转化的用户，在冷启动阶段会根据已转化人群标签，智能曝光给新的同类型人群。OCPM 为目前字节跳动的首选计费模式，因为该计费模式可以在快速获取优质流量的前提下，更有效地控制成本，而且会分 APP 拆分模型，更精准地预估点击率/转化率，将广告展示给最容易产生转化的用户，并且支持更丰富的转化目标，兼容各种创意样式及交互，适应更短的转化路径。除此之外，OCPM 还具有超成本赔付功能，转化成本超过目标成本 20% 的，系统会自动将超出成本的部分返还到广告账户上，充分保护了广告主的利益。

除此之外，CPA 是按照转化收费，很多广告主会更愿意以这种计费模式扣费，因为一次转化扣费一次，广告效果可见可控。CPM 是按照千次展示扣费，CPC 是按照每次点击扣费，这两种计费模式对转化不负责，一般适用于有文章推广和品牌曝光需求的广告主。

传统媒体的广告一定程度上可以筛选人群，根据不同消费偏好的人群聚集地和阅读习惯，选择户外广告位和报纸杂志。但是，这种筛选无法适应现在更加细分的行业市场和便捷的人口流动下的户外场景。而效果广告的后台基本设置就可以定位具体城市区县

---

① OCPM（Optimized Cost Per Mille）是在 CPM 的基础上，以优化为目标，同时以展示为收费依据的一种计费方式。

位置和城市发展，还可以设置不同的年龄段。除了这些基本筛选外，还可以设置兴趣关键词和在云图 DMP 平台使用人群标签生成人群包推送到账户。这对于很多 To B（面向企业）和垂直行业的广告主来说，节约了很多曝光成本。但是，随着覆盖人群的精准，流量展示的费用会相应地增高，而且后台生成的用户标签词也没有很多广告主想象得那么精准，因此在使用人群定向的时候应该客观看待精准度，提高市场的可拓性，懂得挖掘潜在客户的潜在需求。字节跳动商业化产品在效果广告投放平台上是打通的，用户可以自主操作广告后台，选择人群定向。2021 年 3 月，字节跳动也全量推出了"莱卡定向"，可以通过广告后台设置行为兴趣选项，可以追踪到客户在社交媒体平台上的电商互动行为、资讯互动行为及 APP 推广互动行为的兴趣偏好，从而提高行业细分领域的转化，在前期测试、调研阶段，服装、母婴、化妆品等行业 ROI 效果的提升显著。

传统广告付费模式限制了广告主的营销媒介的多样性，程序化购买通常服务于体量极大的知名品牌。广告的核算模式也是先策划广告内容，再制定相应的广告预算，最后广告投放结束核算成本和实际 ROI。但是，采用这种模式往往会发现大多数广告行为是难以被市场认可的，和消费者行为之间的鸿沟无法填平。广告创意成为广告效果最重要的抓手。在这种情况下，广告成本会随着第三方公司的增多不断飙升。但是，字节跳动的四大 APP 里的原生内容都是以 UGC 为主，配合部分 PGC 生产，内容门槛相对较低，只需要明确产品的 RTB 与消费者心理相结合，减少艺术表达，制作成适应大众市场的形式即可。广告投放后台随时可以检测广告费用，展现量、点击通过率及转化率，并且可以快速核算出实际 ROI。

随着市民的消费升级和需求细化，大多数企业产品的服务范围越来越垂直，产品针对的人群也渐趋细化。"她经济"成为近几年快消行业的热词。很多快消美妆只针对女性，效果广告可以在后台设置只投放给 18—30 岁的女性，对于很多美妆日化产品来说，这节约了很多投放成本。在字节跳动平台热门投放行业，还有招商加盟和家居建材，这可以投放给有经济实力的创业者和有家庭住宅的用户。除此之外，在传统广告行业中，快消品的广告较多，To C（直接面向终端客户）的广告业务可以看到更好的效果，尤其是单价较低的食品行业，可能用户在地铁通道看到了一则巧克力广告，在旁边的便利店就会立刻购买。但是，对于 To B 的业务，转化会相对较难，就效果广告的投放而言，通过基于位置的服务（Location Based Services, LBS）技术，可以定时定点投放给某一企业的高层，通过 DMP 人群包可以选择投放人群的消费水平和行业，而且后台也会自动生成一级行业通用的人群包，甚至可以上传同行的已转化人群的拓展包。因此，对于效果广告而言，垂直行业的细分人群要求成为广告投放的基础要求。字节跳动内部广告增值业务调整也逐渐行业化，根据头部客户的平均消耗及反馈后端 ROI，已经拆分出了四大行业组——电商组、招商加盟行业组、家居建材行业组、教育培训行业组，甚至在后期会不断进行调整，分出更多的垂直行业，找到行业匹配的目标人群及投放逻辑。

因此,效果广告对于中小企业来说非常友好,在降低准入门槛的同时,低成本和较短的转化周期可以让体量小的广告主接纳度更高。即使一个企业没有完整的销售团队和设计团队,他们也可以通过简单的素材拼接和人群画像的总结,精准投放给有需求的人。

四、效果广告的发展趋势

由于近年来相关政策的利好,中小企业发展迅猛,在国家的宏观调控下,我国的经济发展趋势并没有从自然竞争走向垄断。中小企业作为社会经济中较为活跃的一部分,市场带给了各个阶层的人创业机遇,不同文化程度的社会公民都有机会成为中小企业的创始人。但是,互联网广告的运营思路是需要各个广告主具有一定的互联网思维的,经过实践调研和对相关广告运营商的实际访谈,大多数广告主是缺乏互联网思维的。因此,在投放广告的过程中,各种与平台相互牵制的非平衡状态层出不穷。

广告投放的门槛主要有两个:一是广告投放的资金,由于平台流量的浮动性和第二竞价原则,互联网效果广告很难提供相关的流量单价的案例,因此很多广告主不仅无法提供符合平台质量要求的素材,也无法配合平台计费逻辑及投放规则给出相应的预算和出价,低预算和出价低的广告主难以竞争到优质的广告位,这就导致了广告效果的不理想。二是用户的营销思维,字节跳动提供的广告投放平台会有丰富的数据维度,精准分析广告投放的相关内容,多维度数据是对创意投放的反馈,指导内容制作,"反哺"灵感激发,从而优化广告创意,但是很多广告主过度依赖平台,而且没有自我优化的能力,这种广告主的广告投放限制了广告效果的发挥。

总体来说,筛选广告主的质量是字节跳动近年来商业化组织架构优化的重点方向。从员工激励的角度出发,公司原本鼓励员工多发掘新的客户,但是近期字节跳动商业化"打法"进行了策略性调整,提高广告准入门槛,更多地考察客户的实际推广能力,也为平台找到了真正适合的广告主。面对开发进来的新客户,从公司层面先对客户进行互联网思维的教育,再做广告投放。从入驻平台到真正投放广告也是另一道筛选的门槛。很多客户在教育谈判阶段发现对平台的理解及后续自我转化的能力弱,平台也会对这部分客户进行全退处理。

抖音刚刚进入大众视野的时候,原生化内容没有那么多元,以音乐分享和手势舞为主。但是,随着情景剧、模仿秀、配音秀、Vlog(视频网络日志)等多元化内容的入侵,传统软广也占据了抖音平台的内容主流。随着平台内容的丰富,商业化程度越来越高,原生广告的素材质量开始变得参差不齐。为了快速获得广告的上线,越来越多的广告主发布了不少质量水平差、影响用户观感的视频。这虽然既符合抖音平台亲民和去中心化的发展模式，也顺应了平台下沉的成长逻辑，但是会给抖音的原生用户带来一些不好的观感，会有更多的用户觉得抖音平台的商业裂变让它失去了原有的特点。抖音商业化的渐次深入必然导致其产品属性定位的变化。而在大规模商业化的同时，抖音还需要做好对广告、电商与内容的分配比例，以及对电商产品的严格把控。过度商业化会"反噬"用户体验甚至是整个生态。近期，有很多报道显示，七猫小说等小说类广告会根据推广小说类型的需求在特定时段，比如深夜投放一些恐怖类型的视频，主动出现在用户信息流中，让被推送的用户产生心理和生理的不适。后台的过于精准的时段投放，以及内容准入门槛的低限制，让越来越多影响用户体验的广告内容出现在信息流中。

在字节跳动投放广告，广告数据是专业员工和广告主都会关注的问题，通常会根据广告数据反观广告效果。但是，我们应该在学界和业界都倡导一种数据和艺术双重纠缠的广告追求，通过数据"反哺"广告创意的同时，也要引导大众审美的良性发展。抖音和头条等平台的信息流广告一天有可能会曝光几百万次，面对这种百万级的受众群体，信息流广告已经成为大众文化的重要组成部分，对内容的质量要求不应该低于传统电视广告及户外广告。

提高平台的准入门槛，是抖音平台广告发展的必然趋势。中小企业的规模会直接影响广告效果，是否拥有设计团队、营销团队及前端销售团队是广告能否顺利进行的重要因素。效果广告的运作呈现出一个转化漏斗的形态：最高层的是展示量，如果没有充足的预算和营销思路，是无法拥有展示量的；如果没有好的素材会影响一条广告的点击率，在形成获客表单之后还需要前端的销售团队去跟进、谈判，最终提高后端的 ROI，甚至可以通过脚本（Javascript）和应用程序编程接口（Application Programming Interface，API）布码的追踪"反哺"前端的转化率（Conversion Rate，CVR）。行业也是中小企业广告效果的重要限制因素，很多广告主都认为抖音是一个很好的 To C 平台，但是往往信息流获客表单最好的广告行业是机械类和众多客单价偏高的 To B 行业。

在广告投放的过程中，广告投放预算越多，广告的流量扶持就会越明显。但是，很多广告主因为互联网思维和公司体量问题，给不到相应的预算支持，每天低量消耗导致广告投放效果差。字节跳动信息流广告的很多新开发用户，大多是在百度平台投放过"大搜索"广告的存量客户。搜索广告的投放逻辑和推荐机制在内容平台属性方面的差异还是很大的，搜索平台的用户活跃时长及多场景在线人数远低于抖音等内容原生平台。因此，广告消耗的逻辑和预算设置也是迥然不同的，相应地，内容原生平台对广告主的门槛要求也应该有所提高。

对于大多数企业来说，抖音账号的运营与微博、微信的差别很大："两微"主要遵循的是订阅逻辑，在社交关系链中传播；而抖音遵循的是分发推荐逻辑，须符合抖音的算法和规则，且必须是视频形式，门槛更高。地理兴趣集合点（Point of Interest，POI）

工具，通过 LBS 技术，企业可以在发布的视频中定位线下门店的地理位置。在定位图标中，品牌可以通过地址、电话、推荐、优惠券、活动海报、专属二维码等方式，传递品牌信息，实现用户触达。这些新的优势让传统广告主的营销思路彻底颠覆，很多无法适应的用户就无法享受到效果广告的红利。作为新媒介，必须不断地融入受众的使用习惯当中，提供产品使用侧的支持，而不是孤立地等待用户自我接纳产品。

除此之外，平台流量的真实性也经常受到广告主的质疑，以及数据维度的单一化让营销节点过于片面和孤立。因此，字节跳动为了提高广告主的投放效果及保障网络流量的透明化，也新增了很多第三方检测渠道。目前的主流渠道有软件开发工具包（Software Development Kit，SDK）检测和 API 检测，后期通过产品的不断完善，也会增加更多可以给广告主多维度数据的营销闭环追踪方式，这也是效果广告应该优化的重点方向。

20 世纪末，4A[①] 公司逐渐入驻中国，传统广告在专业广告公司的运作和投放下，广告创意是经过精雕细琢的，每一张海报都是广告行业人日日夜夜的创意结晶。在互联网广告场域中，APP 内部的原生广告从一开始仅有的开屏品牌广告位到越来越多信息流广告和详情页广告等，广告素材质量水平不断下降。自主广告投放平台出现后，很多广告主会通过巨量引擎广告投放后台自主搭建广告计划，这导致大规模的低质量素材和缺乏广告艺术性的内容出现在字节跳动旗下的产品中，整体拉低产品的品牌调性。因此，广告审核不仅要审核投放行业的合法合规性，还要审核广告内容的优劣度，与平台整体属性无法融合的内容，应该给予下架处理。

广告创意除了需要符合大众审美外，还需要具有互联网营销思维。字节跳动旗下商业化产品，分布在各种生活场景中，根据不同产品的推广模式可以大致细分成四个转化场景——线上转化场景、线下转化场景、互动转化场景和商品幻化场景。针对不同的转化场景，广告创意应该有相应的改变。比如互动转化场景的广告推广——抖音号推广，此类广告对原生素材的要求特别高，只有营销内容和原生内容相互配合，才能平衡广告流量和自然流量，不至于让孵化的账号内部流量过度依赖广告投放，致使账号内容生态和粉丝生态的失衡。

小 结

广告业界逐渐提倡"品效合一"，整合新媒体与新渠道，融合品牌广告与电商销售，提升广告艺术表现力。传统品牌广告更多起到的是向用户传达"我们是谁"的作

---

① 4A 一词源于美国，4A 是 The American Association of Advertising Agencies 的缩写，中文名"美国广告代理协会"。因名称里有 4 个单词是以 A 字母开头，故简称为 4A。

用，而难以形成交易转化。在注意力分散、广告投放成本高昂的当下，越来越多的品牌商都在营销中植入购买链接。在传统品牌宣传类广告中植入购买链接，是较快速且有效的收入增长方式，着力点从原先的品牌带产品转变为产品带品牌，用优质产品的良好体验和广告触点来实现对消费心智的占领及产品复购。

【思考题】

1. 效果广告与品牌广告有什么区别？
2. 除了今日头条外，目前国内有哪些大型企业在做效果广告？
3. 效果广告与精准营销有什么关系？

【推荐阅读书目】

1. 阿姆斯特朗. 广告说服力：基于实证研究的195条广告原理［M］. 吴国华，林升栋，康瑾，等译. 北京：商务印书馆，2016.
2. 杨雪睿. 广告效果测评［M］. 北京：中国人民大学出版社，2020.
3. 韩文静. 参与的激励：数字营销传播效果的核心机制研究［M］. 北京：社会科学文献出版社，2016.

第四讲 原生广告

据中国互联网络信息中心（CNNIC）在京发布的第49次《中国互联网络发展状况统计报告》显示，截至2021年12月，我国网民规模已达10.32亿，较2020年12月增长4 296万，互联网普及率达73.0%。① 网民规模不断扩大，社会化媒体快速发展，用户越来越倾向于选择便捷的移动端社交服务。社交媒体的发展势头强劲，也影响了广告主的投放方式。传统广告大多是硬广，用户体验不佳。而原生广告把品牌内容融入用户体验中，更好地适应了社交媒体的广告市场。②

一、原生广告的内涵、特征与类型

（一）原生广告的内涵

2011年9月，硅谷风险投资专家弗雷德·威尔逊首次提出了原生广告的概念。原生广告是一种从网站和用户的角度构建的盈利模式，它依靠广告内容，注重视觉设计与媒体环境的整合。③ 2013年，原生广告在全球营销行业广受欢迎。

喻国明教授提出了一个更为明确的原生广告的概念，他认为，原生广告是内容风格与页面一致、设计形式镶嵌在页面之中，同时符合用户使用原页面的行为习惯的广告。④ 康瑾立足国外原生广告的研究，论证了原生广告难以下定义的原因，并对原生广告、植入式广告、社论式广告、内容营销进行比较和区分，阐明了有关原生广告的基本概念。⑤ 对于原生广告的传播路径，袁潇、付继仁阐述了在大数据背景下原生广告呈现出社交媒体中的社会化原生、基于移动端的跨屏整合原生及场景化360°、O2O（Online To Offline，线上到线下）原生三种传播路径。⑥ 在此基础上，也有论文对原生广告的相关案例进行研究。由于凤凰网最早将原生广告与新闻结合，因此学界对凤凰网原生广告的研究较多。2016年，金定海教授与凤凰网高级副总裁徐进对原生广告及原生营销进

---

① 中国互联网络信息中心. 第49次《中国互联网络发展状况统计报告》[EB/OL]. (2020-02-25)[2022-05-11]. http://www.cnnic.cn/n4/2022/0401/c88-1131.html.
② 艾瑞咨询. 2017年中国原生广告市场研究报告[EB/OL]. (2017-12-04)[2022-01-12]. http://report.iresearch.cn/report/201712/3095.shtml.
③ 美国互动广告局. 原生广告手册（THE NATIVE ADVERTISING PLAYBOOK）[EB/OL]. http://www.iab.net/media/file/IAB-Native-Advertising-Playbook2.pdf 2014.
④ 喻国明. 镶嵌、创意、内容：移动互联广告的三个关键词：以原生广告的操作路线为例[J]. 新闻与写作, 2014 (3): 48-52.
⑤ 康瑾. 原生广告的概念、属性与问题[J]. 现代传播（中国传媒大学学报）, 2015 (3): 112-118.
⑥ 袁潇, 付继仁. 大数据时代原生广告的传播路径研究[J]. 新闻界, 2017 (10): 51-54, 63.

行了梳理，并结合凤凰网的营销案例对原生广告的特性进行了全面分析。[①]

(二) 原生广告的特征

1. 强调用户体验

原生广告的一个重要特征是以用户体验为主导。和从前那些注重传播的广泛性、投放的精准性的广告不同的是，原生广告更加关注受众对广告的体验和感受，以不引起受众反感、不干扰受众正常浏览的方式来潜移默化地进行广告宣传，从而获取受众对品牌的深层价值认同。在如今的竖屏时代，小小的手机屏幕所能容纳的信息和吸引到的注意力十分有限，APP中常见的弹出广告、横幅广告与媒介本身的信息展现形式较为割裂，容易被用户忽视或因打断用户连贯的情感体验而使用户感到反感，但原生广告能够在一定程度上避免这一问题，因为其表现的形式更贴近用户在平台原本的体验和感受。这种降低用户反感和排斥的友好广告表达，能够有效塑造品牌感知价值。

2. 注重界面整合

与传统广告在呈现方式上的"割裂式"不同，原生广告在"信息"意义上把自身与其媒体属性进行了有机融合：广告与界面设计融为一体，受众可以识别出广告的存在，但视觉上不突兀；广告内容成为媒介信息的一部分，广告内容与载体息息相关，不妨碍受众的体验，用户在浏览媒体信息的同时也阅读了广告信息。依托媒介特点将原生广告的广告形式、风格、内容等与展示平台或使用场景紧密融合，把广告建立在用户的常规使用中。

除广告的形式外，在广告内容的创作中，原生广告也更注重广告所传达的内容、情感是否与所依托的媒介环境一致，与平台主题相关。受众对传统的广告形式有抵触心理，这是因为大多数的广告枯燥无趣、干扰用户的正常阅读。原生广告以用户体验为出发点进行广告形式设计的同时，追求内容有趣、有创意、有互动性，为用户带来更多的参与感和更好的体验，提高用户的接受程度。

(三) 原生广告的类型

依据美国互动广告局对原生广告的划分标准，原生广告的类型主要有板块嵌入、付费搜索、推荐窗口、促销列表、广告内的原生单元和定制单元。在此基础上，根据微博原生广告的表现形式，将微博原生广告的应用形式分为原生嵌入式广告、原生搜索式广告、原生分享式广告和原生导航式广告。

---

① 金定海，徐进. 原生营销：再造生活场景［M］. 北京：中国传媒大学出版社，2016：78.

1. 原生嵌入式广告

版块嵌入主要是指将广告内容与所投放的媒体平台保持一致,或通过页面链接到其他的网页中的一种广告形式。微博原生嵌入式广告表现为在页面标注"广告""赞助"等字样(图4-1)。原生嵌入式广告追求品牌信息的曝光度,利用大数据算法,推送给目标消费人群。基于用户兴趣,通过广告的精准投放来提高广告的回报率,提升品牌知名度。①

图 4-1 微博原生嵌入式广告

微博原生嵌入式广告主要投放在用户微博的首页,这种形式背后则是大数据的精准算法,在微博中用户会给自己加标签,从而标记自己的兴趣爱好。添加的标签为用户画像提供了数据,平台通过对用户的兴趣进行标记来售卖给广告主。② 微博对此类广告主要采用 CPM 收费方式。CPM 的收费方式适合追求短期高曝光率的广告主,而对于追求长期广告效果的广告主来说,以用户兴趣为主要切入点的按参与度(Cost Per Engagement,CPE)的收费方式更加适合。这一方式主要依据微博用户的互动程度付费,用户点击一次广告链接或评论、转发、收藏一次广告内容都会收取相应的费用。与 CPM 相比,CPE 更能精准投放,如果用户对广告没有兴趣就不会有互动行为,只有对广告有兴趣,用户才会积极参与,从而产生互动行为。原生嵌入式广告能够精准定位,在用户

---

① 曾鸿,吴苏倪. 基于微博的大数据用户画像与精准营销 [J]. 现代经济信息,2016 (24):306 – 308.
② 邢千里,刘列,刘奕群,等. 微博中用户标签的研究 [J]. 软件学报,2015,26 (7):1626 – 1637.

浏览信息时投放在页面中展示，实现了海量送达。但是，这种广告形式也容易影响用户体验，需要广告主合理对待。

2. 原生搜索式广告

付费搜索主要是指用户在使用搜索引擎获取信息时，广告信息会以竞价高低的形式出现在搜索内容里，以此提高品牌的知名度。在微博中，付费搜索的主要表现形式为原生搜索式广告。微博热搜榜展示了最新时段的热门话题和内容，是大多数微博用户会浏览的区域。在热搜中插入广告信息，能够迅速拉近用户与品牌信息的距离，将广告信息海量送达。这一形式本质上属于付费搜索，热搜榜的广告竞投方式是通过竞价排名产生的，付费的关键话题会出现在该页面，如图 4-2 所示。

图 4-2　微博原生搜索式广告

微博原生搜索式广告覆盖了大范围的活跃用户，能在很大程度上提高品牌信息的曝光度。这种广告适合大品牌的广告投放。付费搜索广告费用高且周期短，不适合中小企业。投放热搜广告的主体大多是拥有了忠实消费群体的大品牌，其为了宣传活动，通过热搜广告加大宣传力度，向潜在消费者传达品牌理念。

3. 原生分享式广告

原生分享式广告主要是指用户通过自身的使用、体验，对产品产生信任和好感，在社交媒体平台上留下对产品信息的分享、点赞、好评等行为，社交媒体平台通过这些关键词来推荐相关广告的方式。这种带有好友点赞、推荐的广告形式，是微博独有的广告推广方式，是依据平台特点产生的，如图4-3所示。

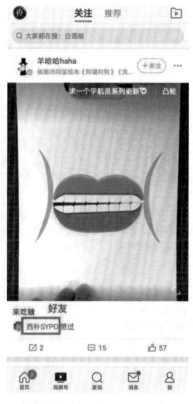

图4-3 微博原生分享式广告

用户可以通过微博发布消息，与好友分享、讨论这种信息，具有转发功能及私信功能。在社交媒体时代，用户分享信息的意识不断增强。用户会在微博分享生活的方方面面，而有情感倾向的表达是大数据抓取的关键词。除了微博内容外，用户会根据自己的兴趣评论、点赞、转发某种产品，大数据会对此进行抓取，作为推送广告的数据支撑。在这里，用户互动性的强弱成为衡量广告内容优劣的标准。原生分享式广告的互动性十分显著，这一形式实现了人际传播和大众传播的结合。

4. 原生导航式广告

在微博中，原生导航式广告表现在微博"发现"页面中的"红人淘""尤物志"频道。"尤物志"以"遇见全球心水好物"为宣传语，与优质媒体、时尚达人合作，通过数据支持挖掘出契合传播的内容，以图文、视频、互动等形式的内容，为品牌好物种草，打通用户从社交到购买的环节。"红人淘"频道内包括微博"大V"的穿搭、好物、特卖等，以图文、直播的方式传达产品信息；页面中"爆款精选"附有购买链接，容易帮助品牌实现更高的转化率。微博"红人淘""尤物志"页面展示如图4-4所示。

图 4-4 微博"红人淘""尤物志"页面展示

原生导航式广告依照用户兴趣，打造兴趣社区，通过网络红人推荐、试用点评、热点推送等形式，既与微博本身的社交娱乐特性相符，又能宣传产品信息。这种形式充分发挥了博主、明星的强大号召力。通常，粉丝除了在精神上对偶像具有极度的迷恋外，其对偶像的喜爱和支持更多地是通过物质消费行为来表现的。① 这种广告形式适合时尚美妆类产品的推广，可直接转化为产品的出售率，具有商业价值。

总的来说，原生广告的重点在于"融合"。它是由广告内容驱动、从用户体验和用户使用习惯的角度出发，并整合了网站和 APP 本身可视化设计，从而完美嵌入 APP 的一种广告。在内容上，它提供有价值且用户感兴趣的内容；在形式上，它通过设计使广告与其所依托的媒介有效融合、匹配，与用户互动性强。

---

① 蔡骐. 大众传播中的粉丝现象研究［M］. 北京：新华出版社，2014：202.

二、原生广告的案例运用

最先进行原生广告实践的是 Twitter，它开创了信息流广告，并将其应用于移动端，解决了移动屏幕广告展示的难题，从此人们不必忍受突然弹出来的广告框，而可以直接在内容中阅览它们，如图 4-5 所示。

图 4-5　Twitter 的原生广告

Facebook 紧随其后，将信息流广告拓展出图文、APP 下载、视频广告、HTML5（以下简称"H5"）页面等多样化模式，成了目前原生广告领域的集大成者。比较棒的是，这些信息流广告都可以评论和点赞，就像朋友们发出的动态一样，如图 4-6 所示。

虽然信息流是原生广告中最普遍的模式，但原生广告并不等于信息流。基于不同场景定制的原生广告位，其实是多变而有趣的。Facebook 的问卷、投票等广告形式（图 4-7），也是原生广告的体现。比起一般的"硬广"，这种向消费者提问或寻求建议的广告方式，更易获得参与感及好感。有时答完问卷或参与投票

图 4-6　Facebook 的原生广告

后，参与者还能获得广告主赠送的一些小礼品。

图 4-7　Facebook 的投票广告

Solo Launcher（图 4-8）是将原生广告做成应用推荐的积分墙，并与其桌面融为一体，向受众非常自然地推荐一些常用的 APP 和手游。当受众出于好奇点开桌面的推荐图标时，才会发现原来这是一个下载广告。

图 4-8　Solo Launcher 的原生广告

当然，还有如图 4-9 所示的形式——内容与广告共存。一篇看似很普通的文章，可能就是一个广告。也有很多人对这种形式提出了质疑，觉得不应把广告与内容混为一谈。目前，国外许多地方都通过立法规定，这种广告应当明确标明"推广"字样。

图 4-9　BuzzFeeD 的原生广告

　　High Noon（iPhone 游戏）是一款扮演美国早期的西部牛仔，参加危险枪手对决的在线网游。在游戏界面里有个卖山货的大叔，偶尔会打开箱子，给玩家"Try other apps"。玩家点开箱子后看到的是新游戏的推荐，很自然，不仅不觉得这个广告讨厌，反而会很好奇推荐的产品是怎样的，自然而然地就去下载、体验了。这是一个教科书式的原生广告。

　　当国外原生广告渐渐风靡时，国人也不甘落后。国内的原生广告实践早在 2013 年年初，就紧跟全球步伐了，在向国外学习的同时，也结合了自身特点，进行了许多好玩的创新。

　　你能想到吗？看起来十分高大上的英文例句，其实是一个广告。这种广告模式，来自国内最早进行原生广告实践的 APP——有道词典（图 4-10）。将产品图片与品牌内涵，以英文例句的形式展现，瞬间提升了产品格调，置于有道页面中也不显得突兀。

图 4-10　有道词典的原生广告

近两年，微信和微博里的信息流广告，大家应该也十分熟悉了。虽然国内社交网络服务（Social Networking Service，SNS）产品的信息流广告与国外的暂时还有一定差距，但它们进行原生广告实践的精神及所取得的成绩是值得肯定的。特别是微信朋友圈的信息流广告（图 4-11），一度成为热门话题。

图 4-11　微信朋友圈的信息流广告

除主流应用外，国内的一些中小应用的原生广告实践也十分有趣，其中少不了广告平台的功劳。比如，网易旗下的原生移动广告平台——有道智选，它就协助一些 APP 共同推出了许多别具一格的广告位置。

来看看独创的"按钮"广告。在百度魔图（图 4-12）这个美图拍照类应用上，左下角这个方框内的圆圆的图标就是广告位。看起来它和其他图标没有什么两样，但若是放上一些和 APP 相配的可爱图片，相信大多数女生都会好奇地点击它。这个原生按钮，结合了 APP 的界面（UI）设计，让广告变得"萌"起来。

还有如图 4-13 所示的酷划页面，锁屏向左一划，居然能直接跳到电商页面或下载应用程序页面。用户划动广告后，还能获取积分返现。这种听起来有点不可思议的广告模式，却让用户、广告主、开发者实现了三方获益。

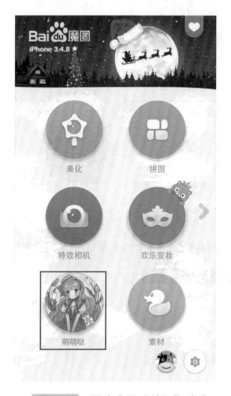
图 4-12　百度魔图"按钮"广告

图 4-13　酷划页面

当你打开彩漫相机（图 4-14）这个应用时，看到一只羊驼从屏幕下方奔腾而过，会是一种怎样的体验？对于一个处理趣味图像的 APP 来说，一本正经地展示广告当然相当无聊。由于用户群体偏年轻，这种好玩搞笑的广告形式，往往更能引起用户的关注和青睐。

除了根据 APP 场景设置广告位外，针对 APP 用户的使用意图来选择投放广告类型，也是原生广告实践的关键一环。例如，惠惠购物助手 APP 的海淘页面（图 4-15），由于浏览该页面的用户大多存在购物需求，因此在此位置投放电商类广告是最合适的。

由于有道口语大师 APP（图 4-16）的用户存在学习意图，因此在其学习页面投放教育类的广告就十分合适。基于用户需求的广告，更易吸引用户点击。如果广告图片向 APP 风格靠近，便会呈现叠加效果。

图 4-14　彩漫相机页面

图 4-15　惠惠购物助手 APP 的海淘页面

图 4-16　有道口语大师 APP 的学习页面

看完以上的几个案例，可以更深刻地感受到原生广告的几个特质：场景化、定制化、融合化。它不是简单的信息流，更不是随意的广告位叠加。它的广告位需要结合场景本身，它的内容需要符合用户意图。只有具备这些特质的广告，才是真正的原生广告。

三、原生广告的传播模式

模式是对一般现象的高度凝练，对模式的研究可以更清晰地了解事物的整体形象。本节将对微博中原生广告的传播模式、面临的挑战及优化路径进行分析。微博作为国内具有典型代表性的社交媒体，从商业化之初便开始布局原生广告，并在不断发展中提升用户体验和广告效果。2017 年，微博整合、升级了多年来发布的信息流广告产品，推出超级粉丝通，进一步打通用户间的连接，获取用户数据，推动社交原生广告向智能化和场景化发展。①

（一）微博原生广告的传播模式

1. 基于大众传播的主动型传播模式

在微博中，原生搜索式广告和原生导航式广告的表现形式都是典型的用户主动型传播模式。在这种模式中，广告主在平台无差别地投放广告，用户根据自身对信息的需求，主动参与原生广告的传播中。在此基础上，构建基于大众传播的主动型传播模式。

原生搜索式广告是以"热搜榜"的关键词为主要形式进行投放，面向微博用户，吸引目标消费者和潜在消费者的广告形式。大多数用户在使用微博满足娱乐、社交的需求时，也会进入热搜榜搜寻自己感兴趣的话题内容，这促使热搜榜产生巨大的商业价值。微博"热搜榜"是一种大众传播中的议程设置，广告主通过付费方式获取热搜广告位，将最新的产品资讯、活动促销信息、企业动向以图文、视频等形式展现出来，引起微博用户的关注，从而将注意力经济转化为广告主或品牌方的经济效益、社会效益。原生导航式广告通过不同的兴趣板块制造话题，以兴趣聚合大量的忠实用户，用户也在兴趣的驱使下进行主动的信息搜索行为。

主动型传播模式的主体主要是广告主、用户和平台。在这种模式中，广告主在微博中发布有关品牌信息的原生广告，用户在使用微博这一社交媒体平台时，对广告信息产

---

① 艾瑞咨询. 2017 中国原生广告市场研究报告［EB/OL］.（2017 - 12 - 06）［2021 - 01 - 12］. http：//report.iresearch.cn/report/201712/3095.shtml.

生兴趣，进行主动点击或搜寻行为。而微博作为连接广告主与用户、用户与用户的桥梁，在主动型的原生广告传播中，广告形式融于微博中，内容有创意且丰富，不仅为用户提供多样化的自主选择形式，还以优质内容的展示吸引用户，激发用户的搜索动机。在《延禧攻略》热播时，由于剧情精彩，常常有相关话题上微博"热搜榜"，护舒宝抓住时机，不但在电视剧中投放了剧场版的护舒宝原生广告，同时还在微博"热搜榜"中投放了话题原生广告，设置了"延禧攻略，你太敏感了"的关键词来宣传产品。这种广告传播模式借助热点，让用户愿意主动点击话题、了解产品信息，大大提升了广告效果。

2. 基于人际传播的分享型传播模式

在微博中，原生分享式广告中用户的分享性与互动性显著，是分享型传播模式的主要表现形式。同时，企业自身开设微博并通过分享型内容投放广告，使微博原生嵌入式广告也成为分享型传播模式的一种表现形式。

尼古拉·尼葛洛庞帝在《数字化生存》里指出，"从前所说的'大众'传媒正演变为个人化的双向交流，信息不再被'推给'（Push）消费者，相反，人们（或他们的电脑）将把所需要的信息'拉出来'（Pull），并参与到创作信息的活动中。"① 大众传媒总是想方设法把自己制作的信息推销给受众，而网络传播时代的到来彻底扭转了受众处于信息传播被动终端的局面，人与人之间可以通过网络开展信息传播活动，这就是网络人际传播。网络人际传播既具有一般人际传播的特点，又有其显著的个性网络特征。② 微博的分享型原生广告传播模式就是在网络人际传播的基础上开展的广告传播活动。原生分享式广告表现为用户在使用微博时，将自己使用产品的经验、行为通过评论、点赞、转发等形式表现出来，从而对好友圈的用户产生影响。而原生嵌入式广告表现在企业基于微博双向性强、反馈及时、互动频率高的人际传播特点开设官方微博，从而使企业和消费者连接起来。这类广告投放还会与"转发抽奖""评论有优惠"等活动联系在一起。

分享型传播模式的主体主要是广告主和用户。广告主通过微博平台投放广告信息，基于大数据和算法分析，把广告信息推送给相关用户。基于微博社交媒体的平台特征，用户会选择对相关的广告信息进行评论、转发或点赞，以发表自己对产品的评估与态度。其他用户则能够看到相关好友对产品信息的评论，从而引起注意和兴趣，进行二次互动，形成用户与用户之间互动的循环过程。这种分享型传播模式，能够增强广告信息的可信度，巧妙建立用户与广告主之间的关系，可以更大程度地推动商业价值的实现。

3. 场景化原生广告传播模式

"场景"概念是美国全球科技领域资深记者罗伯特·斯考伯和技术专栏作家谢尔·

---

① 尼古拉·尼葛洛庞帝. 数字化生存 [M]. 胡冰，范海燕，译. 海口：海南出版社，1996：4.
② 彭兰. 网络传播概论 [M]. 北京：中国人民大学出版社，2001：36.

伊斯雷尔提出的,他们在《即将到来的场景时代》一书中指出,移动设备、社交媒体、大数据、传感器、定位系统是与场景息息相关的五个要素。① 场景的出现突破了原有的关系联结方式,从而形塑媒介生产与互动行为。这种趋势在互动性较强的社交媒体中,尤其在微博中较为显著。微博"大V"发布某动态,会引起粉丝的大量评论,即使是一则广告。

场景化作为原生广告的一个重要发展方向,能够将人、时间和空间结合起来,在合适的时间和地点将广告推送给合适的人。场景化原生广告可以满足用户的个性化需求,用户更乐于接受这类广告信息。场景时代的到来使传播方式发生了很大变化,消费者行为被数据化,原生广告的场景化投放也对消费者洞察得更加精准,借助定位服务技术可以定位消费者场景,结合消费者的实时状态,采用精确推送和程序化购买模式实现实时广告投放。因此,场景化原生广告能够真正做到将合适的广告在合适的场景传达给相应的消费者,使广告有效到达目标消费者。2019年5月完成上市的瑞幸咖啡在进行推广的初期,其线上广告就是基于微博的定位服务,精准匹配销售门店与目标用户的地理位置关系,一旦某商场开了瑞幸咖啡售卖点,那么在这个场所内的用户都能够接收到瑞幸咖啡的广告信息。

综上所述,微博原生广告的传播模式主要归纳为基于大众传播的主动型传播模式、基于人际传播的分享型传播模式和场景化原生广告传播模式。在场景时代,这三种模式并不是独立的,而是相互联系的。

(二)微博原生广告传播面临的挑战

微博原生广告不断发展壮大,开拓出多种可供选择的式样,有着其特有的传播优势。但随着原生广告越来越多地被注入社交媒体平台及大数据的广泛运用,其发展也面临前所未有的挑战。

1. 原生广告的大量注入可能引起用户反感

虽然微博原生广告的一个重要优势就是没有将广告以传统的形式直接呈现给用户,被接受度更高,但原生广告式样的多样化也就促使其越来越多地被注入社交媒体平台的更多区域中,难免会导致用户的流畅浏览被打断,引起用户不适。不适感不断累积后,不但广告效果会大大下降,而且用户会将这种较差的体验感归咎于社交媒体平台本身。因此,各大社交媒体平台在扩大发展原生广告、赚取广告费的同时,也需要考虑平台可持续发展的问题。

---

① 罗伯特·斯考伯,谢尔·伊斯雷尔. 即将到来的场景时代[M]. 赵乾坤,周宝曜,译. 北京:北京联合出版公司,2014:9.

2. "精准投放"引发用户对个人隐私泄露的担忧

前文提到，很多原生广告利用平台对用户属性的归纳提取、大数据分析来实现广告的精准投放，而用户属性在一定程度上关联用户隐私。微博至今已有十余年的发展历程，平台掌握的诸如用户的姓名、年龄、性别、兴趣爱好、社交关系、地理位置等大量个人信息已成为其商业模式中的重要资产。

对于平台和广告主而言，精准投放是最有效率的途径之一，并且是获得传播效果的保证，而这些用户信息则为实现广告的精准投放提供了支持。对于用户而言，他们多数情况下无法感知到信息收集行为且无法控制个人信息的使用途径，因此他们可能会时刻担心自己的个人信息被泄露、被交易。用户的个人信息过多地被暴露在企业和广告主面前，即便是不属于隐私类的个人信息，也存在被"非法"利用并对其造成威胁的可能。在这样的心理下，用户在看到根据自己的个人属性精准投递的广告时，很可能会感到"被侵犯"，对广告产生逆反心理，这会大大削弱广告的传播效果。

3. 技术运用的狂热忽视了广告内容的创意

微博不断升级挖掘和分析用户海量数据的能力，扩大原生广告的品类、式样，力求广告信息与用户兴趣匹配、与界面融合，带给用户更好的体验。然而发展至今，以用户体验为导向的原生广告想要取得更好的广告效果，也许并不能单单依靠利用大数据分析得出的结果来"投其所好"地进行广告投放。当用户对原生广告感到麻木，逐渐对其产生疏离、抗拒和忽视时，即便是技术赋能下的精准投放也很可能无法再引起受众的注意。

对于广告主而言，广告内容创意永远是营销传播中不可或缺的重要组成部分。在广告主狂热地思考着如何利用用户数据进行精准投放、运用何种类型的原生广告式样时，创意则成了突出差异性的重要一环。虽然技术的支持为广告主提供了极大的便利，但失去了优质内容和创意的广告对于目标用户来说很可能已成为一种打扰，不再有效。

对于平台而言，仅仅提供程序化的广告服务在平台未来的发展中肯定是不够的。当现有的原生广告已达到了用户的审美阈值，如果内容上缺乏新意，仅靠变换原生广告的式样将无法唤起受众在审美上的愉悦。

▶▶（三）微博原生广告传播模式的优化路径

1. 保护用户隐私与精准投放并行

原生广告要想实现精准投放，就要依托算法和大数据采集到的数据，这在一定程度上侵犯了用户的隐私，使用户产生抵触心理。在大数据时代，对用户隐私的收集十分容易。据测评报告显示，"位置信息""通讯录信息""手机号码"三种个人信息是过度收集或使用个人信息最常见的内容。① 对于微博平台来说,可以利用数据进行个性化的广告推送,但是也要注意尊重用户个人隐私的范围和建立传播的道德底线,重视受众关于隐私泄露的担忧。

而对于用户来说,应该有"数字遗忘权",即数据主体有权要求数据持有者将关于自己的信息删除,以免被进一步扩散。也就是说,用户可以主动选择要删除的个人信息,以免泄露或被商用。消费者的隐私和要求受到尊重,会使原生广告的内容更加智能化和贴心化。

2. 注重广告内容的价值性

部分广告主在原生广告的投放过程中,忽视了内容的重要性,只注重批量投放。这种原生广告很容易引起用户的反感。因此,在原生广告的内容制作上,要注重内容的价值性。首先,基于微博本身的平台属性,广告只有具有一定的娱乐性,才更有吸引力;其次,生产高质量的内容,用真实的价值吸引和打动用户,弱化品牌植入的痕迹,这样才能更好地保持广告的原生性和用户的良好体验。优质广告内容要以用户习惯的方式进行产品的推广,通过精心制作的内容、合适的呈现方式、与平台特色的高度契合,实现广告信息的自然嵌入,潜移默化地完成广告内容的传播,从而实现品牌内容与价值的传递,用优质内容与用户产生共鸣。

3. 原生广告须制定传播效果衡量标准

对于微博的原生广告效果,依据用户接受原生广告的不同传播阶段进行量化,才能更好地衡量。在用户品牌认知的初期,要量化原生广告传播的曝光量和浏览量。曝光量是指原生广告的曝光频度;浏览量是指微博用户在原生广告的页面上停留的时间,针对图片、文字、视频等不同类型的原生广告内容,用户浏览的时间相应地也会有所不同。新浪微博用户对广告信息产生兴趣,就进入了与品牌互动的阶段。互动阶段要加强对点击量和互动量的监测。点击量是在用户对原生广告的内容产生兴趣后,主动进行点击观看的行为。点击量的反馈决定了后期广告投放策略的调整。互动量是指用户通过转发、点赞、评论等行为与广告主进行的互动。用户对原生广告的内容越感兴趣,越有可能与广告主进行互动。用户接收到广告信息,并对其产生兴趣后,就会进入购买阶段。购买阶段要注重转化量的量化。转化量表现为用户进入广告页面通过购买链接实现消费行为。转化量能直接体现原生广告的传播效果。

---

① 中国消费者协会. 100 款 App 个人信息收集与隐私政策测评报告 [EB/OL]. (2018-09-27) [2021-01-12]. http://www.cca.org.cn/jmxf/detail/28310.html.

四、原生的信息流广告

信息流广告是原生广告的一种形式，被称作"信息流中的原生广告"，其核心意图是通过"融入用户体验使品牌化内容成为对消费者有价值的'信息'"[①]。它是指基于用户基础信息及行为数据进行推送，并以社交媒体信息的形式将广告内容嵌入用户社交媒体平台界面中的广告形式。[②] 根据美国互动广告局 2013 年发布的《原生广告操作手册》，可总结出信息流广告有三个特征：① 存在于用户的活动信息流中；② 广告与页面内容紧密结合，融入页面设计；③ 广告与平台行为保持一致，使用户感到它们是属于平台的。

信息流广告起源于国外的社交媒体，2006 年 Facebook 推出信息流广告；在国内，微博、腾讯最早推出信息流广告产品，随后信息流广告延伸到搜索、咨询、视频等领域。2015 年，微信朋友圈信息流广告上线；2016 年，一点资讯的 UC 信息流广告上线；腾讯新闻客户端"品牌故事"信息流于 2017 年推出，同年新浪微博上线的产品"超级粉丝通"开启了信息流广告的新运用空间。如今，各类信息流广告已占据用户的碎片化时间，主要包括微信、微博、QQ 等平台的社交类信息流广告，今日头条、网易新闻、腾讯新闻等平台的新闻类信息流广告，抖音、快手、秒拍等平台的短视频类信息流广告。其中，网文类信息流广告以其跌宕起伏的故事情节、极致夸张的表演风格，频频戳中用户的"爽点"，在近几年发展迅猛，尤其是在哔哩哔哩（以下简称"B 站"）、抖音等平台收视良好。

目前，国内信息流广告大多投放在移动端社交媒体。但社交媒体也有不同的分类，依据不同的社交媒体分类，信息流广告的投放和运作有不同的模式。李彪将信息流广告的模式和运作机制分为五类：① 基于社交网络的关系模式；② 基于阅读偏好的兴趣模式；③ 基于用户搜索的推荐模式；④ 基于地理位置的导流模式；⑤ 基于"社交 + 兴趣"的混合模式。尽管如此，在企业广告推送实践中，往往几种模式混用，并不会严格遵守各模式间的界限。[③]

总体而言，互联网平台通过搜集用户主动或"被迫"提供的数据信息，通过算法对用户进行分类，推送分发可能与用户相关或受用户喜爱的广告，从而达到精准营销的目的。近年来，信息流广告频繁出现在大众视野，据中国互联网络信息中心发布的第

---

① 徐宏伟. 我国信息流广告的研究现状及趋势分析 [J]. 今传媒，2020（9）：89-92.
② 杨莉明，徐智. 社交媒体广告效果研究综述：个性化、互动性和广告回避 [J]. 新闻界，2016（21）：2-10.
③ 李彪. 信息流广告：发展缘起、基本模式及未来趋势 [J]. 新闻与写作，2019（10）：54-58.

49次《中国互联网络发展状况统计报告》显示，截至2021年12月，我国网民规模达10.32亿，较2022年12月增长4 296万，互联网普及率达73.0%；其中，农村网民规模达2.84亿，城镇网民规模达7.48亿；手机网民规模达10.29亿，网民使用手机上网的比例达99.7%；网络视频（短视频）用户规模为9.75亿，占网民整体的94.5%。[1]由此可见，移动互联网成为人们获取信息的主要渠道，未来，诸多广告形式将会呈现信息流化。信息流广告存在于用户的活动信息流中，除在角落（一般为左上角或左下角）有以小字标识的"广告""推广"等字样外，其内容及格式特征与所在的社交媒体平台内容极为相似，给用户带来沉浸式体验。广告成为页面设计的一部分，与信息界面完美融合。这种原生性特征保证了用户的阅读体验，减弱了用户对广告信息的排斥心理。尤其是如今各大信息流广告频繁融入社交平台、视频播放平台中，这种广告的原生性已经让用户感到习以为常。

信息流广告的投放依据互联网平台收集的用户数据，包括性别、地域、年龄、阅读偏好等信息，将用户划分为不同的类型。人工智能技术为精准的用户投放"量身定做"广告，相比于传统广告的全覆盖投放，成本更低、效果更佳。这主要依靠算法推荐技术，让投放更精准、更具个性。

信息流广告具有较强的社交性特征。以强社交关系的微信朋友圈为例，由于微信朋友圈好友可以对广告进行评论、点赞等操作，并且可以收到好友的评论、点赞提醒，可以引发好友之间、受众与广告内容之间的交流和互动，增加信息流广告的传播深度。值得一提的是有明星代言的广告植入，更是以"某某明星邀请你来看此类广告"的形式，打造用户与明星是微信好友的虚拟感，引发粉丝用户的热情讨论，满足粉丝的追星心理，降低用户的反感度。弱社交关系的微博亦是如此，微博用户可以对广告进行评论、转发和点赞，且由于微博圈子较为开放，受众的参与能够提高信息流广告的传播广度。

信息流广告在网文领域的崛起，是短视频平台"免费＋广告"模式带来的连锁反应。信息流广告及完整短剧，都是免费阅读平台引流获客的重要实现方式。相较于付费平台以口碑和评分留住高黏性忠实用户，免费平台更多地依靠外向挖掘。

网文信息流广告自缘起以来，经历了几个不同的阶段。社交网络与短视频平台的发展，促使网文信息流广告不断与时俱进，满足用户的多样化需求。

▶▶（一）阶段一：图文类网文信息流广告

网文信息流广告刚兴起时，用户浏览微信、QQ等平台总会看到文字浮夸、图片粗

---

[1] 中国互联网络信息中心. 第49次《中国互联网络发展状况统计报告》[EB/OL]. (2020-02-25) [2022-01-11]. http://www.cnnic.cn/n4/2022/0401/c88-1131.html.

糙的网文类广告推荐。这样的文字与略显粗糙的"P 图"① 搭配起来，因内容的非寻常性反而能吸引用户的目光。然而，这一时期的内容对用户的冲击力不大。

（二）阶段二：短视频类网文信息流广告

短视频类网文信息流广告市场近两年增长迅速。抖音信息流广告成为抖音收入的主要来源。相比于图文类广告，视频更易让人接受，更加具有画面感。在短视频行业发展迅猛的背景下，短视频类网文信息流广告进军短视频行业可以说是顺势而为，引流效果较图片更是明显很多。

（三）阶段三：网文信息流广告的二次创作

信息流广告归根到底是一种广告形式，然而目前部分网文信息流短视频广告已经由广告转向了作品本身。以"歪嘴战神"系列作品为例，它已经不单单是一个广告产品，更是抖音、B 站等平台热播的连续短片，甚至该视频在网上传开之后，网友们进行了诸多的"梗"创作，比如用视频中人物的图片制作表情包。同时，因 2020 年恰逢国产动画《喜羊羊与灰太狼》诞生 15 周年，在 B 站上，有关《喜羊羊与灰太狼》的二次创作视频数量激增，B 站上传者（以下简称"UP 主"）更是以此为模板创作出《羊村之狂龙战神》《歪嘴神猪》等作品。除此之外，网上众多"鬼畜"② 和剪辑视频也是层出不穷，一些 UP 主的剪辑更是花样繁多，除了画质不清晰外，剪辑效果真有电影宣传片之感。这种二次创作延长了该网文信息流广告的生命，扩大了视频的影响范围，获得了较好的引流效果。

网文信息流广告自出现以来，始终以网文 IP 跌宕起伏的故事情节取胜。而其因制作成本较为低廉，在场景设置、服装、化妆、道具方面都极其简单，同时，特效制作、演员表演与台词设置更是浮夸且拙劣，属于成本低、制作简单的短剧，与以往观众所看的精心制作的电视剧、电影形成了鲜明的对比。

网文信息流广告时长较短，一般在几十秒到 3 分钟之间。视频开头一定会有台词剧情引入，而且在开头短短几秒钟内就会出现激烈碰撞的剧情。第一种剧情可以概括为两个词：天降奇遇、改变命运。第二种剧情也可以概括成两个词：扮猪吃虎、虐渣打脸。此类信息流广告将小说中的关键情节提炼出来，于几十秒内演绎出具有颠覆性的剧情，引人注目。

视频时长短短 40 秒左右，但剧情发展跌宕起伏，观众情绪也随之大起大落，同样

---

① PS 是 Photoshop 的简称。Photoshop 是一个软件的名称，随着这个软件的广泛应用，"PS"已经演化为一个动词，"P 图"成为图片修改的专用指代。
② 此处的"鬼畜"为一种视频制作手法，其代表特点为画面和声音重复率极高，且富有强烈的节奏感。

的桥段即便多次出现,观众也会因为爽感而"上头",大概率不会出现反感情绪。同时,此类视频广告因与以往精心制作的视频区别较大,内容上又高度转折,很容易使观众绷紧心弦,期待结局。

广告的最终目的是让用户去看小说,因而为了提高转化率,在广告的结尾剧情都会留下悬念,借此吸引用户下载小说阅读平台来探寻故事结局。

网文信息流广告的优势体现在以下几个方面。

1. 技术赋权

(1)算法推荐,用户使用黏性增加

网文信息流广告短视频依靠算法推荐技术,通过对用户个人信息和上网足迹的追踪,实现个性化的精准推送,从而精准触达用户,满足消费者多元化和个性化的服务需求。信息流广告通过挖掘用户数据,追踪用户的广告浏览行为,建立用户标签,进行差异化推送,使广告与目标受众精准匹配,达到精准营销的效果。基于 LBS 技术定位用户的地理位置,根据用户的基础信息和社交数据,将人、时间和空间三者结合起来,在特定场景和时间下为用户展示符合其生活方式及消费习惯的广告,实现广告内容的有效分发和用户的精准触达。① 这种精准的推送能够吸引用户长久使用,产生亲近感和认同感,进一步增加用户的黏性。

(2)5G 赋能短视频,成为信息流广告的主要推动力

QuestMobile(北京贵士信息科技有限公司)2019 年做出的中国移动互联网十大预测显示,短视频广告增长率将超过信息流广告增长率,成为信息流广告的重要推动力量。伴随着 5G 技术带来的高速率、高质量和低时延、低能耗的革命性技术特征,在视频语言已经成为社会中心语言的前提下,短视频必将在未来的社会传播架构中占据更重要的地位,得到更广泛的运用。当前的信息流广告大多集中在头部社交媒体,以图文形式分发,但伴随着 5G 商用的实现,短视频信息流广告必将成为信息流广告的主要形式和推动力。尤其是对于网文信息流广告而言,短视频呈现相较于图文呈现更具感染力和吸引力。目前,短视频平台如抖音、B 站等已经运用短视频信息流广告作为重要营收方式之一。伴随着 5G 和人工智能技术的发展,未来的短视频信息流广告将在内容领域更加深耕,实现垂直化发展。

(3)人工智能将使信息流广告更加智能

随着以机器学习为核心的人工智能技术不断取得突破,以人工智能技术为支撑的新型经济发展形态——智能经济渐行渐近,广告也将发展到智能广告阶段,在广告的创意、制作、投放、传播和互动诸环节实现自动化、精准化和智能化。也就是说,人工智能可以根据用户的需求"量身定制"广告内容,并将最合适的广告投放给最合适的个

---

① 姜智彬. 技术赋能:"十三五"时期的中国广告行业变革[J]. 编辑之友,2021(1):44-52.

体，使广告真正成为有用的信息，而不是骚扰性信息。传统广告以媒体价值为中心，而信息流广告更加注重以用户价值为中心，更加注重用户的诉求和体验，这正是未来广告行业的发展趋势。

2. 内容生产

（1）低侵略性，用户阅读体验升级

原生信息流广告，相比于传统的广告，干扰较低。有创意的内容和新颖的形式对于用户来说反而更具吸引力，有利于促进用户转化，提高用户体验的同时保证了对用户注意力的"收割"。高沉浸感的短视频信息流广告能够使受众提高对小说本身内容的认知度、记忆度。

（2）内容情节跌宕起伏，戳中观众"爽点"

在众多的网文信息流广告中总会有这样一个规律：开头剧情碰撞激烈，剧情高密度转折。而这些内容特征恰好迎合了观众对内容的期待，戳中了观众的"爽点"。这种表演浮夸、情节波折、人物经历又具有颠覆性的剧情总能吸引观众目光。此时，这类视频不仅仅可以被看作一则广告，也可以被看作一种具有戏谑和消遣意味的短视频。

3. 用户心理

（1）碎片化时代，人们阅读需求改变

QuestMobile 发布的报告指出，2021 年我国短视频用户规模已达 9.34 亿人。另据艾瑞咨询的统计数据，2021 年短视频市场收入达 2 916.4 亿元。抖音、快手等短视频平台的迅速崛起几乎颠覆了传统内容市场，使大众对娱乐的想象更加丰富起来。短视频这种内容形式，一方面满足了人们对视听内容的需求，另一方面也满足了人们碎片化的阅读需求。在传统媒体时代，文字和图片是人们接收信息的方式，到了短视频时代，短小精悍、视听兼备的方式更能激发人们的阅读兴趣。

（2）"蔡格尼克记忆效应"，引发受众好奇心

"蔡格尼克记忆效应"的心理理论认为，人们对于尚未处理完的事情，比已处理的事情更加有印象。这种短视频很难展现完整的故事和情节，因此很多内容会让人觉得戛然而止，这样反而激发了人们的好奇心，让人情不自禁多看几遍。鉴于这种效应的存在，很多人对抖音视频表示看不够，尤其是那种戛然而止、没有将事情表达完整的视频，更会吸引人点开主页寻找下文。

（3）给用户畅快感、成就感、优越感

从宏观角度而言，网文信息流广告吸引人之处就在于其能勾起用户心中的欲望，满足用户的畅快感、成就感与优越感。第一，畅快感，简单说就是随心所欲，自由自我。广告内容通过持续的剧情引导、情绪引入，让用户身临其境、体验人生赢家的快感。第二，成就感，所谓的成就感，就是实现自我价值及由此产生的自豪，主要由克服重重困难获得。主角在逆境中发掘自己的优势，实力渐渐提升。而用户以小说主角来获得替代

性的满足，用户在现实中不能实现的理想通过阅读能够达成，也因此获得人物养成的朴素的成就感。第三，优越感，所谓的优越感，就是高高在上，受人膜拜的虚荣。如果说畅快感的关键词是"爆发"，成就感的关键词是"稳定"，那么优越感的关键词就是"含蓄"。当然，这对于广告的要求也是非常高的，如何在表现出来后让用户感同身受并跟着情节走，这就需要对故事做铺垫、埋伏笔、把握节奏了。

小 结

随着网络社会的发展，内容营销逐渐成为主流趋势。消费者只找寻和自己相关的信息且通过多种渠道寻找资源。在此种潮流之下，原生广告的重要性不言而喻。广告原生化是大势所趋。什么是原生化？即广告就是内容，内容就是广告。作为品牌，必须和客户站在一起，充分理解目标群体的消费心理和需求特征，在此基础上，进行广告的原生化包装。与以往广告注重覆盖规模、投放精准性、提高知名度不同的是，原生广告更加关注用户对广告的体验感受，从而赢得用户对品牌价值的深层次认同。

【思考题】

1. 如何理解原生广告不但是一种具体的广告形式，还是一种广告理念？
2. 不同阶段的原生广告具备哪些不同的特征？
3. 随着数字媒体技术的发展，有哪些新的原生广告形式出现？

【推荐阅读书目】

1. 戴尔·洛弗尔. 原生广告［M］. 蔡郁，译. 北京：中信出版社，2020.
2. 金定海，徐进. 原生营销：再造生活场景［M］. 北京：中国传媒大学出版社，2016.
3. 明学海. 信息流广告实战［M］. 北京：清华大学出版社，2020.

第五讲

H5广告

H5 企业在线广告，又称 H5 互动广告或 H5 推送广告（以下简称"H5 广告"），是指用网页超级文本标记语言（Hyper Text Markup Language 5，HTML5）移动页面将各种广告创意以交互的手法呈现出来。它主要为品牌推广、活动宣传、广告植入、产品促销、APP 推广等服务。它的传播途径主要是微信朋友圈的分享和转发，也就是所谓社交化媒体的"病毒式"传播。H5 广告传播速度极快，只要创意好，受众喜闻乐见，传播起来几乎零成本。与传统广告相比，H5 广告趣味性强，广告效果可监测，是未来移动互联网广告的主流形式。

一、H5 广告的内涵、类型与优劣势

HTML 是一种描述性标记语言，可通过网页浏览器来识别和阅读，在互联网上应用广泛，它于 1989 年被发明。在 1993 年，首版 HTML 标准以互联网工程工作小组（Internet Engineering Task Force，IETF）工作草案的形式发布，随之快速发展和完善，在 1999 年 12 月 24 日，HTML5 的前身——HTML4.01 发布。严格来说，H5 并不是 HTML5 的简称，H5 是一种建立在 HTML5 技术规范之上的综合性的技术体系；[1] 而 HTML5 是 HTML 的第五次修改版。

H5 广告是指在社交媒体传播中利用 HTML5 编码技术来实现的一种带有特效、互动体验和声效的数字广告。[2] 它也同样泛指那些在网络社交媒体中传播的带有特效、互动体验和声效的 Web 网页。它不仅指代了利用 H5 技术实现的 Web 广告页面，还涵盖了因 H5 而涉及 H5 相关技术的所有社交媒体的互动广告。其主要传播途径为手机和平板，理论上支持所有移动平台。

（一）H5 广告内容丰富，形式多样

按照形式划分，H5 广告主要有以下几种类型。

1. 游戏互动类

游戏互动类 H5 广告是通过让用户参与游戏互动的方式来传达广告内容，通常是在页面中设置游戏关卡、测试，或是利用微信大数据分析结果选择与之相匹配的用户，有目的地推送 H5 小游戏来为用户挖掘未知的有趣信息。国内游戏互动类 H5 广告有题型测试类的，也有动作游戏类的，比如"奥利奥招财进宝"的寻宝小游戏、华为云出品

---

[1] 苏涛. H5 新闻的概念起源与技术逻辑：基于技术视角的考察 [J]. 新媒体研究，2019（20）：1-5，12.
[2] 李青. 互动广告新形势：H5 广告研究 [J]. 新闻研究导刊，2016（9）：286.

的"开发者遭遇史上最大危机"的闯关答题小游戏。这类广告能充分调动用户的积极性,通过好"玩"的内容潜移默化地突出广告主题。受众通过新鲜有趣的游戏娱乐方式,会加深对品牌、产品的好奇心和认同感。虽然这类 H5 广告传播力极强,但是也面临昙花一现、难以被记住的难题。

2. 信息展示类

信息展示类 H5 广告主要依托简单的图文来展现动态的内容,全面细致地展现产品的调性,简洁明了地阐述主题,这是进行产品推广、品牌宣传的极佳方式。信息展示类 H5 广告通常是以滑动翻页的形式出现,是 H5 广告早期最常用的表现形式之一。页面简单的图文搭配,用户通过手指滑动屏幕进行翻页。信息展示类 H5 广告简单易操作,表现形式较为单一。其通常适用于总结报告、邀请函、招聘信息等信息简单、交互性少的广告制作。比如,大众点评曾经就推出《我们之间就一个字》的 H5 广告。

3. 视频类

视频类 H5 广告是指利用 H5 无插件的优势,在页面中插入视频可直接打开并且可跨平台观看。比起单纯的图文输出,视频能最大限度地还原场景,包含更多的内容,信息量更大,不仅能带给用户更流畅的使用体验,而且更加具有真实性,能够让受众身临其境。比如,《当欢乐茶馆遇见彭水苗乡》运用视频展示产品内容。

4. 场景模拟类

场景模拟类 H5 广告是指通过营造某种特定场景来展现广告内容的 H5 广告。它将用户代入一个特定的场景中,实现用户亲临现场的虚拟感,达到 H5 交互和传播的效果。只要产品和创意结合得恰当都可以进行模拟。从国内目前的场景模拟类 H5 广告来看,这类广告主要可以分为陌生人来电型、某人/品牌朋友圈型、模仿报纸等具体形式。比如,京东的《社会主义建设成果大字报》H5 广告。

5. 故事类

故事类 H5 广告是通过文字叙述、图片展现、背景音乐辅助、场景营造氛围等效果整合而成的 H5 广告,是情感营销的一种方式,在推广、传播的环节中能与用户产生情感连接,激发用户的某种情感,引发共鸣。比如,2020 年华为 H5 广告《影像情书》,即用爱情故事唤起人们的情感。

▶▶(二)H5 广告具备强大的优势

1. 丰富的互动类型

H5 广告的互动类型丰富,有手势识别、触摸感应、360 全景、页面翻转、重力感应、跨屏互动等类型,可以通过摇一摇或点击屏幕进行人机互动。多种互动方式可以交叉进行，给用户带来多样体验，再加上利用绘图功能和三维渲染功能制作出的 H5 广告，可以带给用户丰富的交互体验，从而加深用户对 H5 广告信息内容的印象。

2. 融合多媒体形式

H5 广告可以将文字、图片、音频、视频、动画及图表等视听语言融于一体，传达丰富的广告内容。H5 广告不仅无须插件就能实现基于音频和视频的处理，而且不需要单独安装插件就能营造绚丽的 3D 场景效果，既加深了受众场景化的体验，也为广告主节省了很多成本，适用性极强，能够满足广告主的多种场景需求。

3. 满足个性化体验

如今，广告信息无处不在，大多又千篇一律，用户就对广告有一种排斥和抵触心理。满足用户个性化体验对于广告主来说至关重要。H5 广告的制作能够根据不同的受众群体，设置专属于自己的个性化页面，通过小游戏、测验、上传照片、贴个性化标签等形式，使受众的个性化需求和个性化体验得到肯定与满足。

4. 利用碎片化时间

在这个用户碎片化、行业碎片化和时间碎片化的时代，广告主需要利用一切视听手段抓住消费者的注意力。H5 广告的获取和播放都很容易，能够很好地发挥终端的移动性和随时性，满足用户随时随地需要了解信息的诉求，同时实时地推送相关信息填充用户的碎片化时间，让广告无处无时不在。

▶▶（三）H5 广告也存在一定的劣势

1. 技术短板阻碍用户体验

H5 技术发展并未完全成熟，用户在使用过程中会面临页面卡顿、页面加载不出来、页面跳转时间长等问题，导致用户失去耐心，放弃观看。这从根源上断绝了用户去了解广告内容，进而产生购买行为的可能性。此外，因技术复杂而对手机配置要求高的 H5 广告，也将会流失大批中低端机型用户。

2. 平均转化率低

虽然很多 H5 广告的内容很吸引用户，甚至激发了用户的分享行为，导致爆款现象的出现，但是转化成用户购买行为发生的概率是极低的。虽然现象从发生到结束，遵循正常发展规律，但是广告主们也要尽量延长这个现象的生命周期，并在此期间提高用户的转化率。

3. 创意趋同致使审美疲劳

内容是广告的灵魂，缺乏创意的内容往往导致受众审美疲劳。随着诸如易企秀、码卡（MAKA）等 H5 广告技术开发平台的增多，H5 广告的同质化和低端化现象越来越严重，广告公司只需要提供基本的内容，就可以在这些平台上直接套模板，这很容易导致 H5 广告的千篇一律。另外，当一款爆款产品出现的时候，其他广告产品纷纷模仿，内容大同小异，用户出现明显的审美疲劳，直接致使点击率和阅读量持续走低。

二、H5 广告的案例运用

在 H5 广告盛行的今天，作为互联网行业巨头之一的腾讯，自 2010 年起，产出了大量创意与视觉都较为优秀的 H5 广告作品，领域涉及游戏、节日活动，甚至新闻报道。接下来挑选几个经典的腾讯 H5 广告案例，介绍其互动体验和表现形式。

（一）《生命之下，想象之上》腾讯互动娱乐 2015 年度发布会宣传广告（图 5-1）

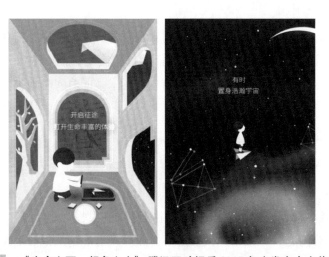

图 5-1　《生命之下，想象之上》腾讯互动娱乐 2015 年度发布会宣传广告

这支广告打破了传统幻灯片的呈现方式，塑造出了一种宽广、素雅、幽静的整体感受。

(二)《全民主公》腾讯三国手游推送广告(图 5-2)

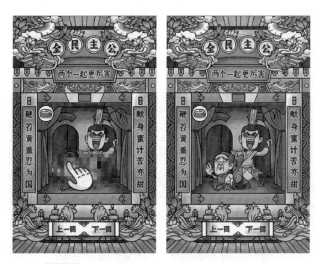

图 5-2　《全民主公》腾讯三国手游推送广告

这支 H5 广告画面执行出色,气氛渲染到位,带来别具一格的互动体验。

(三)《你的创意还活着么?》《梦想童年》微信游戏推送广告(图 5-3)

图 5-3　《你的创意还活着么?》《梦想童年》微信游戏推送广告

这两支风格温馨感人的 H5 广告容易让受众联想到 2013 年腾讯 QQ 的年终贺岁广告大片《弹指间　心无间》系列,温暖亲切,强调初心和梦想,感染受众。

▶▶（四）《发现平行宇宙之美》游戏推送广告（图5-4）

图5-4　《发现平行宇宙之美》游戏推送广告

这种类似版画风格的H5广告很能吸引广告设计从业者们。但从体验来分析，这支H5广告在选择环节缺乏一定的黏性，选项略多，利用慢节奏的画面来引导受众选择，可能会影响受众转化率。

▶▶（五）《你，错过了多少次暴富机会》腾讯"YE游节"推送广告（图5-5）

图5-5　《你，错过了多少次暴富机会》腾讯"YE游节"推送广告

该H5广告剧本不但文案巧妙、美术执行出色，而且在文字的处理上特别费心思，不管是正文还是标题的设计，都比较考究。

(六)《一个红包看尽中国人的情与利》活动推送广告（图5-6）

图 5-6　《一个红包看尽中国人的情与利》活动推送广告

这支 H5 广告是出品于 2015 年新年的微信宣传广告，创意新颖，画面吸引受众的眼球。

(七)《这一幕你期待已久》美剧推送广告/《为什么你还单身?》节目推送广告（图5-7）

图 5-7　《这一幕你期待已久》美剧推送广告/《为什么你还单身?》节目推送广告

这两支 H5 广告均来自腾讯视频，第一支因形式特殊，与单调的幻灯片式样的 H5 广告拉开了距离；第二支则是因为它具有比较好的声画同步展示，可以很快地吸引用户的注意，在互动体验上较为出色。

▶▶（八）《移动页面用户行为报告》——腾讯娱乐市场部出品（图 5-8）

图 5-8　《移动页面用户行为报告》——腾讯娱乐市场部出品

这是国内第一支被大范围传播开来的 H5 广告。虽然它的内容量有限，但是对于广大基础领域的开发者来说，它有着重要的参考价值。

▶▶（九）《这是马航 MH370 客机消失的第 365 天》新闻推送广告（图 5-9）

图 5-9　《这是马航 MH370 客机消失的第 365 天》新闻推送广告

这支 H5 广告较为流畅、完整地结合了新闻事件，预示着未来几年新媒体新闻投放的方向。

三、H5 广告的营销策略

（一）H5 广告的趣味性营销策略

1. 故事表达的趣味性

将产品概念以故事的形式传达最让人记忆深刻，社交媒体营销成功的秘诀就是通过文章故事的表达与消费者进行交流，尤其是趣味性故事更能吸引消费者的注意，激发出他们的兴趣点，同时也会影响他们阅读广告的时间和速度。H5 广告应该借助富媒体的呈现方式，将产品故事趣味性地表达出来，或者通过趣味性的故事吸引消费者的注意力，进而将这份注意力转移到产品上。

比较典型的案例是 2020 年欢乐茶馆和彭水苗乡，以及多家媒体及创意机构联合出品的 H5 广告《当欢乐茶馆遇见彭水苗乡》。它以茶馆开业前一夜发生的一件不为外人所知的趣事开始，讲述一个城市来客翻山越岭来到了欢乐茶馆，茶馆中正在激烈地讨论谁能做欢乐茶馆的头牌，讨论的三个方面分别为苗歌、苗茶、苗绣，通过略带幽默的视频故事讲述对应的历史和文化，最后点击"解锁更多欢乐"按钮，继续播放一段视频，类似彩蛋，视频中对谁是头牌又做了收尾，但依然没有结论，视频还拍摄了真实的苗乡人物，播放了拍摄花絮。整体画面和故事情节趣味性十足，由当地人原汁原味地演绎，生动真实又趣味无穷。除此之外，还有 2020 年中国平安的 H5 广告《我们的名字》，以猜地名的方式讲述扶贫故事，视频虽然时间长，但是趣味性强。2020 年雀巢咖啡的《解忧小剧场》通过世界名画进行场景联想，展示雀巢咖啡的使用场景，让名画的主角动起来，设身处地地描绘消费者常常遭遇的焦虑故事，通过反差萌，让焦虑生动、立体起来。

2. 广告体验的趣味性

H5 广告要通过合理创意来打造有趣的广告体验。这是一个体验经济时代，众多产品和服务都围绕着体验展开，广告创作要站在消费者的角度进行换位思考，那么 H5 广告所呈现的画面、互动方式、音乐等就更能受到消费者的青睐，同时 H5 广告的灵活轻巧也促使页面实时更新，让消费者时时刻刻的体验感受都不一样。

2021 年 M-ZONE 动感地带街舞挑战赛在东北区的宣传中，发布了一支 H5 广告，页面中暗黑的背景与鲜明的色块形成强烈反差，烘托街舞比赛狂放不羁的氛围。醒目的橙色标题与 3D 设计小人为页面注入了年轻、潮流的活力。画面切换，用户需要在辽南大连和辽北沈阳两个队中选择其一，然后选择舞曲开始挑战，查看游戏规则后，跟随音乐进行节奏卡点游戏，30秒倒计时结束后会出现个人得分和两个队伍的总积分。最后点击查看海报和比赛及报名信息，广告口号"青春不躺平"铿锵有力。用户在作品中经由角色挥洒舞姿，体验街舞文化，以此提高比赛的知名度，传播开赛消息，吸引人们报名参赛。

3. 热点营销的趣味性

在某一时间节点，热点事件居于微博"热搜榜"和搜索引擎排行榜中，广告商可以借助这一轰动主体，迎合消费者的兴趣点，与产品诉求点相统一，借势营销，事半功倍。比较常见的热点事件营销有三类：借助热播的影视剧和视频节目进行传播、借助特殊的节日和时间节点进行营销、结合热点新事件加深品牌曝光率。

2020年，腾讯微视和《清平乐》电视剧联合推出的H5广告《梦回宋朝考科举》，就是借助在腾讯视频上的热播剧《清平乐》，带领用户游历北宋汴梁，最后答题领红包，引导用户下载腾讯微视APP。采用一镜到底的形式，展现汴梁风光、建筑物、江湖山河等，还有王凯扮演的北宋皇帝等，看过电视剧的用户都熟悉这些人和景。以热播影视剧进行流量引入和广告元素创作，既有时效性，又可以不用前期宣传预热。

腾讯新闻在端午节推出的H5广告《端午节龙舟划划划》，就是借助特殊的节日进行营销，以端午节特色活动划龙舟为主题制作的H5小游戏。除此之外，2020年腾讯微视推出的H5作品《开卷游山水，端午觅诗人》，2019年芒种时节网易新闻推出的H5作品《探秘芒种》，2019年春节期间腾讯推出的H5作品《年画话新年》，2019年网易新闻和新华社客户端在中秋节推出的H5作品《一起到"中轴线"赏月》，2019年春节期间宝洁推出的H5作品《送副春联过大年》等都属于此类。

《如果2020可以重来》是由腾讯新闻与毛豆工作室联合出品的设想重过2020年的作品，描绘了如果2020年没有新冠疫情、巨星陨落等事件，我们的生活会是什么样，最后用户可登录下载官方APP，表达美好愿景。作品中的新冠疫情数据、科比去世、奥运停赛等，都是当时的热点事件。如果2020年没有疫情，人们会回乡探亲、新年团聚、赏烟花、吃火锅或者去世界各地旅游度假，科比带领湖人队夺冠令粉丝沸腾，陶勇医生在自己的岗位上为患者看诊，奥运如期举行中国屡屡夺冠，学生在寝室开心聊天、参加毕业典礼，各岗位人员正常上班。这些事情很能触动人们的心弦。

2021年，盒马与小红书基于网络热词"干饭人"联手发布了一份《年度饭圈盘点》H5广告，用"饭圈"的谐音梗，为广大"干饭人"整理了2021年八大干饭新趋势，方便大家一边在小红书上看新吃法，一边上盒马买年货，让干饭更加快乐。在H5广告中，"饭圈"专用语言成功地和"干饭"绑定在了一起，让人们既能了解"饭圈"语言，还能紧跟"干饭"潮流，做一个绝不落伍的"干饭人"。除此之外，2019年腾讯新闻出品的H5作品《垃圾分类大挑战》也是迎合当下的时事；2020年新华社国内部和腾讯新闻联合出品的 H5 作品《民法典丨人生大冲关》，同样是迎合 2020 年 5 月 28 日《中华人民共和国民法典》被表决通过的热点事件，作品中的知识普及很能激发消费者的兴趣。借助被媒体报道的新闻事件，品牌信息创作搭上热点事件的顺风车，从而提升品牌的知名度。

▶▶（二）H5 广告的利益性营销策略

1. 提供功能性利益

根据使用与满足理论可知，受众选择某种媒介是为了满足某种需求。而品牌只有在消费者心中树立可靠的形象，确保产品的品质、独特性、真实性、完整性等，让消费者看到这些好处，他们才会选择购买。因此，H5 广告要向消费者传达品牌的三种利益：功能性利益、情感性利益、自我表达性利益。

无论哪种广告都是基于能为消费者提供其所需要的功能，并且它所传达的信息也要以消费者需要的方式来满足消费者的需求，同时价格公平合理，能够解决消费者生活上的一些困难，提高消费者的生活质量，等等。在 H5 广告的制作过程中，一方面，要站在消费者的立场考虑对产品特征或功能的呈现，始终把消费者的具体需求放在第一位；另一方面，在同类产品中凸显产品特色，做到差异化，以易于理解的方式将功能性利益清晰、明确地传达给消费者。H5 广告需要为潜在的现有的消费者提供较为详尽的信息，以便消费者对产品做进一步的了解。

2019 年，饿了么推出的 H5 作品《不在意外里翻车，就在意外里翻身》以美女王宝宝新换工作环境后遇到一系列小麻烦展开故事，用"视频 + 横向长图场景"的形式展现各种职场小意外，最后用"饿了么"化险为夷。广告洞察职场女性的痛点，如老板突袭、临时约会、"姨妈"到访等，展示饿了么的最大功能——急救你的社交尴尬。主人公王宝宝在新公司用奶茶打开社交尴尬局面，用去味喷雾除火锅异味去见客户，非常符合年轻人的职场日常。在植入饿了么品牌时，将饿了么"身份"化，变身为贴心助手，仿佛时刻就在身边，只为解决消费者大大小小的麻烦和尴尬，让消费者看到饿了么的"陪伴"作用，进一步深化了其生活一站式服务平台的品牌理念。

除此之外，2020 年滴滴出行出品的 H5 作品《想见你，立刻出发》洞察到我们对父母、闺蜜和远在异地的男朋友的想念，结合滴滴远程特惠的产品特性，倾力打造了朋友、家人、恋人之间的暖心故事——想见你，就该立刻出发，同时给出了优惠券，满足了消费者对物美价廉的功能需求。

2. 满足情感性利益

通过消费者对广告的情感诉求，品牌可以与消费者建立情感纽带，为消费者带来深层次的情感体验，唤起他们对品牌的认同感和依赖感，进而刺激消费者因一次令人满足的体验而产生购买行为，或达成品牌方的其他目的。H5 广告表现的情感性利益体现在消费者观看 H5 广告时获得的独特情感体验，以及消费者购买或使用产品时获得的内在"精神价值"上，这些使与消费者建立情感联系的品牌在市场中具有更强大的竞争力。另外，H5 广告在塑造品牌形象时，不仅要提供良好的品牌体验，更要讲述好品牌故事来吸引消费者。H5 广告所讲述的品牌故事要将产品的使用与人们的生活、志向联系在一起，使品牌融入拥有共同利益的消费群体中。

公益广告在这方面一般做得很好，H5 广告作品唤起人们的恻隐之心，激起人们的助人念头，进而通过捐款等行为满足人们帮助他人的情感需求，提升自我价值。2019 年，"我是创益人"出品的 H5 广告作品《无人知晓的第 1 名》，通过实景拍摄的视频展现三位求学的小朋友每天徒步数小时去镇上上学的生活日常。从 13 岁的阿木凌晨 4 点起床、带了窝窝头出发开始，屏幕出现时间和步数记录，阿木 5 点路过依扎嫫家接了她同行，6 点路过布吉家，三人一起走过山路，半路吃点窝窝头补充体力，蹚过小河，走过田野和一段高速公路，到达升着五星红旗的镇上小学，此时步数已攀升至三万六千多步。这一场景让用户感受到孩子们在艰难中求学的决心和毅力，同情心油然而生，激发其帮助孩子的欲望。2020 年，滴滴公益的 H5 广告作品《用你里程　助他启程》以"别让他们的世界成为孤岛"为主题，号召滴滴用户用自己的里程，帮助社会上需要帮助的人。"看黑白岛的故事"，讲述视障者等公交、遇雨的故事；"看希望岛的故事"，讲述患病孤儿的故事；"看巨人岛的故事"，讲述罕见病患的故事。颗粒感的画风，唯美画面中夹杂着伤感，每个故事最后配有真实的照片，更有说服力，也更能打动人心。

除了公益 H5 广告外，还有企业也通过情感性利益推广自己的产品。像 2020 年华为的《影像情书》讲述异地恋的故事，让用户来选择剧情结尾，感受荣耀手机带来的暖心故事，很有温度，既容易打动用户，也加深用户对品牌及其产品的印象。2019 年，新东方品牌宣传 H5 广告作品《父母 VS 娃，到底谁该说谢谢?》，以"成为更好的父母"为主题，先从父母的角度看孩子，然后从孩子的角度看事情，说出"真相"，讲述浓浓亲子情，很感人，让消费者联想到自己与父母或者孩子的相处点滴。

3. 满足自我表达性利益

自我表达性利益是自己在使用某一产品时别人对自己的认知，或者是自己想要对他人展现的自我形象。从前一观点来看，它是 H5 广告塑造品牌形象时比较深层次的表达，是在功能性利益和情感性利益得到满足之后才出现的；从后一观点来看，它是品牌进行宣传和推广的良好方式，容易出现爆款现象，扩大品牌的影响力。一般来说，消费者以拥有知名品牌的产品作为自我表达的一种方式，尤其是奢侈品、汽车、服饰、化妆品、酒类等，消费者会以使用这些品牌而自豪，塑造自己高端大气、成功睿智、时尚有型、品位独特等的形象。因此，消费者会选择购买那些他们认为能够展现自己形象或者传递生活理念的产品，打上专属标签，表明自己是某一类人。

2020年12月末，刷爆朋友圈的是网易云音乐H5广告作品《遇见时光里的自己》，年度报告展现四季里最爱听的音乐、最爱的歌手、年度歌单、年度形象等，这些内容作为社交货币被用户分享至朋友圈，成为表达自我的工具。2019年，腾讯新闻推出的测试朋友间爱好默契的H5广告作品《2020朋友圈默契大考验》同样满足了用户表达自我、塑造形象的需求。类似的还有2018年喜马拉雅推出的H5广告作品《你是哪种社交奇葩？》、2020年博物馆小程序联合《中国文物报》和腾讯看点推出的H5广告作品《你的生肖之力》等。

▶▶（三）H5广告的个性化营销策略

市场随着技术的发展日趋个性化和人性化。由意大利经济学家维尔弗雷多·帕累托发现的"二八定律"可知，大多数企业80%的销售额来自20%的消费者。因此，H5广告的传播需要通过收集、整理这少部分人的信息，优先考虑他们的需求，针对这少部分人进行个性化的内容设计和推送，在个性化的基础上最大限度地满足他们的需求。

在社交媒体时代，广告营销和消费者之间的关系已经被彻底改变，消费者可以通过搜索引擎、社交媒体、用户评价等实时获取信息，信息来源是多方位的。H5广告若想了解到消费者亟待解决的"痛点"，需要观察核心消费者周围发生的情况，以此来选择最符合实际的解决方案和方法。要与核心消费者进行对话和推荐，所谓"对话"是指广告创作者要找到通过与消费者在日常生活中沟通来获取评价、问题、建议等信息的方式；所谓"推荐"是H5广告的传播需要便于消费者向亲戚、朋友分享，帮助他人找到问题的根源，同时也便于消费者从他人那里获取信息。

1. 内容创造的个性化

现代年轻人追求消费和品牌的个性化、独特性。在大数据时代，技术可以实现对市场的细分和精准传播。依据消费市场的细分，制作个性化广告内容，不仅能够满足消费者的要求，而且也能够形成针对性传播，达到良好的传播效果。H5广告在标准的HTML5技术的支持下，可以提供个性化选择的页面服务，广告以不同的样貌呈现给不同的消费者，消费者可以根据个人喜好定制页面结构和内容。这些个人信息都会被服务器保存，等下次重新进入页面时，也会显示用户定制好的内容。H5广告的个性化体现在：用户在H5广告内容的标准之内选择或者输入内容进行个性化创作，获得一定的自由度。广告商可以看到消费者如何对品牌和产品进行再度创造与演绎，了解其真实想法，以便为其提供更好的产品或服务。而消费者获得参与感，不仅能激发其在社交媒体上传播广告信息，还能给广告主带来用户原创内容。

2020年，网易文创哒哒工作室推出的创意H5广告作品《来回顾你的一天吧》就给了用户很大的自主权，引导用户做自己的时间计划。进入计划点选界面，左边是事件，右边是时间轴。事件大类包含12个方面：个人形象、通勤、工作/上学、吃饭、睡觉、娱乐、爱好、社交/家庭、家务、宠物、迷惑行为、回顾。每个大类里包含若干事件，用户点击事件后，事件自动排在右侧的时间轴上，事件耗时长短可以调整、位置可以移动，有引导蒙层提示。如果提供的事件没有自己喜欢的，底部还可以"自定义"事件，输入自己个性化的事件。填写完毕后，点击"点击生成"按钮，生成用户一天的时间计划表海报。用户既可以长按保存长图并分享，也可以返回继续修改计划表。

2. 品牌传达的个性化

品牌实现个性化，要基于合理的价值主张，让消费者相信他们提供的产品或服务能够满足他们的需求。H5 广告打造品牌的个性化是要在同类产品中突出差异性，这是品牌与众不同的客观特性和功能，而消费者也能从品牌产品那里获得更高的心理回报。H5 广告讲述个性化品牌故事、展示品牌形象、推广营销传播活动，有助于提升品牌差异性和个性化，如通过名人代言、赞助、活动、竞赛等方式实现品牌的差异化。美博空调出品的 H5 广告作品走轻奢风，从历史的视角讲述品牌故事，从诞生到引入中国，凸显品牌特色：不炫耀（掌握核心科技）、不苛求（一晚用一度电）、不标榜（引领高端空调），传递为创新而生、为美好而生、为杰出而生的品牌理念，整体而言，向消费者传达了品牌的差异化。

▶▶（四）H5 广告的互动性营销策略

1. 传播模式互动

H5 广告的推广主要依靠社交网络进行的社会化分享，依靠每个社群的影响力，用户在朋友圈看到符合自身需求的 H5 广告，基于对好友的信任和依赖，基本上会产生如点赞、评论、点击观看或转发等行为，受众不再是被动的接受方。这种社群化的广告传播模式提高了信息传递的精准度，增强了用户体验。H5 广告若想要引爆社群，产生轰动效应，首先要了解目标客户社群的分布情况；其次要根据社群特性，制定相应策略；最后要找到目标社群的关键意见领袖，传播高质量的内容，并且积极对待消费者的意见和反馈。同时，要对过程进行追踪并依据实际情况做出调整。

2. 人机互动

马歇尔·麦克卢汉认为媒介即讯息。人机交互界面作为交互广告传播的媒介，本身就是讯息，因此 H5 广告要实现技术层面的升级，提升人机交互体验。目前，H5 的人机互动方式非常多样，双屏互动能够实现两个以上的屏幕之间的实时通信，这种 H5 广告能够使互动双方一同体验，增加趣味性。影像传感技术能够使 H5 广告产品利用 <video> 和 <audio> 标签，随时插入音频和视频，方便在影像上实现与用户的互动。重力感应技术类 H5 广告可以通过重力传感器，晃动手机，感知手机变化位置过程中重心的变化，实现视觉的错层移动效果，增强页面设计感。3D 技术类 H5 广告画面的炫酷感很强，画面场景设计更具创意，立体感更真实。全景 VR 技术类 H5 广告能使消费者全方位地感受产品，增强体验，给人身临其境之感。

在未来，H5 广告要充分利用自身优势，立足市场营销环境，准确把握自身的发展特性，深度挖掘消费者的兴趣价值，同时运用好个性化营销策略、利益性营销策略、互动性营销策略、趣味性营销策略，这样才能发挥出 H5 广告更大的价值，使其能在数字营销浪潮中立于不败之地。

四、H5 广告的设计特效

现在市面上有一大批 H5 页面制作工具，虽然方便了很多非专业设计师制作 H5 页面，但是很多模板制作工具平台上的作品还停留在初级阶段。下面介绍 10 种较为新颖的 H5 页面的高级特效。

▶▶（一）粒子特效

星际传奇：这是探索宇宙的门票（图 5-10）

为模拟现实中的水、火、雾、气等效果，可通过各种三维软件来开发、制作模块，将无数的单个粒子组合，使其呈现出固定形态，借由控制器、脚本来控制其整体或单个粒子的运动，从而模拟出真实的效果。

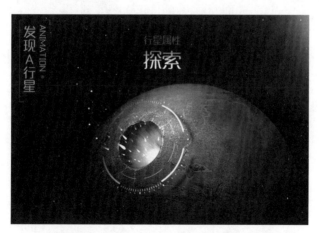

图 5-10　星际传奇：这是探索宇宙的门票

▶▶（二）SVG 路径动画

元小望：描述孤独（图 5-11）

SVG路径动画是指路径跟随动画或轨迹动画。动画轻巧不失真，特别适合那些崇尚简约设计风格的网页。

图 5-11　元小望：描述孤独

（三）序列帧动画

大众点评：我们之间就一个字（图 5-12）

图 5-12　大众点评：我们之间就一个字

序列帧动画是指在时间轴的每帧上逐帧绘制不同的内容，使其连续播放而成动画。因为逐帧动画的帧序列内容不一样，不仅给制作增加了负担，而且最终输出的文件量也很大，但它的优势也很明显：逐帧动画具有非常大的灵活性，几乎可以表现任何想表现的内容，而且类似于电影的播放模式，很适合表演细腻的动画，如人物或动物快速转身、头发及衣服的飘动、走路、说话、精致的 3D 效果等。

▶▶(四)全线性动画

腾讯互动娱乐 UP 发布会:生命之下,想象之上(图 5-13)

全线性动画可以理解为动画连续,几乎不间断地播放,像视频一样流畅细腻。这支 H5 广告打破了传统幻灯片式的呈现方式,塑造出了一种宽广、素雅、幽静的整体感受,该作品也被很多人推崇为 H5 广告里的动画片。

图 5-13 腾讯互动娱乐 UP 发布会:生命之下,想象之上

▶▶(五)Cinemagraphic(影片制作)技术

Levi's:"换"醒你的夏天(图 5-14)

什么是 Cinemagraphic?顾名思义,Cinema 是电影,Graph 是图片,Cinemagraphic 是一项将神奇的局部运动赋予静态照片的新技术。其中,Cinemagraphic 的应用恰到好处地诠释了"自然风"的概念,只见画面上人物的头发和衣角飞舞着,仿佛一阵阵自然风吹拂着,在炎炎夏日,他们依旧感受着清爽,尽情玩耍。互动者看到画面上被风拂过的 Cinemagraphic 动态场景时,也会身临其境地感受到自然风所能带来的那种清爽感受。

图 5-14　Levi's:"换"醒你的夏天

▶▶（六）全景特效

杜蕾斯：第一座美术馆（图 5-15）

虚拟全景美术馆的概念并不新鲜，其鼻祖应该是 Google 的 Art Project（艺术项目），让用户能够在线浏览全世界大多数博物馆和美术馆。杜蕾斯"美术馆"的创新在于，它其实是热门广告形式 H5 页面的伪装。杜蕾斯品牌负责人表示想要通过多重手段（如馆内的彩蛋、12 点闭馆无法访问等）来创造一个虚拟的真实空间，而不是传统 H5 的单线程教育的逻辑。

图 5-15　杜蕾斯：第一座美术馆

（七）3D 特效

康师傅：2015 最飞"羊"的新春祝愿（图 5-16）

祝福灯笼不仅可以 360°旋转呈现，而且具有夜空繁星中题字灯笼飞来飞去的 3D 炫目效果，彰显"最飞'羊'的新春祝愿"。其中意趣和精妙非文字所能表述。

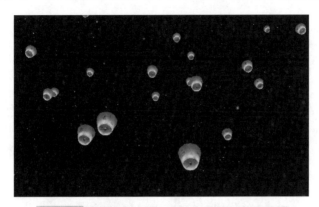

图 5-16　康师傅：2015 最飞"羊"的新春祝愿

（八）点击碎屏

大众点评：这个陌生来电你敢接吗？（图 5-17）

"点击屏幕"不新鲜，但是这种屏幕击碎的画面好像特别讨人喜欢，大概有三轮的"击碎"动作，这是整个 H5 广告的互动高峰。这种"屏幕敲击"的常规动作一旦开始就停不下来，抓住了手机族的某些"强迫症"特点。

图 5-17　大众点评：这个陌生来电你敢接吗?

(九)长按逐字

韩寒再谈一加：1 步 1 步看清韩寒（图 5-18）

整个 H5 页面用打字机的形式呈现，随着用户按下按钮，纸片会逐渐显示出韩寒从 1999 年起为人所熟知或不知的成长轨迹，触发逐字等动效很有真实感。

图 5-18　韩寒再谈一加：1 步 1 步看清韩寒

(十)滑动触发

腾讯视频：这一幕你期待已久（图 5-19）

H5 长页面，滑动即可触发动效，与呆板的幻灯片式样的 H5 页面拉开了距离。Epub360（专业 H5 页面在线交互设计制作工具）虽然能实现带动效、带触发的长页，但是目前暂时还不能实现这种滑动触发动效。

图 5-19　腾讯视频：这一幕你期待已久

小 结

H5 广告是集文字动效、音频、视频、图片、图表、互动调查等各种媒体表现方式于一体的营销媒介，不仅能很好地把品牌核心观点梳理出来并重点突出，还可以使页面形式更加适合阅读、展示、互动，方便用户体验及用户与用户之间的分享。正是具备了这样的营销优势，H5 技术的运用不但为移动互联网行业的高速发展增添了新契机，也为移动互联网营销开辟了新渠道。伴随着移动终端技术的不断升级、移动社交广告营销平台的开放及 H5 技术的迅猛发展，H5 所具有的跨平台、轻应用等优势将会吸引越来越多的品牌选择 H5 广告进行营销，而 H5 技术也会成为牵引移动广告营销行业发展的新引擎。

【思考题】

1. H5 相对于传统的图文设计，有哪些元素更加吸引用户？
2. H5 和 APP 的关系是怎样的？
3. H5 广告应如何突破简单的图文和单纯的翻页交互，取得更好的传播效果？

【推荐阅读书目】

1. 彭澎. H5 创意与广告设计 [M]. 北京：人民邮电出版社，2019.
2. 卢博. Photoshop H5 广告设计 [M]. 北京：清华大学出版社，2019.
3. 刘伟. H5 移动营销：活动策划＋设计制作＋运营推广＋应用案例 [M]. 北京：清华大学出版社，2019.

第六讲

程序化广告

随着互联网科学领域对数据库的集合应用，大数据、程序算法等技术的引入，不仅影响着计算机科学领域，同时也改变着广告行业的生态结构。传统意义上的媒介边界正在消失，依托于大型数据库的计算能力正在重构广告信息的流通环节。广告营销需要确定最合适的时间、方式、内容、人群，即寻求"精准"。大数据的应用使精准的程序化营销成为可能。经过几年的发展，程序化购买广告模式渐渐从概念走向实践，成为中国互联网广告向前发展的动力，同时也成为品牌广告主向外拓展品牌影响力的一种技术手段。程序化购买广告不再是倾销库存与获得最佳报价的工具，它已成为精准投放的代名词之一，它使广告内容的个性化展示有了保证，同时使优秀广告主保留了自身专属广告位的排他性。

一、程序化广告的内涵与特征

针对程序化广告（Performance-based Advertising）的研究，国内外对于这一词汇所包含的范围略有差异，相比而言，国外学者的研究因为更多的是站在计算机科学的学科视角进行的，所以其多被称作计算广告，而国内主要是研究21世纪出现的实时竞价购买广告（Real Time Bidding Advertising），实质上即程序化广告。二者是包含与被包含的关系，但目前市场所谈论的计算广告泛指程序化广告。

国外对计算广告的研究在20世纪90年代末便开始了，但是计算广告这一概念的真正提出是在2008年。在2008年由美国计算机协会（Association for Computing Machinery，ACM）与美国工业和应用数学学会（Society for Industrial and Applied Mathematics，SIAM）联合举办的世界计算机离散算法研讨会上，国外学者首次明确提出了计算广告的核心内容是"为特定场景下的特定用户找到一个合适的广告，实现'最优'匹配"[①]。前雅虎研究院资深研究员安德烈·布罗德从计算机科学的角度，专门研究了通过将整个网络作为语义库来增强检索功能的方案。国外对此的研究主要还是集中在大规模搜索、文本分析、信息获取、统计模型、机器学习、数据挖掘、分类优化及微观经济学等信息技术和数据处理两大方面。

国内关于计算广告概念的引入，最早始于2009年。同国外早期相关研究一样，国内从信息技术角度出发，探索程序化广告的技术问题。基于新闻传播视角的研究，在近几年由于媒介边界的逐渐丧失，媒介融合促使广告学界出现了对程序化广告的研究。

陈培爱、闫琰在《数字化时代的广告传播》一文中，对信息技术引入广告领域产

---

① 刘鹏，王超. 计算广告：互联网商业变现的市场与技术 [M]. 北京：人民邮电出版社，2015：324.

生的对广告媒介环境的变化与受众接触媒介的习惯变化的影响展开了探索。[1] 廖秉宜在其"大数据时代中国广告产业的发展研究"课题中,主要针对程序化广告的交易模式与基础定义进行了描述性的研究。其中,针对程序化广告这一新的广告交易模式对广告产业结构的影响进行了较为具体的阐述,认为这种新型广告投放模式对传统广告公司和媒体公司将带来巨大的产业结构调整。[2] 概括来讲,程序化广告是指通过一系列技术手段,对广告创作、购买、投放、效果监测、优化等环节实现流程自动化。目前,程序化广告主要包含程序化购买和程序化创意。

2012 年是中国程序化购买广告模式发展元年。第一个广告交易平台和第一家需求方平台的出现,创造了以实时竞价为主的程序化购买广告市场,开启了中国网络广告新篇章。目前,国内绝大多数互联网巨头都推出了其广告交易平台,包括百度、腾讯、谷歌、新浪、优酷、搜狐等,电商、快消、汽车及其他诸多充分竞争的行业不断将预算大幅度转向程序化购买,传统行业也逐步加入其中。程序化购买广告生态基本形成。

(一)程序化购买

程序化广告起源于程序化购买,这种模式将广告主的需求与媒体资源的供应通过广告交易平台进行匹配,进而执行广告自动化购买的流程。[3] 在整个流程中,媒体资源供应方平台负责广告资源的统一管理、广告位的分配及价格调整,并将广告流量统一接入广告交易平台;需求方平台则服务于广告主,在广告主将需求录入 DSP 后,由 DSP 和 ADX(Ad Exchange,广告交易平台)进行对接,找到对应的广告资源。

程序化购买主要以实时竞价的方式进行。当用户在浏览内容时,就产生了广告展示的需求,此时,ADX 会向程序化买家发起广告位信息和竞价请求,各程序化买家会对广告曝光效果进行评估和背对背出价,之后 ADX 会将出价最高的买家的广告素材投放到媒体端进行展示,广告投放之后,DSP 会收集广告的曝光、点击、转化数据,并根据数据的反馈对后续的竞价持续优化。程序化购买实现了从"购买广告位"到"购买目标用户"的转变,不仅提高了媒体资源的利用率,而且买方能够根据营销需求对目标用户每一次的广告机会进行实时购买,提升了广告投放的精准度和效率,降低了投放的成本。

目前,很多大型互联网公司都开始自建程序化广告服务平台,将 SSP、DSP、ADX 进行整合,高效利用公司优质的媒体资源和用户流量,直接为不同类型的广告客户提供服务。例如,字节跳动旗下的巨量引擎就是典型的程序化广告服务平台,其拥有今日头

---

[1] 陈培爱,闫琰. 数字化时代的广告传播[J]. 编辑之友,2012(9):6-10.
[2] 廖秉宜. 大数据时代数字广告产业的发展模式与战略[J]. 广告大观(理论版),2015(4):27-31.
[3] 覃清桐,张其星,张惠丽,等. 程序化购买广告的受众体验分析[J]. 新媒体研究,2020,6(11):54-56.

条、抖音、西瓜视频等大量的媒体资源，能够快速进行图片和视频的程序化创意生产，为品牌广告主提供自动化购买和优质广告位结合的私有交易模式，以及广告的实时优化。① 巨量引擎的发展不但促进了字节跳动广告收入的大幅提升，还促进了国内程序化广告的发展。

▶▶（二）程序化创意

程序化购买让广告主在合适的时间、合适的场景，为合适的用户传递合适的广告信息，满足了广告主精准营销和媒体方剩余流量变现的需求。而程序化创意则从广告的源头——创意出发，为广告创作提供了更多的可能性，并进一步优化了广告投放的过程，增加了程序化广告的优势。

在中心化媒体时代，传统广告公司跟品牌合作的模式一般是基于消费者洞察，推导出适合品牌的策略，最后用广告创意的"头脑风暴法"输出内容。在多个平台和渠道投放相同的内容，这样的模式人工成本较高、效率低，显然不再适合目前用户个性化、多样化的需求。在受众细分时代，不同场景中用户细分更多样，需求更突出，对广告的体验也更敏感。因此，程序化创意应运而生。

程序化创意能够实现广告的"元素级拆解"，每个元素都拥有独立的 ID。通过将文案、图片等素材进行拆解和排列组合，程序化创意平台能够针对不同的消费者画像，快速批量产出成千上万个细分版本的广告，实现广告的规模化、个性化制作，同时在广告投放过程中，通过实时效果监控对广告进行有效评估，进行创意元素的重新组合和投放渠道的优化。程序化创意将创意和数据有效结合，将传统的创意生产环节整合进广告程序化工作流程中，不仅实现了广告"千人千面"的个性化营销，而且为精细化的数据管理和应用带来了更多的可能性。与传统创意局限在单次营销活动中相区别，程序化创意能够以数据的方式将创意积淀，为后续制作和投放奠定基础，助力品牌营销的持续发展。②

目前，国内程序化创意平台主要分为以下两类：一类是以筷子科技、喝彩网（bravo）为代表的独立技术服务平台；另一类是互联网公司广告产品中内嵌的智能创意工具，如字节跳动"巨量创意"、百度"霓裳创意"、腾讯"创意中心"。

1. 程序化广告的技术支持

程序化广告主要依托以下几种形式的技术平台。

---

① 郑雯静. 互联网企业的程序化广告服务平台研究：以巨量引擎为例 [J]. 新闻研究导刊, 2020, 11 (13)：210-211.

② 霍小凡. 程序化革新如何助力品牌营销 [J]. 新闻传播, 2019 (12)：51-52.

(1) ADX

这是一个开放的将媒体和广告主连接在一起的在线自由广告平台。这个平台整合在线媒体广告位资源，并对其进行分类，广告主可在此平台根据自己的需求，选择所需的数据进行竞价购买，出价最高的广告主会获得需要的广告位。

(2) DSP

DSP 是帮助广告主投放和管理广告的平台。该平台通过科学的方法帮助广告主选择所需数据，在理论上达到广告主预算零浪费的目的。作为程序化购买市场中的核心环节，DSP 的商业模式不但可以有效地提升流量价值，而且其实时、便捷、自动化的投放体系可高效完成海量广告需求的投放任务。

(3) SSP

SSP 是服务媒体投放与管理广告的平台。它帮助媒体实现广告像展示时间、展示控制、展示频次等；可以通过设置实现余量的补充展示对来自广告交易平台的广告媒体的优先级，帮助优质的媒体及媒体的黄金广告位接入更多的优质广告客户，以提高广告创收。

(4) DMP

DMP 是把分散的数据进行整合纳入统一的技术平台，它是根据用户掌握的数据，去触达目前未知的且无法接触到的潜在客户。大型的互联网媒介公司都会建立自己的数据管理平台，如阿里巴巴的数据银行、腾讯的广点通等。这些数据通常只服务于厂商自己的广告交易平台，一般不对外开放。也有一些第三方独立的数据供应商，如 TalkingData、银联智惠等。通过大数据实现精准营销是程序化广告的重要特征之一，而数据管理平台正是为这一目标而生的。以银联智惠为例，如果广告主想把近期要去三亚旅游并且每年至少旅行 2 次的人群作为目标客群，那么银联智惠可以通过消费者过往和近期的消费记录，精准匹配到相应人群。①

2. 程序化广告的特征

(1) 购买精准化

从购买"媒体"转为购买"人群"。程序化购买中 RTB 广告模式的实时竞价技术与传统网络广告的形式不同，它是由购买广告位或流量向购买受众的模式转变。媒介购买公司在研究促成订单之前，通过对用户媒介接触点的分析计算出每个媒介渠道如何更有效地促成广告主的销售目标，从而帮助广告主实现营销的全程精准、持续优化。

(2) 信息驱动数据化

程序化购买广告模式通过用户行为特征为客户量身打造个性化的广告表现。例如，悠易互通通过对 DSP 与 DMP 的对接，对数据银行的数据进行系统收集、分析，整合广

---

① 常馨文. 程序化广告优缺点分析 [J]. 新闻研究导刊，2020，11 (20)：215 – 216.

告的投放计划与受众数据归类更科学有效，使广告主的广告投放效果达到最佳。

（3）服务人性化

广告主在 DSP 中自主设置、选择在合适的时间与地点进行广告投放，自行分析各类媒体与其品牌的匹配度，选择广告投放的媒体环境，为广告主提供更加人性化的服务。此外，程序化购买广告可通过 SSP 提供的媒体管理平台对媒体广告位进行管理，甚至可同时兼顾管理多个广告位，以提高广告收入。

3. 程序化广告的优点

互联网在线广告的售卖方式缘起于传统广告销售模式的模仿，媒体将要售卖的广告位编排为一张报价表，然后由市场或销售人员去寻找有意向的广告主销售。这种方式无疑是非常低效的，程序化广告却能在线上投放和管理广告，极大地提高了效率。除此之外，程序化广告交易模式还有以下优点。

（1）精准人群定向

在广告界有一个"哥德巴赫猜想"，即"我知道我的广告费有一半都被浪费了，但就是不知道哪一半"。这是一位零售大亨在 20 世纪 70 年代说的，他实际上是在控诉广告的不精准。进入 21 世纪后，在互联网时代的媒体直采，已经可以在一定程度上实现定向，如门户网站的横幅广告、手机应用的开屏广告等，可以实现性别、地域等一定程度的定向。而进一步发展的程序化广告，更是直接按照人群属性而不是广告位来售卖，定向的维度也细化到性别、年龄、兴趣、行为等。例如，电商平台广告，可以定向到将商品加入购物车的人群，这样的人群定向已经是非常精准的了。

（2）起投门槛低，满足中小企业投放广告的需求

互联网广告购买主要分为媒体直采和程序化两种。传统的媒体直采，主要是按天或按时来购买，核心广告位一天的价格可能就达到十万元到几十万元人民币不等；而少量按照每千次曝光来售卖的排期广告，一般也需要最低 5 万元的起投金额。这样高额的广告花费，往往只有头部的品牌广告主才愿意接受；而程序化广告，特别是采用实时竞价模式的程序化广告的出现，极大地改善了这个问题。RTB 平台的开户，如腾讯广点通、字节跳动、巨量引擎，起投金额只需要 2 000 元人民币，满足了众多中小企业的需求。

（3）按效果计费，投放效果易衡量

传统品牌广告的投放很难计算广告效果。进入互联网时代，大多数品牌广告也是按天售卖，少数按照每千次曝光来售卖的，媒体也并不能保证后续的转化率，如广告点击率等。程序化广告却能提供多种效果广告的售卖模式，如按每次点击计费、按每次效果计费、按优化后每千次曝光计费、按优化后每次效果计费等。比如，一个游戏行业的客户，可以选择按每次效果来付费，当有人下载了此款游戏才计费，而没有下载仅仅浏览则是完全免费的，这样有利于广告主计算投资回报率，便于广告主及时优化策略及渠道。

二、程序化广告的发展现状

(一) 程序化广告的发展阶段

我国程序化广告大致经历了三个发展阶段。

第一阶段：媒体采购。这一阶段是以媒体采购为主，以按下载计费为主要的计费方式，广告投放的精准度相对较低。

第二阶段：媒体组合采购。以媒体组合采购的模式以按展示次数计费/按点击次数计费为主要的计费方式，广告投放的精准度有了一定的提升。

第三阶段：程序化购买。以采购目标用户的模式，其计费方式主要是目标人群的按展示次数计费/按点击次数计费，广告主以购买受众的方式进行广告投放，实现了目前为止最高的广告投放精准度。程序化购买广告得到了广大广告主的认同，各大广告主也纷纷加大在程序化购买广告方面的预算。"2012 年，阿里巴巴旗下的 TANX（国内第一个广告交易平台）和需求平台的出现，开创了程序化购买广告的市场，之后，各大平台纷纷开拓了自己的程序化购买广告的交易平台，其中不乏有互联网巨头：百度、搜狐、京东等。中国产业研究报告网发布的数据显示，2016 年程序化购买广告市场规模达到了人民币 308.5 亿元，同比增长率为 68.1%。程序化购买广告的前景非常可观，大批量的广告主加入程序化购买广告的潮流。"[①]

(二) 程序化广告发展中存在的问题

程序化广告在早期发展阶段，因自身特性受到了许多追求下载和转化效果的广告主的青睐，也有许多广告主因为市场对程序化广告的追捧，在没有深入研究、认识程序化广告的前提下，便选择盲目跟风，结果与实际执行和反馈落差较大，对程序化广告产生怀疑甚至抵触。事实上，程序化广告作为新兴的交易模式，目前尚存在一定的缺陷。

1. 广告造假问题亟待解决

程序化广告是以互联网技术为基础的，作为一项以技术为主导的互联网产品，其造假、作弊的方式充斥着底层技术手段，普通人无法轻易察觉。常见的造假类型有刷量、重置设备 ID、静默安装、偷换素材、匹配不实等。例如，刷量问题，即通过人工或者

---

① 覃清桐，张其星，张惠丽，等. 程序化购买广告的受众体验分析 [J]. 新媒体研究，2020，6 (11)：54 - 56.

机器模拟真实用户下载、安装、运行的整个过程，以完成一次广告推广而收取费用，这本质上是一种流量作弊。现阶段，由于反作弊治理对技术要求较高，广告主缺乏相应的监测手段，并且整个行业缺乏完善的行业规范，程序化广告造假问题频发，这使得越来越多的媒体和广告主对其保持谨慎态度。广告主"用脚投票"，独立第三方平台——需求方平台在市面上经历大洗牌，只留下了少量优质玩家，而大型互联网媒体平台更是以"安全"为理由，加厚了自己的数据壁垒。

2. 优质资源依旧被媒体把控，媒体开放意愿低

国内大型互联网公司凭借各自的流量优势而自建的广告交易平台，对外宣称是给到外部合作的需求方平台所有的广告库存，然而业内人士大多认为给到需求方平台的广告库存和从这些互联网巨头直接开户拿到的广告库存是不同的。即使真如其所言，是完全一样的广告库存，实际操作中，程序化广告所广泛采用的实时竞价模式能获得的广告资源也是最末优先级的。媒体最优质的广告位会最优先地给到按媒体直采模式来购买及按保价保量模式来购买的广告主，其次给到以优选购买模式来购买的广告主，如果都没有人来买，最后才会按实时竞价模式来售卖。换句话说，广告主想在优质时段通过实时竞价模式买到优质广告，可能性是极低的。"'程序化广告，是在垃圾里面淘金子'，就是说的这个意思。"①

3. 程序化广告产业链长、透明度低

媒体直采模式，一般是广告主委托代理服务商，直接找媒体沟通下单即可完成购买；而涉及需求方平台的交易链则被拉长了：广告主通过代理服务商，代理服务商再通过自己或第三方的广告需求方平台连接到大型媒体的广告交易平台，广告交易平台往往还要对接媒介供应方平台，真正站在媒介供应方平台后面的才是直接拥有流量的媒体。这个过程中每一个参与者都会收费，最后流到媒体手上的广告费可能只占最初的50%左右。而过长的产业链也降低了程序化广告的透明度。如需求方平台的竞价、出价逻辑，广告交易平台的竞价方式，等等，对于这些重要信息，程序化平台一般不会主动分享，而其中的一切都留有可操作的空间。②

程序化购买广告模式作为一种新的尝试，一开始就备受各方人士的关注。与传统的网络广告购买方式不同，程序化购买完全有效地利用了大数据及其技术，实现广告主极其看重的精准投放。目前，程序化购买已变成广告主投放数字广告及制定投放目标的一个主要选择，未来程序化购买将会展现出越来越强劲的发展趋势。

---

① 常馨文. 程序化广告优缺点分析 [J]. 新闻研究导刊, 2020, 11 (20): 216.
② 常馨文. 程序化广告优缺点分析 [J]. 新闻研究导刊, 2020, 11 (20): 215–216.

▶▶（三）程序化广告的发展趋势

1. 程序化广告投放精准度提升：跨平台共享数据，打破"数据孤岛"

"数据孤岛"现象依然存在，成为程序化广告进一步发展的阻碍。目前，庞大的数据被 BAT（特指百度、阿里巴巴集团、腾讯）等互联网媒体垄断，数据之间还未实现透明化和共享，形成"数据孤岛"。独立的 DSP 代理公司没有足够的数据支持，自然也无法真正实现利用大数据分析进行程序化广告的精准投放，这必然会影响到程序化广告的发展。跨平台共享数据，有利于用户画像的精准刻画，增加广告投放精准度，减少受众的回避行为，从"广告骚扰用户"变成"用户享用广告"。

2. 程序化广告生产投放机制革新：与受众需求形成双向驱动

传统媒体投放广告，以广告主为核心，其依据是广告主的品牌或产品宣传，让用户来找广告。而在程序化购买模式下的广告生产和投放，无论是广告创意、实时竞价，还是媒体投放平台的选择，都是在寻找最有可能"被打动"的精准受众，形成了以受众为中心的模式，完成了从"人找广告"向"广告找人"的转变。除此之外，在大数据技术的支持下，程序化购买不仅迎合了受众的需求，还在一定程度上引导着受众的需求。利用大数据分析受众的行为轨迹和生活习惯，形成较为准确的兴趣定向，在生产和投放广告时根据兴趣定向分类，满足不同受众的不同需求。但有些受众并不明确地知道自己想要什么，大数据便可从他们的行为和选择中找到蛛丝马迹，分析不同行为之间的相关关系，从而引导受众发现甚至满足自己的需求。

3. 程序化广告投放效果优化：结合场景营销提升广告效果

在场景运用中，目前的程序化广告没有考虑到用户的时间差与浏览偏好。例如，用户在认真工作的时间内被迫接受大量与自身需求不相关的广告，这会增加用户的负担，引起用户的负面情绪。这种投放的结果，对于广告主和受众来说，都是低效的。若采取一种面向精准广告投放的时间聚合查询方法，即获取广告主的广告投放时长、用户的在线时间数据，并筛选出用户有效的在线时间区间，再利用数据和算法来对用户的偏好内容做出预判。广告内容应随着用户的有效在线时间和偏好来进行投放。这样能够大幅度提升程序化广告投放的效果，将促成广告主和受众双赢的结果。①

4. 程序化广告治理优化：完善法律与行业自律结合，整治不良现象

（1）完善法律：推出程序化广告相关管理办法

目前，有针对性地解决我国程序化广告领域的违法问题的只有《互联网广告管理暂

---

① 覃清桐，张其星，张惠丽，等. 程序化购买广告的受众体验分析［J］. 新媒体研究，2020，6（11）：54 - 56.

行办法》，但程序化广告的技术更新换代快，会涌现出更多新的难题，这就需要不断充实内容，适时地推出互联网广告管理办法，让程序化广告的运作真正有法可依。在程序化广告快速发展的今天，《互联网广告管理暂行办法》只能说是适用于解决当前的程序化广告产生的问题，并不能保证今后出现了新的问题，《互联网广告管理暂行办法》还能有效解决。这一点并不同于传统的广告，也和大部分的其他种类的互联网广告存在区别。①

（2）行业自律：统一标准和规则

在程序化广告未来的发展过程中，程序化广告经营活动中各个参与方平台需要制定统一的标准和规则，能够减少各个平台之间烦琐的连接工序，大大地提升工作效率。另外，我国的广告需求方平台应该有统一的计费标准。程序化广告的各个广告信息交换平台、广告需求方平台、媒介方平台的收费标准不统一，使整个行业的收费混乱，一些传播广泛、评价较高的企业收费较多，大部分的中小型企业只能通过降低收费来吸引用户。加强收费的合理化，促使整个行业有更良性的计费方式，同时还需要市场有统一的规则，让程序化购买过程中的每个参与者在选择好角色后各司其职。

三、程序化户外广告

户外广告的程序化是户外媒体数字化转型的革命性突破，使由资源驱动的传统户外广告模式被新型的由技术驱动的数字化户外广告模式取代。这一变化既是当今广告产业发展的必然结果，也是传统户外媒体迎接互联网数字化变革的唯一出路。

户外广告的程序化发展是一个循序渐进的过程，具有明显的阶段性，当前尚处于发展的初级阶段，即户外广告程序化购买的初步试水阶段。在这一阶段，程序化户外广告购买落地执行，并展现出户外媒体与互联网融合、终端智能化升级及程序化户外广告交易平台初步发展的三大特征。

（一）程序化户外广告发展的行业背景

互联网的迅速发展给传统广告行业和媒体行业带来了颠覆性的变化。尤其是程序化广告迅速发展的今天，互联网广告在投放策略、创意匹配、数据监控等方面强烈冲击着传统广告，唯有户外广告几乎不受影响。陈刚在《户外广告的变化与发展》一文中指出，户外广告这样一种古老并稳健发展的广告形式，作为人类生活环境的一部分，可能

---

① 刘梅. 我国程序化广告规制的问题及其完善研究［D］. 重庆：重庆大学，2019.

是唯一能够同互联网等新媒体相抗衡并生存下来的传统广告媒体。[①]

根据央视市场研究（CTR）在2021年3月发布的《2020年中国广告市场回顾》中指出，电梯广告同比增长超过20%，远超互联网广告增速。居民家庭消费升级、传统商业转战新零售，以分众为代表的户外广告模式验证了线下广告对广告主具有极强的吸引力。随着线上红利的日渐饱和，户外广告这一线下流量的入口被高度重视。阿里巴巴入股分众传媒，百度领投新潮传媒，腾讯打造集影院、手游、电竞、直播、IP衍生品于一体的泛娱乐综合体，全力收割线下流量。无论是户外广告自身发展的"必然"，还是互联网巨头公司倾力助推所带来的"可能"，都加速了户外广告的程序化进程。"线上+线下"渠道整合、媒体数字化深度推进将成为趋势。如今，线上媒体数字化、程序化已然成熟，以户外广告为代表的线下媒体数字化、程序化才刚刚开始。

1. 传统户外媒体交易模式面临升级

传统户外广告交易过程烦琐、周期长、成本高、时效性差、内容单一等特征使其难以与实时的网络营销时代相匹配，亟须向程序化户外广告转型。

按照传统户外媒体交易模式，广告主需与代理商或媒体方通过谈判确定广告价格、排期、投放区域等细节，待广告素材制作好后按约定进行广告投放，最后通过人工上刊拍照，回传广告主或代理商证实广告曝光效果。相较于广告主在线上一键制定广告投放策略的线上程序化广告，传统户外广告投放模式不仅复杂，耗费大量人力、物力，还缺乏一定的灵活性和时效性。再加上传统户外媒体在资源整合方面存在的诸多难题及信息不对称下闲散资源浪费现状均阻碍了户外广告行业的发展，因此加快户外媒体数字化、程序化转型既是其唯一出路，也是必然要求。

程序化技术的不断成熟并向线上延伸，推动了户外广告的程序化征程。程序化广告最突出的交易特点是程序化购买，因此搭建以大数据和程序化技术为核心的线上户外广告投放平台尤为重要，不仅简化了户外广告的交易流程，而且实时、灵活更新，投放效果也清晰可见，推动了户外广告投放系统的变革。随着线上线下数据融合下全域营销环境的构建及线下广告屏的数字化升级，程序化、平台化、数据化的线上广告购买模式将逐步取代低效、复杂的传统户外广告交易模式。

2. 户外媒体的数字化转型趋势

智能技术作为我国广告行业的核心生产力，为户外媒体的数字化、程序化转型提供了技术保障，技术的驱动和互联网环境下受众数字媒介接触习惯的养成，使户外媒体的数字化转型成为可能。

据艾瑞咨询的数据统计，全球数字广告市场规模总体呈逐年增长态势，2019年近3 332.5亿美元。随着网络技术的发展和普及，数字广告支出呈爆发式增长，并开始向

[①] 陈刚. 户外广告的变化与发展 [J]. 中国记者，2014 (6)：70-71.

线下领域渗透，数字户外媒体已成为我国户外媒体经营增长最快的领域，越来越多的广告将以程序化的形式变现。

博视得（Posterscope）作为全球领先的户外传播机构也时刻关注着户外广告的发展趋势，在其2017年发布的户外广告预测报告中便指出程序化的发展应从理论扩展到更大范围的实践，即打破线上媒体的闭环而大范围进军户外媒体，使户外媒体能同其他媒体一样灵活投放广告内容。2018年，户外广告预测报告指出，未来户外广告将更加智能化、自动化，且基于地理位置的数字营销将成为最核心的个性化营销组成部分。随着线上线下数据的打通，户外广告与智能手机的结盟，品牌能前所未有地整合多渠道与消费者互动。大数据驱动下，智能化投放平台的接入，户外媒体将成为程序化交易的新阵地。

3. 大数据驱动户外广告投放精准化

广告营销须确定最合适的时间、方式、内容、人群，即寻求"精准"。大数据的应用使精准的程序化营销成为可能，也使其成为户外广告产业发展的趋势。

传统媒体行业（包括户外媒体）基于媒介自身的性质，难以捕捉如受众属性、兴趣爱好、消费数据、社交数据、行为数据等精准信息，仅能通过受众调查和专业仪器获取零散的、小规模的、欠代表性的数据，因此传统媒体的广告投放系统与用户信息是割裂的，不能有效保证信息的精准传达和广告的高效投放，造成"两头不讨好：广告主根本不信、受众根本不看"的困局。

为了确保广告效果，户外媒体必须通过线下调研或与第三方数据机构、互联网公司开展合作获取用户信息，从而打破数据割裂，如分众传媒通过数字化改造实现"物业云＋百度云＋电商云"的"三云"合一，新潮传媒联合力美科技打造线上线下联动投放的"小区通"智能平台。

大数据在户外广告领域的应用是户外广告程序化发展的重要基础，同时数据价值的发挥有赖于智能化、程序化广告投放平台的建立。传统户外媒体只有在互联网与大数据的驱动下，打通内部数据与外部数据，建立起以数据库为基础的户外广告投放平台，更加精细地捕捉用户情感、态度、兴趣和需求，洞察和分析场景，构建清晰的程序化营销数据图谱，才能与消费者建立起直接、紧密的联系。同时，消费者需求的多样化和个性化也使户外媒体需要依靠大数据为之提供实时、精准的创意内容与服务成为一种必然。

4. 效果评估可量化的市场诉求

众所周知，无论是传统广告还是互联网广告，广告主最关心的往往是购买转化问题，使一度沿用品牌导向理论评估的传统户外广告面临挑战，可量化的精细化效果评估模式呼之欲出。

随着互联网技术和大数据技术的发展，广告产业发生了巨大变革，人们越发强调销售转化、效果导向、精准评估，如某则广告促成了多少曝光、带来了多少销量是广告主最直接关注的。当广告媒体的效果难以被量化、被评估时，它便难以被广告主认可。传统户外广告的效果监测手段经历了从人工抽样到全天实时监测的升级：从最原始的人工使用计数器计数，到依托交通部门的人流、车流参照数据，再到户外的受众雷达实时监测，尽可能地获取有效的广告监测数据。此外，户外新媒体公司还提出区分受众，根据其潜在消费倾向来判断户外广告的投放与否，但依然是套用固有框架模式进行人为判断，数据来源也难逃抽样、问卷、随访。

在广告主日益重视广告转化效果、寻求可量化数据的今天，仅依靠这一传统的理论评估模式，即消费者对品牌的了解度、喜爱度、购买转化率的预估，已不能满足市场的需要。因此，建立效果导向的精细化广告评估模式，提升购买转化率、促进品效合一，是户外广告发展的必然选择，户外广告数字化、程序化转型迫在眉睫。

如前文所述，目前将程序化广告交易模式引入户外广告只做到了简单的程序化，而随着技术的更新和程序化户外广告实践的发展，程序化户外广告必然向一个复杂的生态系统发展。因此，真正能够激发数字时代户外广告价值的程序化户外广告，不仅需要具备在线程序化广告共有的四项特征，而且需要匹配户外广告自身的特性。

▶▶（二）程序化户外广告的特征

1. *程序化户外广告与程序化广告的共性*

由于缺乏深入的研究及对其功能的大量误解，目前，并没有形成有关程序化广告的正式定义。综合多方观点来看，可以将程序化广告视为"一个由数据驱动的系统，通过对数字展示广告的媒体库存进行实时竞价，以自动化的方式实现广告销售交易，向潜在消费者提供规模化、个性化的营销信息"。从这一定义出发，程序化户外广告也具有程序化广告的相关特征。[①]

第一，系统性。与程序化广告类似，程序化户外广告是一个由多种平台组成的系统，存在多方参与主体。普华永道（PwC）与IAB共同完成的研究报告《正在增长的程序化户外广告：机遇与挑战》，总结了程序化户外广告的供应链：广告主（广告代理）通过需求方平台、广告交易平台及供给方平台自动购买户外广告库存及潜在消费者。可以说，要完成户外广告的程序化交易，供应链的任一环节都是不可或缺的组成部分，各类平台共同构成一个生态系统。

第二，数据驱动。程序化广告的核心是"数据"，程序化户外广告也不例外。自动化交易完成的前提是供应链各环节的数据化，而数据的数量规模、精细水平和准确程度直接关系到广告的有效性。德国广告技术公司 Adsquare 在《基于数据驱动的户外广告转型》报告中指出，得益于大数据的可用性，程序化的方式可以确保个性化的信息以最

---

① 王苗，谢佩宏，陈刚. 程序化户外广告研究：模式、特征与要素. 新闻与传播评论. 2020，73（5）：79-88.

好的价格、最有效的方法抵达正确的受众，而大规模空间、受众和移动数据的可用性，使户外广告将变得与在线广告一样，具有情境意识、可测量性和程序性。需要指出的是，在现阶段的大量实践中，所谓"数据"还只是较为简单的数据类型，同由动态海量标签构成的个体大数据相比，还存在较大的差异。但是，从长远来看，将现阶段的数据与真正的大数据打通是未来必然的趋势。

第三，动态优化。程序化广告的重要特征是实时竞价和动态优化。可以说，这是户外广告走向真正程序化的关键节点。传统户外广告以物理空间中的实物设施为载体，广告内容在一定周期内保持稳定。由于传统户外广告资源昂贵、制作成本较高，几乎没有"试错"空间，一旦发布，将很难对广告进行调整。但是，在程序化户外广告中，这种静态的模式被打破。广告主和广告代理可以利用投放工具，根据实时的广告反馈、竞争对手的情况，以及场景、话题等的变化，不断地对广告投放进行动态优化，从而产生更好的传播效果和销售转化效果。

第四，规模化的个性化。传统广告的发布逻辑是"一对多"，其目标受众锁定在通过市场调查而划定的人群内。广告的制作和投放很难做到个性化。而程序化广告的目标对象则是由无数个体（这些个体都是由几千个标签形成的消费者画像）聚合而成的。同传统媒体的广告目标对象不同，程序化广告可以对标签组合（词包）进一步细分出不同类型，并同时对不同类型的目标对象发布不同内容的广告，实现广告投放的"千人千面"。从理论上说，只要有足够的预算，针对不同类型的目标对象，7×24小时都可以发布广告。例如，某产品的目标对象包括白领、学生、蓝领、休闲族等，而每一个族群又可以根据性别、区域等再进一步细分，在程序化广告发布的时候，不仅白领、学生、蓝领、休闲族等看到的是不同的广告内容，而且学生族群中男生和女生看到的也是不同的广告内容；再进一步，学生族群中男生和女生在上午和下午、不同区域看到的广告内容亦不相同，系统可以根据不同的时间场景和地域特点，推出更有针对性的广告内容。当然，户外显示屏广告的主要传播效果仍是"一对多"的，但基于大数据和计算能力，程序化的加入可以让户外广告的资源得到更合理的分类，并在部分场景中，具备"一对一"发布的能力。

2. 程序化户外广告的个性

虽然，就目前而言，程序化户外广告本质上是将程序化广告引入户外广告行业，但由于户外广告本身的特点，程序化户外广告也具有独特性。

第一，高成本终端。在线程序化广告的触达终端由受众个人购买和控制，媒体机构不需要进行大规模终端建设。但程序化户外广告则不同，要实现与供应链各环节的数据对接、实现程序化购买与展示，媒体机构需要对原有的终端屏幕进行全面升级，这对应着巨大的成本投入。以分众传媒为例，根据其2019年财报，分众传媒为实现中长期的程序化广告投放，大幅扩张电梯电视和电梯海报资源，并逐渐将原有以21寸高清屏为主的液晶电梯电视，替换成以 27 寸为主、21 寸智能互动机为辅的液晶电梯电视；将原有 20 寸和 21 寸的竖式数码海报更换成 25 寸及 32 寸的智能屏一体机等。

第二，强制观看性。随着"广告屏蔽"和"不跟踪"（Do not track）选项被越来越多的受众选择，对于目标受众来说，在线程序化广告的强制观看性逐渐下降。而户外广告则不同，其重要的特征是"人"与"屏"在一个时间段内共处一个空间，"屏"是"人"实体生活空间不可规避的环境要件，因此具有较强的"强制观看性"。这一特点也使户外广告在程序化后，在匹配精准的条件下，能够令受众产生更深的印象。由美国清晰频道通信公司（Clear Channel Communications）、英国德高（JCDecaux UK）和博视得共同委托的研究发现，数字户外广告采用与"上下文"相关的信息传递，可以使受众的有效响应率提高 17%。

第三，数据非标准化。程序化户外广告的数据系统包含多类数据，如广告库存（媒体）数据、用户数据、空间上下文数据及仍在发展初期的内容数据、商品数据等。这些数据属于不同的类型，且即使在同一类数据的内部，也存在较大的差异。如何对其进行整合并有效利用是关键性的挑战。根据 IAB 的调查，在回答"程序化户外广告成为主流的媒介购买将面临哪些挑战"时，43% 的受访者认为缺乏数据的标准化，29% 的受访者认为缺乏（效果）报告的工具，因此非标准化问题既是程序化户外广告的特征，也是其发展的自身特征。

第四，空间依赖性。在线展示广告的特点之一是打破了时空的限制，但户外广告不同，它由物理空间承载，地理位置对其具有核心意义。从客观上看，户外广告具有时空边界，其触发机制具有高度的空间依赖性。这种依赖性体现在，程序化户外广告的触发必须依赖"屏"的地理数据、"屏"所在空间的上下文信息及受众的移动位置数据。这一特征既是其他广告类型所不具备的，也是程序化户外广告具有较好的本地广告效果的基础，同时还是户外广告具有较强公共属性的原因。

总体而言，程序化户外广告是数字户外广告的重要组成部分，它既具有程序化广告的特征，也具有户外广告自身的特征。这些特征有的是程序化户外广告成为媒介购买"必需品"的助推器，有的则可能是抑制剂。当然，需要明确的是，程序化户外广告仍然是一个初步发展的领域，并不是所有的实践都已经具备了上述全部特征或者特征一成不变。虽然行业内部对程序化户外广告的增长寄予了厚望，但从阶段性上看，程序化户外广告仍是传统户外广告的补充。

四、程序化户外广告的主要力量

虽然各国程序化户外广告市场优势差异显著，发展程度也各不相同，但从全球行业协会、企业等市场主体的探索方向和发展趋势来看，它们存在一定的相似性。在这种新技术的市场探索道路上，行业协会、互联网公司、中小广告主三大主体是推动发展的主导性力量，虽然新兴技术公司在程序化户外广告的发展中提供了诸多创新实践，但其在媒体资源和数据资源方面存在天生缺陷，必须依附传统媒体商或大型互联网公司而成长，处于相对被动的地位。

(一) 行业协会：促进共识达成

由于程序化广告是一项协同性非常强的业务，只有各市场主体拥有规范和共识，才能保持各平台平稳对接与流程顺畅运行。因此，作为户外广告行业协会，其在程序化户外广告的发展之中主要致力以下两方面工作：第一，整合户外媒体资源，规范点位资源评级体系，建立智能化的数据库，为广告主和广告商提供方便；第二，统一数字户外广告程序化交易技术规范、创意规范和效果监测规范，形成行业共识，推动知识共享和共同进步。

如前文所述，在互联网广告领域，程序化购买已经发展成熟并成为主流交易模式，行业共识也在不断更新。当前，很多互联网广告的标准出自IAB。"IAB成立于1996年，在全球有650多家企业或机构成员，致力于开展关于互联网广告的相关研究，同时对品牌、代理机构等商业主体进行市场教育。特别在程序化广告领域，Open Direct协议、Open RTB协议等是行业全链条都认同和遵守的标准。随着广告技术和市场环境的发展变化，这些协议也在不断讨论和更新之中。"①

相对于互联网广告程序化来说，数字户外广告程序化有其特殊性。参考互联网程序化广告的标准和规范，并对相关参数和指标做出适当的修改、增减，以满足基于户外场景、时间的特殊需求，是目前一些市场主体较为认可的做法。2016年3月，美国数字广告协会（Digital Place-based Advertising Association，DPAA）成立三大协会，即技术协会、创意协会和测量协会，与世界各成员国一道制定相关标准或协议，以推动户外程序化广告在世界范围内的发展。

2017年4月，DPAA组织协会内外的媒体商、供应方平台、需求方平台各方共24

---

① 邓驰旻. 程序化户外广告的市场现状[J]. 广告大观（理论版），2018（3）：4-12.

家企业和机构,在 IAB 的 Open RTB 2.5 协议的基础上协同制定了《数字户外广告程序化标准》,其交易模式既包括了实时竞价,又包括了程序化保价保量。根据户外广告的特殊性,如公共传播平台"一对多"的属性、户外广告内容无法逃避的强制属性、展示时间与地点的稀缺属性等,DPAA 的户外广告程序化标准根据 Open RTB 2.5 做了相应的调整。此外,DPAA 还制定了关于需求方平台户外广告创意内容的规定,在创意的分类、规格参数等方面都制定了详尽的标准,试图达成程序化户外广告行业内较为统一的话语体系和行动指南。该标准的制定方向是正确的,根据互联网已有平台逻辑和技术语言,结合户外广告的特性,并让 DPAA 组织内外的各方都参与到讨论和实践中,包括多家户外媒体和互联网领域有影响力的企业,搭建了对话合作的桥梁。但其仍具有历史局限性,包括技术局限和制度局限。例如,在技术上,还不支持纯音频户外广告的程序化,取消这一创意形式,不做相关规定;在制度上,缺失一些附属细则,在人工与技术对接的很多流程上采用"视具体情况而定"的模糊规定。①

(二)互联网公司:强化数据资本

相较于传统企业,对于体量较大的互联网公司而言,其丰富的产品业态带来了大数据方面的巨大优势,可以说这是其最为雄厚的资本。数据采集、数据计算、数据服务与数据应用推动着互联网公司向线下其他领域渗透,参与其他垂直行业的变革,达到不断扩大优势的目的。数据驱动下的程序化户外广告既是线下内容窗口和商业环节之一,也作为数据体系建设的重要环节,在人群挖掘、程序化创意、户外效果监测等方面都有大量数据资本积累的空间,形成了大型线上线下渠道统一管理,为零售商提供实时化、数据化的商品信息、交易信息、消费者信息的平台。因此,阿里巴巴作为连接各行业的平台方,对数据进行了智能化分析与沉淀,大大强化了自身的数据资本。

阿里巴巴推出"阿里数据"旗下生意参谋、孔明灯、阿里指数等大数据服务产品,百度也推出"数智平台"旗下针对泛零售及物联网领域解决方案、客情商情分析等类似形态产品,利用数据与计算建立了智能营销云平台,加大对各个行业的渗透。

互联网公司的资本注入线下企业的类似案例还有很多,反之,线下企业却甚少收购线上企业。2018 年 4 月,华扬联众筹划收购海南龙帆广告有限公司股权、世界最大的在线影片租赁服务商奈飞(Netflix)投入 3 亿美元收购美国洛杉矶户外广告公司 Regency、谷歌通过收购线下媒体进军智慧城市的建设⋯⋯互联网公司的数字化程度高,由它们带动其他行业数字化服务发展,加速数字生活空间和现实生活空间的融合。②

---

① 邓驰旻. 程序化户外广告的市场现状[J]. 广告大观(理论版),2018(3):4-12.
② 邓驰旻. 程序化户外广告的市场现状[J]. 广告大观(理论版),2018(3):4-12.

▶▶（三）中小广告主：进入户外市场

由于户外广告资源在时间和空间上的排他性，加之户外媒体硬件设施造价高，户外广告位置的刊例价往往较为昂贵，这对于新兴中小企业来说负担较大。因此，户外广告多作为大型企业的品牌宣传平台，用以打造品牌知名度，而在精准投放和效果转化等方面则贡献有限。程序化户外广告的实现，使得中小广告主进入户外市场的门槛大大降低，通过需求方平台，可以实现自主投放，精准触达人群，并实时规划预算。户外媒体的小额投放、策略试错成为可能，户外剩余媒体资源得到利用，户外媒体与广告主信息不对称问题得到解决，大大提高了灵活性和投放效率。

程序化户外广告的产品开发方也将目标瞄准了中小广告主。百度聚屏的 RTB 竞价模式，吸引了众多中小广告主。中小企业的预算可能不足，但可以通过一些竞价的方式去获取一些剩余资源，拿到一些之前拿不到的资源，这是非常大的一个优势。阿里巴巴的 1688 网销宝推出十三年来一直以"连接中小企业"为主要定位，从一个单一的广告售卖产品变成了一个助力中小企业的平台，特别是电商领域的小型企业。英国的户外广告程序化公司 Bitposter 与著名的广告技术公司 Rubicon Project 合作，除了 Rubicon Project 的原有广告主外，平台创建双方都相信未来中小企业将是其主要的客户来源。

▶▶（四）新兴技术公司：依附性成长

在程序化户外广告的发展过程中，涌现出一批新兴技术公司，多数是以单个技术产品或平台作为创业资本，在其他资源方面缺失较大，依赖性强，实际上扮演的是服务于其他大型企业的辅助性角色。以中国程序化户外广告新兴公司快发云为例，快发云依赖百度的大数据和讯飞的识别技术，事实上主要做的是硬件组件和系统对接工作；奥凌（OOHLink）的创业团队和客户资源主要来自阿里巴巴与高德；2018 年 5 月履新的播尚（Broadsign）高级副总裁亚当·格林来自谷歌，可谓"羊毛出在羊身上"。前文提及的户外创意技术公司光华威视（Grand Visual），其运用数据与新型技术的户外广告案例不计其数，令人耳目一新，也开发了集广告计划、内容分发、广告优化、效果测量等功能于一体的程序化内容管理平台。但事实上，多数广告活动只是运用了特定类型的第三方数据，和传统户外广告相比，广告内容的呈现更为动态化。而真正运用程序化创意进行规模化、个性化户外投放的案例只有和谷歌合作的智能手机品牌 Pixel 2 的广告活动，且由谷歌作为此次广告活动的主导，谷歌在前期提供的多维度大数据支持了本次广告活动多样化的创意组合和规模化的内容分发。

总体而言，这些新兴技术公司试图从外围影响和改变户外媒体传统的作业流程，为个别企业提供定制化的服务，在创意方面由于自有数据的缺失，多数只能依赖传统人工，且其户外程序化购买工具还未占据主流地位。但是，不可否认的是，新型的广告产品和户外解决方案的不断推出，使得市场建设与培育工作一直在进行，市场各方正在重新认识户外广告，并调整经营方式，新兴力量的崛起，正在汇聚变革行业的巨大力量。

　　在未来的发展中，程序化户外广告还将面临诸多挑战。根据 IAB 的调查，95% 的受访者认为，数字户外广告增长的主要动力来源于对买卖双方的"教育"，即向双方解释数字户外广告相较于其他数字媒体的优势及价值。换句话说，虽然程序化户外广告"前景光明"，但在所有参与主体中接受度还有待进一步提高。这可能与技术的瓶颈有一定的关系。就目前情况来看，程序化户外广告还无法真正做到实时竞价与实时优化，广告归因与测量还没有形成具有共识性的标准，不同类别的非标准化数据分散、缺乏整合，不同的平台之间亦缺乏整合与协调，还没有形成匹配"千屏千面"的程序化户外广告内容生产能力。

　　此外，还有不容忽略的广告监管问题。户外广告具有基于位置的实体性，是连接数字生活空间和实体生活空间的桥梁，因此也具有重要的公共属性，属于"公域流量"。这意味着与在线广告和移动广告相比，程序化户外广告的监管将面临更复杂的情况和更大的挑战。

小 结

　　由于程序化广告相较于传统的包段合约广告，具有精准触达、开放透明等突出优势，因此此类广告投放模式自从引入中国后，迅速走向繁荣。从广告主角度来看，精准投放带来了投资回报率的提升，同时广告主不需要逐一找媒体方进行协商出价，所有交易动作都由广告平台自动完成，提升了广告主的投放效率；在交易动作上，程序化广告模式使得效果数据分析、优化的周期缩短，变得更为简单便捷。从媒体方角度来看，投放效果的提升会吸引更多的广告主购买平台流量，媒体价值得到提升；此外，在流量库存有限的情况下，平台可以帮助媒体方对资源进行合理的分配与利用，空档状态的剩余流量可以通过平台自动吸引合适的广告主投放。

【思考题】

1. 程序化广告对防止和减少网络流量作弊起到哪些作用？
2. 程序化广告怎样保证实现针对私域用户的精细化营销？
3. 为什么说程序化广告投放对大数据的依赖非常明显？

【推荐阅读书目】

1. 梁丽丽. 程序化广告：个性化精准投放实用手册［M］. 北京：人民邮电出版社，2017.

2. 吴俊. 程序化广告实战［M］. 北京：机械工业出版社，2017.

3. 杨游云，周健. Python广告数据挖掘与分析实战［M］. 北京：机械工业出版社，2021.

第七讲

短视频广告

近年来，中国互联网广告的市场规模一直保持增长态势。数字广告的运作模式已经逐步取代传统广告的运作模式，成为中国广告产业的主流运作模式。相关数据显示，受新冠病毒感染疫情的影响，2020 年内地互联网广告全年收入 4 971.61 亿元，比 2019 年度增长了 13.85%，增幅较上年下降 4.35 个百分点，但仍维持着增长态势。在此大背景下，2020 年视频平台广告交易额增速最快，较上年增长了 64.91%，达到了 903.53 亿元。[1]

一、短视频广告的内涵与特征

数字时代，视频的功能早已从以往主要提供娱乐内容发展至承载知识信息、带动沟通、促进商业，各种视频内容服务成为互联网的基础服务。艾瑞咨询数据显示，中国泛视频用户（通过互联网服务观看视频的用户）从 2016 年 6.4 亿的规模扩增至 2020 年的 9.3 亿，占同期网民规模的 93.1%。未来随着视频内容服务成为互联网基础服务的进程加快，到 2025 年中国泛视频用户规模或许会增长到 11.8 亿，98% 以上的中国网民会通过各类互联网平台服务在线观看视频内容。

短视频是指时长在 5 分钟以内，适合在移动状态和短时休闲状态下观看的、高频推送的视频内容。在网络经济及快餐经济发展迅猛的情况下，短视频由于内容短小、精练及互动性强，受到了很多受众的青睐。目前较为知名的短视频平台有很多，如秒拍、快手、美图等，这些短视频不仅吸引了大量的受众，同时也展现了其优越的传播价值。和微电影（Micro-Film）及直播相比，短视频在内容上更加精练，在制作上更为简易，在传播上更具互动性，所以在传播上也就更具优势。

短视频平台不仅成为用户原创内容的集聚地，还成为各广告商看中的拥有庞大受众群的互联互动平台。"广告+短视频平台"的模式悄然兴起。短视频广告是指将广告融入短视频中，以此来影响受众，从而达到营销的目的的一种广告形式。短视频广告是短视频商业价值的一种体现形式，短视频广告共享了短视频平台的庞大受众群，依托短视频平台的个性化推送算法，将广告精准投放给目标受众，由此实现广告的高传播率和高接受率。短视频广告有别于一般意义上传统的电视广告，具有成本较低、内容多样化和互动性强的特点。在广告的播出形式上，受资金成本的限制较小。短视频广告制作成本可控，广告投放依托网络就可实现。在广告内容上，短视频广告具有天然的话题性。它更加迎合了受众的趣味，广告时长也允许将故事情节充分展开，使得广告的创意表现更

---

[1] 丁汉青，杨雅，喻国明. 2020 中国互联网广告市场的十大特点与发展趋势：基于对《中国互联网广告数据报告（2020）》的分析［J］. 新闻界，2021（2）：34-39.

加引人入胜。在广告互动性上,短视频广告与用户之间产生强链接。用户可通过转发、评论、点赞等方式参与互动,产生良好的传播效果,易于建立和维护与用户的关系。

总体来看,以平台为前链的短视频全链路营销有以下三大特点[①]。

第一,以内容为主要锚点,通过情感化、娱乐化的内容快速吸引用户的注意力。

短视频全链路营销生态是一个涵盖短视频内容生态、消费转化(电商、支付、下载等)生态、粉丝私域流量生态的营销闭环。注意力模式下,抖音重视注意力引流。一方面,抖音借助明星效应实行注意力资源策略,配合技术门槛的降低,从而获取更多注意力;在保持注意力资源的同时,利用议程设置方法,增强用户黏性。尽管短视频以用户原创内容和民间"网红"为起点,也难逃营销环境缺乏品质感的行业弊病,但一些短视频平台也试图对此进行改善。2020年以来,短视频平台陆续引入明星流量和专业内容。以抖音为例,2020年推出"明星爱DOU榜"大幅开拓明星流量。这将使平台的专业属性和品质感得到强化,从而打造品质化的营销氛围,获得更多品牌广告主的青睐。另一方面,短视频广告注重碎片化、共情性的内容营销,其中,尤以故事性广告为主要方式。抖音账号"一杯美式"及其同人账号"三金七七"曾在一个月内涨粉三百万。其视频内容就是将广告融入戏剧化、情感化的故事里,在主人公悲欢离合的日常生活中带货,从而实现对产品功能的隐性宣传。

实际上,短视频广告进行内容营销的实质就是情境的搭建。带货博主借助平台直接参与广告信息的生产与传播过程。短视频广告以更贴近消费者的场景和情感为核心,产品与用户体验通过内容双向渗透。情感导向下,营销过程更有温度。故事性的修饰也提高了广告的可看性,弱化了广告植入痕迹,降低了用户对营销商品的抵触心理,通过情感共鸣将受众转化为消费者,进一步实现"以效带品"。

故而,短视频平台凭借自身庞大的用户基础与灵活的形式,不仅能为广告主提供更具吸引力与想象力的营销介质,甚至还能吸引消费者主动探索个性化的广告内容。值得注意的是,广告主在不同平台上寻找博主投放广告时,要考虑产品与该博主的视频内容或风格是否匹配、二者的受众是否一致等,否则对二者都有可能产生负面影响,容易造成传播效果的弱化和投入资金的浪费。

第二,大数据赋能内容营销,精准定位用户,放大内容电商价值。

随着技术的更迭及"大数据""推荐算法"的发展,用户在平台上的每一次浏览、点赞、评论、分享、购买等行为都会被准确地记录下来。这些具体的指标增强了数字广告的效用,有利于缓解费用、流量等资源的浪费。

对于广告客户而言,平台既能借助大数据推荐与品牌文化定位相符的达人,也能够在推广时将不同广告分发到具有相应购买习惯和购买能力的特定受众的界面,根据用户

---

① 黄霁风,陈丹丹,张琰. 注意力模式视域下的网络短视频平台运营策略:以抖音APP为例[J]. 今传媒,2018(11):87-92.

的特性、收入等实际情况传播相应的广告内容，进一步细分用户群体。① 基于数据生成的用户画像系统，既可以单独支持数字广告运作中的四个环节：用户设定与洞察、广告创意策略、个性化精准投放、广告效果优化，又可以提高这四个环节之间的运作效率。② 厂商和广告公司能够准确了解消费者的特征和需求，精准接触消费者。

对于短视频广告的生产者博主或博主背后的机构/团队来说，平台可以实现对营销数据的实时掌控。相比于传统广告媒介受到媒介形式的限制，无法准确掌握广告投放效果，数字广告能够对广告投放效果进行精准的评估，而对广告效果的评估是进一步有效投放广告的基础。

第三，把握用户心理，内容关联培养个性化圈层，多种亚文化共存。

在大数据的支撑下，数字广告迎合消费者的消费心理动机，针对有个性化消费需求的消费者运用相应的数字化设计方法，满足了不同客户在物质和精神上的需求。各类短视频平台也形成了专属的亚文化。例如，抖音就巧设社会文化圈，形成了"抖音亚文化"，鼓励用户在视频内部进行自发式交流和传播。平台会有选择地向消费者推送与其兴趣相关的同类事物。这样的传播方式更为生动、丰富和新鲜，更能引起用户的关注，增强用户黏性。

故而，对于短视频平台来说，找准圈层、触达用户、加强情感联系是进行营销推广的关键。当前，"90后"作为短视频平台和线上消费的主力军、引领者，大多是悦己型消费。他们热衷于圈层文化，同时也注重生活质量，会通过消费标签来表达个性。抖音上，粉丝圈层、古风圈层、国潮圈层等亚文化并存，数据分析下相似内容的关联推送精准定位用户兴趣，也让短视频广告的投放更加到位。

二、短视频广告的形式

2021年1月5日，抖音发布《2020抖音数据报告》。该报告首次揭露，截至2020年12月，抖音日活跃用户突破6亿，日均视频搜索量突破4亿。抖音凭借音乐对人的感染作用，首创风格各异的音乐短视频，同时邀请流量大咖入驻平台造势，并推出剪辑视频相对应的剪映APP（剪映是抖音官方推出的一款手机视频编辑剪辑应用），增强用户体验，最终以其独特的市场定位和优越的用户体验成为短视频APP中的"黑马"。抖音中的短视频广告在发展中呈现出具有抖音独特性的传播形式，有抖音短视频信息流广告、抖音短视频开屏广告、抖音短视频贴纸广告三种，其中，以信息流广告形式为主。

---

① 王雅楠. 数字网络传播背景下，传统广告媒介的生存与发展研究［J］. 传播力研究，2019（21）：168.
② 韩文静. 基于用户画像的数字广告智能传播［J］. 青年记者，2019（18）：76-77.

（一）信息流广告

信息流广告是在数字化时代背景下产生的一种全新的广告和营销形式，广告内容和形式依托社交媒体的属性，结合用户的喜好和需求，将用户感兴趣的内容和广告进行精准的匹配，并智能推送到用户移动端。将广告插入社交媒体发布的内容中，广告内容、形式与社交媒体的资讯内容、形式保持一致，并通过用户的刷新进行动态的更新。

抖音庞大的用户数量得到了众多广告商的青睐，许多广告商都试图通过抖音短视频广告的形式进行流量的变现。抖音短视频信息流广告形式使广告从表面上看与用户发布的视频差别不大，都是配合音乐节奏的短视频内容。同时不再限制广告的时长，通常在15~30秒，甚至广告主可以将更长的视频广告短片投放在短视频的信息流中。抖音短视频信息流广告形式是商家和广告主将广告的产品特性与短视频轻松娱乐化的内容巧妙地融合，将广告内容融合到短视频内容中，通过软性广告的形式传播相关的广告信息，从而提高受众对广告的接受度。抖音短视频信息流广告主要表现为原生广告和故事化广告。

抖音短视频原生广告是指在抖音平台上投放的，与抖音平台传播内容、形式极度适应的广告，其广告时长与抖音短视频其他内容保持一致，以5~30秒的短视频为主，在广告传播上充分考虑用户对抖音平台的使用体验，做到广告的投放、传播与抖音用户体验高度契合。

除了原生广告外，抖音短视频信息流广告的另一种重要的类型是故事化广告。故事化广告可以把广告内容做成时长更长的视频广告短片，并投放在短视频的信息流中。抖音的短视频广告较多的以原生广告的形式进行传播，但就目前的形势来看，以背景音乐和配音形式表现的故事化广告也在增多。

（二）开屏广告

抖音的开屏广告是在抖音启动时第一时间展现的静态3秒、动态4秒或5秒的视频广告，广告主和商家可以根据自己的需求，选择适合的形式。其中，5秒短视频开屏广告是在抖音启动时展现5秒的短视频内容，通常在播放完视频后出现产品或品牌的"推荐"页面。抖音的5秒短视频开屏广告时间短，加上用户可以自主选择"跳过"广告，在很大程度上降低了用户的反感度，能在用户的潜意识甚至无意识状态下完成传播，达到软广告传播的目的，这是抖音短视频广告的重要形式。与信息流广告相比，开屏广告无法通过个性化推荐算法精准定位并推送给目标受众，但可以利用APP启动时的"黄金五秒"抓住受众眼球，通过精致的视频画面和形象贴切的"明星脸"增强品牌的影响力，在短时间内完成流量的转化。

▶▶（三）贴纸广告

抖音的贴纸是抖音短视频在 AI 技术的支持下，实现可视化创意贴纸的定制。创意贴纸利用场景原生和用户主动使用，助力品牌形象宣传，并激发用户主动参与和二次传播。抖音商业贴纸的广告形式生动，用户主动使用企业或品牌定制的贴纸，使得广告的接受度较高，且用户主动进行传播，互动时间较长，也有利于提升用户对产品、品牌的好感度。因此，抖音贴纸广告被广泛应用于产品、品牌的广告推广上。

抖音作为以短视频为主要内容的社交媒体 APP，无论采用哪种广告形式，或是成为短视频的组成元素，或是以短视频为主要形式进行传播，都充分利用了短视频广告原生传播的特性，以受众能接受的心理方式完成品牌的传播营销。

短视频广告是为符合短视频平台基调和传播方式应运而生的原生短视频广告，其碎片化的内容和传播方式更加符合消费者在新媒体时代下的信息获取需求和媒介接触习惯，其生产流程简单、制作门槛低、参与性强的特点，助力品牌完成不断复制、扩散的模因传播过程，促进了品牌创意内容的二次传播，驱动口碑的迅速形成和用户的主动参与，带来了较好的品牌传播效果。

▶▶（四）短视频广告的优点

短视频广告的优点主要有以下几点。

1. 成本低廉

在传统的广告投放形式中，广告位投放所需要的成本较高，据传央视一个广告位能够卖到几千万元的价格，而与传统广告投放价格的高昂不同，短视频广告投放价格较为低廉。抖音平台通过个性化推荐算法将短视频广告推送给该广告产品的需求人群，完成第一次传播；受众在认可该产品的同时，一键转发，将产品分享给好友，完成二次传播，依次递增，短视频广告经过多级传播被更多受众接受；短视频广告在二次传播甚至多级传播的过程中都无须付费，在节约传播成本的前提下可以获得更好的营销效果。

2. 精准化投放

抖音短视频广告在广告投放上，运用大数据的手段和个性化算法推荐技术，使广告的推送精确到目标用户，使广告的传播更有针对性。大数据的手段和个性化算法推荐技术也使用户信息收集和用户分析更加容易。大数据资源不仅为广告主和商家节约了一定的用户成本，同时也提高了广告的时效性和广告的竞争力。另外，抖音短视频在大数据的信息收集和云计算的应用下，能够根据用户的行为导向和习惯，预测和挖掘用户的潜在需求，提高自身的竞争优势。

3. 粉丝效益

自媒体时代，粉丝经济带来了极大的经济效益，逐渐成为中国娱乐产业的重要商业模式。在短视频行业的发展过程中，"短视频+明星或'网红'"的模式，既为短视频平台提供了流量，也表现出了强大的粉丝经济效益。抖音短视频在广告投放上也利用粉丝经济效益，采用 MCN（多频道网络）的发展和经营模式，打造自身平台的"网红"IP 或借助名人效应，通过"网红"和明星去投放广告内容，对粉丝群体及用户精准投放，提高抖音平台的广告价值和传播影响力。

4. 受众接受度高

抖音短视频广告的经济效益和广告价值依托抖音短视频背后强大的用户群体，其短视频的形式与用户碎片化的使用时间、使用习惯契合。广告传播与用户使用契合，能吸引更多的传播受众，达到相应的广告传播效果。抖音短视频广告在传播上就体现出了与用户的高度契合，受众接受度高。

抖音的短视频广告用户有着参与性、互动性强的特征，为广告投放的多样化提供了环境和市场。商家可以针对用户不同的需求、爱好，利用用户参与和互动的数据分析，向用户精准投放他们需要的、喜欢的广告，用户在上网时，不仅能获得情感上的满足，还能获得自己所需要的商品；由于其与用户的需求相契合，用户也更加能够接受此类广告，并产生消费行为。

三、短视频广告的模因传播

弗朗西斯·海拉恩建立了模因选择标准，并提出了模因适应性的概念，即适应性更强的模因在传播过程中成功的概率更大，并更可能在复制与传播中获得成功。

在模因的同化和记忆阶段，模因对象自身要具有区分度、恒定性及可控性。也就是说，要建立强势模因，必须保证模因自身具有鲜明的特点，且能够引起观察者的注意。同时，模因也要具有恒定性和可控性，保证模因在不同的观察环境内是恒定不变的。而从模因观察者的角度来看，则需要模因对象具有新颖性、简单性、连贯性、实用性、易感性。新颖性保证观察者注意模因；简单性促使观察者不必耗费大量认知成本，容易被接纳；连贯性、实用性、易感性都要求模因符合观察者的固有认知，观察者如果判断模因是实用的，或是能够唤起他们强烈的情感，则模因更容易进入下一个传播阶段。

群体的力量在模因的复制与传播中起重要作用，模因的主体需要具有一定的传播能力。这要求模因具有权威性、正规性、一致性、表达性和公开性。模因需要受到群体的认可和接受，群体的接受度越高，模因越容易传播。同样，表达越容易、模因越公开都会使模因更加容易得到复制和传播。

(一) 短视频广告的模因传播类型

1. 直接复制型

直接复制型短视频广告的模因是指不改变初始模因，直接引用原短视频广告的内容，进行最简单的复制与模仿，包括对短视频广告的直接转发、文案及贴纸等广告元素的重复利用。这种直接复制型短视频广告的传播过程较为简单，参与门槛较低，往往能够获得较好的传播效果。君乐宝等发起的表情贴纸拍同款、支付宝发起的全民手势舞等，都属于这一模因传播类型。品牌往往规定了固定的拍摄格式、动作或创意贴纸，用户只需要进行复制或使用即可，不需要自己进行创意改编。

2. 递进改编型

短视频广告模因在传播过程中不一定是完全被复制，受到传播受众的主观性影响，往往会与初始模因产生一定的偏差，是在初始模因基础上的翻译式改编。部分短视频广告在模因传播过程中，内容和形式都会被寄主进行创意化的重新表现。部分品牌发起的官方营销挑战赛，会给予受众更大的自主性，允许受众根据主题进行自由的创作。例如，范斯（VANS）发起的"我对 VANS 上头了"、海尔发起的"冰箱变装"，都仅简单规定了视频的主题，使用户创意能够得到更大的发挥。

3. 进化变异型

作为复制因子，模因一样遵循着适者生存、自然选择的规律。模因为了适应传播环境，最大化地感染受众，就必须对自身进行变异，在传播过程中产生多种传播形态。例如，钉钉因其线上网课的强大监督机制，受到网友吐槽，钉钉借力打力，发布了求饶"叫爸爸"短视频广告。这一举动激发了广大网友的创作热情，大家纷纷对钉钉相关元素进行创作，"钉钉体"短视频应运而生，不少网友在收获快乐的同时"黑转粉"。各大关键意见领袖在创作中也会加入钉钉独特的铃声，成为独特的强势广告模因，进行广泛的传播。

(二) 短视频广告的模因传播过程

模因的成功复制与传播必须经历同化、记忆、表达、传输四个过程，这四个过程缺一不可，否则模因就不能得到有效传播。短视频广告的同化要求受众关注、理解，并接受这一模因，只有经过同化过程的广告模因才能成功进入受众的记忆。短视频广告中的内容进入受众的记忆后，被受众表达，转化为能被他人感知的物质外形。

1. 同化：模因的发现与认同

同化是指短视频广告的模因成功引起目标受众的注意并进入其记忆。根据海拉恩的模因选择理论，短视频广告的模因若能与受众原有的知识体系融合，那么其被受众认可和接受的可能性就高。短视频广告在模因传播过程中，必须保证自身能够满足短视频平台语境下的某些特征，如内容的有趣性、情感的共鸣性、伴随感与在场感等，用户对短视频广告的认同是模因传播的首要前提。相关调查显示，内容恰到好处、形式新颖的短视频广告，更能获得受众的认同。

2. 记忆：模因的转移与植入

模因的竞争本质上是对人记忆的竞争，只有进入了人的记忆，模因才能被进一步传播。短视频广告的曝光时间短，受众的记忆率较低。因此，在模因的记忆阶段，短视频广告必须保证自身能够停留在受众的记忆中。

3. 表达：模因的复制与进化

短视频广告经过同化和记忆后，开始被受众表达。受众会根据自身的情况，对模因进行相应的复制与模仿乃至改编。在这一阶段，如何激发受众的表达欲望，引发受众的广泛参与，是短视频广告模因能否获得更好的传播效果的关键。在表达阶段，关键意见领袖的示范带动作用、品牌的激励设置等都有显著的影响，缺乏奖励机制的"背后画画"挑战赛播放量仅三千万次，而既设置了现金奖励又号召了颜九等网红进行宣传的VANS挑战赛则获得了一亿次的点击量，差别显著。

4. 传输：模因的扩散与交往

传输指的是给模因传播以有效载体，传输过程越快，越有利于模因传播。在短视频广告模因的传输过程中，短视频平台的算法推送机制起到了非常大的作用。它保证模因能够接触到兴趣群体，更好地完成模因对这一部分人的同化，有利于短视频广告模因的扩散。但同时也会产生"信息茧房"等问题，导致广告受众范围缩小。

▶▶（三）强势短视频广告的模因特征

模因内部因素和社会外部因素决定了模因的显现、流行、衰退过程，但区别于一般的模因，短视频广告追求在较短时间内进入目标受众的记忆，并进一步引发较多的复制与模仿，这一特征决定了短视频广告模因受到人们主观干预的影响远大于一般模因，也决定了强势短视频广告模因有不同于一般模因的特征。

1. 多次重复强化记忆

短视频广告时长一般在 15~60 秒，相较于传统的视频广告，能够承载的信息量较小。广告的目的是向用户传达信息，广告传达的信息需要被用户有效地记住，这成为衡量广告效果的重要评价指标。同样，模因想要进入"表达"这一环节，就必须先被目标受众记住。因此，短视频广告往往会通过语言的重复、音乐的重复、多次播放等方式来强化受众的记忆。比如，Keep 发布的《这也是 Keep》系列短视频广告，就通过多次重复简短而有记忆点的"这也是 Keep"广告语,在抖音等平台多次曝光,加深受众对广告的记忆。

2. 内容幽默适合平台调性

短视频最大的竞争力就在于其内容的丰富性与趣味性,相关调查显示,75.6% 的用户表示自己使用短视频的主要目的是"浏览有趣的内容",62.5% 的用户认为短视频广告应以幽默搞笑为主。[①] 因此,短视频广告想要有效吸引用户,就必须保证短视频内容的有趣性。高洁丝等品牌正是抓住短视频用户喜爱幽默内容、乐于收看脱口秀段子的特点,邀请脱口秀演员以段子的形式巧妙地介绍自己的促销活动。宝马品牌方也邀请岳云鹏,用诙谐的方式展现宝马汽车的强大功能,最大限度地满足短视频受众的偏好。

3. 诱导分享具有目的性

上文曾提到,用户参与有助于消费者感知创意,并能够加深其对营销内容的印象,提高用户对品牌的感知度。因此,短视频广告会综合运用各种手段来引导用户自发参与和分享,促进广告模因的广泛扩散。VANS、海尔等企业发起线上挑战赛,用有诱惑力的话术邀请用户按照固定模板拍摄视频,并对其中表现较为优异的用户进行奖励。部分旅游景点(如长隆海洋王国等)也会以抽取用户送门票等奖励,激励用户参与拍摄并主动分享,让用户自发为品牌"背书"。这种激励机制的用户接受效果显著,以 VANS 发布的"我对 VANS 上头了挑战"为例,仅上线 5 天时间,就收获了 3.8 亿次的点击量,传播效果惊人。

▶▶(四)短视频广告模因传播的效果研究

前文初步探寻了短视频广告的传播类型及短视频广告的传播过程。以"模仿"为主要生产机制的短视频广告,极大地丰富了短视频平台的内容形态。用户自发形成的大量原创内容既为品牌带来了新的营销方式,也为品牌营销带来了诸多新机遇与挑战。在进行效果研究时,主要采用文献研究法和自然观察法,结合抖音、艾瑞咨询等官方平台数据,对短视频广告模因传播的效果进行探析。

1. 模因带来的新机遇

(1)降低广告投入,提高品牌销量

短视频广告相较于传统的广告投放过程,可以实现根据用户画像等条件的精准推送。短视频广告通过算法向不同受众提供有针对性的广告,在广告投放之前就已识别出消费者对产品是否感兴趣。在这一基础上,短视频广告可以最大限度地避免广告资源的

---

① 艾瑞网. 中国短视频企业营销策略白皮书 2019 年[EB/R]. (2019-12-30) [2022-05-16]. https://pdf.dfcfw.com/pdf/H3_AP201912311373118095_1.pdf.

浪费，增强消费者对特定产品的使用意愿。

短视频广告能够聚焦特定的消费群体，实现精准投放，同时短视频广告可以直接体现产品个性，其附带的产品购买链接能够直接引导消费者对特定产品进行消费。短视频广告模因被用户自发复制、扩散而非品牌强制投放，能够获得受众较高的信任度和好感度。以抖音短视频平台为例，54.9%的用户在观看短视频产品的品牌宣传广告后对产品产生好奇，并采取自主获取信息的方式增进对产品的了解，39.2%的用户会产生直观的广告转化。①

（2）增强用户好感，提高品牌声量

短视频广告对所宣传产品的品牌价值有着重要的作用，其"短平快"的内容既符合消费者的碎片化信息需求，也能够加深用户对营销内容的印象，提高用户对品牌的认知度。抖音、快手等短视频平台月活跃用户数均突破4亿，日活跃用户数也在2亿以上。"双微一抖"成了企业品牌营销的重要选择。广告主打造出的优质内容不仅为用户提供了日常生活娱乐，更激发了用户对广告内容的自发参与和分享的模因传播，这将促进品牌的进一步传播，实现营销价值的进一步扩大。

相较于传统广告，短视频广告具有草根化、平民化的特征，其制作成本较低，用户自发参与扩散的营销模式极大地增强了营销效果。很多企业在新产品上市之初，将短视频广告作为曝光和引流的手段，充分利用短视频平台全民参与、内容互动性强的特点，向消费者推荐商品并引导其购买。强势短视频广告模因不仅带来了大量与品牌相关的内容，更由于其巨大的曝光量和聚集效应，能在短时间内打造出"网红景点""网红产品"等，迅速占领用户心智，带来品牌声量和产品销量的巨大提高。

短视频广告的模因传播不仅为传统意义上的大广告主带来了较好的经济效益，更给中小品牌创造了"弯道超车"的绝佳机会。一些符合互联网语境、能够利用短视频广告的模因传播规律进行创意传播的中小品牌，十分适合借助短视频平台的巨大流量，以较低的成本实现品牌的成长。各种网红餐厅、奶茶店如雨后春笋般涌现，这是因为商家雇佣名人、"网红"到店打卡，吸引消费者效仿并拍摄短视频。短视频广告的模因传播为餐饮业、旅游业注入了新的活力。

（3）培养用户忠诚，共创品牌文化

自媒体时代，公众的表达权和参与欲望前所未有地提升。用户承担着信息接收者和发布者的双重优势，传播日趋个性化的同时也让广告的推广模式面临新的挑战。学者杨曼曼等人的研究表明，用户参与对短视频广告的效果产生了较为显著影响。短视频广告的模因传播过程，也是用户对短视频广告内容的主动参与和复制，在当前营销环境下有着重要意义。

---

① 艾瑞网. 中国短视频企业营销策略白皮书2019年［EB/R］.（2019-12-30）［2022-05-16］. https://pdf.dfcfw.com/pdf/H3_AP201912311373118095_1.pdf.

短视频广告为用户进行自我构建提供了新的平台，用户对短视频广告模因进行复制、模仿及传播的过程既包含对广告模因的表达，又包含对自我的展示。在短视频广告的模因传播过程中，参与用户可能会得到其他用户和品牌的肯定与回复，获得独特的自我满足感和身份认同感。广告模因在这一传播过程中成为独特的品牌符号，形成群体团结，促使他们自发维护品牌符号。同样，对品牌产生一定归属感的群体，也会通过模因传播丰富品牌的文化内涵。例如，部分小米手机的粉丝剪辑了雷军在新品发布会上的发言，制成了鬼畜视频，经过粉丝的推崇和"发酵"，它已成为小米独特的文化标签。许多"米粉"在创作短视频时会自发使用该视频中的背景音乐，在其他人使用这一音乐时，粉丝也会通过评论等为品牌创始人雷军和小米手机打广告。这种行为背后表现出的勇于自我调侃的文化基因，由消费者和品牌共创共建，丰富了小米手机的品牌内涵，并受到不同的用户群体的认可。

2. 模因带来的新挑战

短视频广告为获得更好的模因传播效果，无论是在内容格调上还是在宣传方式上，都降低了用户的参与门槛。同样，短视频广告在模因传播过程中，也存在着相当程度的同质化现象。消费者对相似的短视频广告难以形成区分，这给品牌个性化、独特性的创设带来了一定的挑战。通过分析播放量排名前100的挑战赛数据，发现这些挑战赛大部分都使用了"抖、撩、FUN、亮、秀"等词，在收获大量点击的同时，呈现较为同质化的特点。

在内容生产主体泛化的模因传播过程中，短视频广告面临着水平不一的内容生态。虽然营销界普遍认可的唐·舒尔茨的整合营销理论强调各个接触渠道的一致性，但显然短视频广告模因为配合平台调性及获得复制与传播机会，必须顺应大部分受众的认知水平和兴趣，其传播内容很可能与品牌在其他传播渠道的内容相悖。这虽然能为品牌带来更多的曝光机会，但不利于长期、全面地维护品牌形象，保持品牌形象的独特内涵和个性化。因此，短视频广告需要在降低用户门槛与树立和维持品牌形象之间找到平衡。

▶▶（五）强势短视频广告模因的设置策略

1. 顺应：适应平台调性，迎合用户认知

模因在复制与传播过程中只有尽可能顺应传播环境的特点，才能提高自身的适应力，战胜对手，最终成为循环往复、不断复制的强势模因。短视频广告的复制与传播过程，是一种沉浸式的体验与表达过程。强势短视频广告模因的顺应性主要从两个方面体现，一方面是对语境的顺应，另一方面是对社会交际大环境的顺应。

短视频广告对语境的顺应体现在短视频广告模因设置对短视频平台调性的顺应上。根据艾瑞咨询的数据，偏好轻松幽默内容的短视频平台占60.9%。62.5%的用户认为短视频产品广告应以幽默搞笑为主，50%的用户认为短视频企业品牌宣传广告应更具有年轻活泼、清新文艺的特点。① 这样的短视频广告更加顺应短视频平台的语境，也更符合强势短视频广告模因的特征。在短视频广告的复制与传播阶段，受众会根据交流时语境的不同选择合适的网络流行语。

而对于社会交际大环境的顺应，则体现在强势短视频广告模因对受众个性化表达需求、"短平快"阅读习惯、语法表达习惯、生活场景及方式等方面的顺应上。"95后""00后"等互联网"原住民"为表现自身的个性，创造出了许多语法、词法独特的语言，并在不同的兴趣圈层进行传播。这些网络流行语一经认可，就会被大规模地复制和扩散。部分品牌正是抓住这一特性，主动创造流行语，并将其植入各类生活场景中，以便唤起用户记忆。

以Keep发布的"这也算Keep"短视频广告为例，从内容上看，它将普通的生活场景演化对应到辛苦的运动锻炼项目中，这二者的差异感为受众带来了轻松愉快、诙谐幽默的感受，既符合短视频平台轻松幽默的调性，也更符合受众对广告内容的要求。Keep将其简单魔性、朗朗上口的文案"这也算Keep哟"，植入各个生活化场景，通过品牌方在短视频广告中有意地多次重复，成功将这一广告模因植入消费者的脑海中，成为网络流行词，获得了事半功倍的广告效果。

2. 简单：降低参与门槛，扩大参与机会

苏珊·布莱克摩尔指出，有很多模因之所以能够广泛传播，很大程度上是因为他们易于被记忆，而不是他们重要或者有用。② 在注意力稀缺的信息爆炸时代，强势广告模因的首要标准就是简短易记。传统营销的品牌宣传模式是有限的顾客参与和适度的顾客关系，而短视频广告的新营销模式强调高度的顾客参与和紧密的顾客联系。③ 海拉恩的模因复制传播选择模型指出，想要扩大顾客的参与，就必须保证广告模因的简单性与经济性，便于作为模因寄主的广告受众进行下一步的表达和传输。

以短视频平台常见的互动挑战营销活动为例，品牌方往往会结合受众关心的热点议题，唤起用户兴趣，刺激用户表达欲，使用户主动复制与传播品牌信息。而品牌方对活动内容设置的难易程度会大大影响参与人数。蒙牛旗下的"ZUO酸奶"为获取广大"00后"用户的青睐，选择抖音平台进行宣传，发布"我才是表情帝"挑战活动。参与活动的方式较为简单，只需要使用"创意贴纸+表情"进行视频拍摄。活动收获了10亿次播放量、55.7万人参与、3 400万次点赞的较好成绩。而同样以挑战赛为主要营销

---

① 艾瑞网. 中国短视频企业营销策略白皮书2019年［EB/R］.（2019-12-30）［2022-05-16］. https://pdf.dfcfw.com/pdf/H3_AP201912311373118095_1.pdf.
② 苏珊·布莱克摩尔. 模因机器：它们如何操纵我们，又怎样创造文明［M］. 郑明璐，译. 北京：机械工业出版社，2021：189.
③ 菲利普·科特勒. 市场营销新思维［J］. 市场营销（实务版），2002（8）：44-47.

方式的京东发布的"无聊,来蹦好玩迪",设计了一个较为复杂的舞蹈,参与难度较大,因此只收获了2.6万人的参与,几乎是抖音平台官方发布活动的最低数据。显然,更具简单性的短视频广告模因能够减少模因理解的过程性因素,带来更大的用户参与的可能性。

3. 激励:满足多方面需求,激励用户参与

短视频广告的受众是"人",是有选择能力的模因"寄主"。当模因的"寄主"判断某种模因有一定的价值,能表达自己的情感并达到某种目的时,他们就会通过一系列的心理判断,结合相似原则,对该模因进行模仿、复制和传播。① 弗朗西斯·海拉恩也曾指出,强势短视频广告模因要有一定的劝诱性,即能够劝说"寄主"表达和传播自己。

在短视频广告的传播过程中,强势短视频广告模因往往具有一定的激励手段。这种激励手段不仅是奖品、现金等物质奖励,更包括对心理需求、社交需求满足的激励。激励方式是吸引用户参与的最有效、最直接的手段之一,具有吸引力的奖品是影响用户参与积极性的重要因素。除了物质激励方式外,强势短视频广告模因也往往从满足用户的心理需求入手,激励用户模仿、复制和传播。短视频平台的全民参与、全时互动,让更多人感受到了被认同和被接纳,富有趣味和创意的短视频广告也缓解了社会压力和孤独感。短视频的分享、点赞、评论等互动方式,满足了人们对社交的需求和被关注的渴望。明星、关键意见领袖等也具有一定的示范带动作用,通过"翻牌子"鼓励粉丝等方式,带给短视频用户认同感和参与感。只要发布的短视频广告富有创意,就能够被大量的受众乃至品牌方认可,受到激励的"寄主"则会更主动地传播广告模因。

同为抖音官方发布的话题活动,"权志龙挑战赛""背后画画"等活动的平均参与人数较少,平均播放热度为377.5万人。而"全民挑战66舞""头顶VANS"等带有奖励性质的活动,平均播放量为2.5亿次,用户的参与热情及产出也更高。这些活动在参与门槛、热点顺应上并没有明显的差异,甚至后者的活动流程设置相较于前者更为复杂,然而后者设置了现金激励的机制,并有头部网红为活动"背书",因而参与人数更多,传播效果也更好。激励机制成为决定模因传播效果的重要因素。

---

① 曹进,刘芳. 从模因论看网络语言词汇特点[J]. 南京邮电大学学报(社会科学版),2008,10(1):46-50.

四、短视频平台下 MCN 机构的广告营销

(一) MCN 机构广告营销概述

多频道网络（Multi-Channel Network，MCN）起源于 YouTube，"频道"指的是 YouTube 上的内容频道；"网络"指的是内容创作者形成的网络，即创作者联盟。MCN 是一种多频道网络的产品形态，将专业生产内容联合起来，在资本的有力支持下，保障内容的持续输出，从而最终实现商业的稳定变现。

MCN 机构即联合若干垂直领域具有影响力的互联网专业内容生产者，利用自身资源为其提供内容生产管理、内容运营、粉丝管理、商业变现等专业化服务和管理的机构。MCN 机构所产出的最常见的广告形式是定制广告。例如，papi 酱发布的短视频《如果未来飞机和汽车一样普及的话》，调侃了假如未来飞机和汽车一样普及的各种搞笑场景，并在短视频中直接宣传了"航班管家'519 鸟人节'，抢国际往返飞机票，9 块钱起飞"。再如，papi 酱的《打扫卫生的时候我在想什么》，戴森 V8 无线吸尘器作为道具出现，papi 酱将产品的功能特性用文案"戴森 V8 吸力强劲，并持久，想吸哪里，吸哪里"在短视频情节中完美体现。这种以场景为联结的植入广告能够在不影响用户体验的基础上，激发用户的购买兴趣。

MCN 机构同时制作传统广告配合定制广告来投放，广告形式有贴片广告、冠名赞助、开屏广告、旗帜广告、弹窗广告、积分广告等。2017 年，papi 酱的贴片广告资源被上海丽人丽妆化妆品股份有限公司以 2 200 万元拍下，证明了 MCN 机构广告营销的巨大价值。青藤文化旗下的母婴类节目《熊叔厨房》获得食品品牌亨氏赞助，《明白了妈》获得美素佳儿冠名。这些广告触达率高，传播范围广，更能提高转化率。

MCN 机构也提供广告活动策划和整合营销服务。例如，深耕母婴领域的青藤文化，为母婴品牌提供策略、内容、渠道分发、运营、变现一条龙的整合营销服务。在与儿童用品品牌"好孩子"合作时，青藤文化为其打造了专属 IP 短视频节目，与母婴达人矩阵联动，引爆品牌声量，深受大众喜爱。

电商化是 MCN 机构主要的变现手段之一，目前有许多电商型 MCN 机构，即主要投放平台为电商平台的 MCN 机构，按照主要驱动力又可将其分为以人为主要驱动力的红人电商和以内容为主要驱动力的内容电商。电商型 MCN 机构产出的作品内容多是购物分享，如美妆博主张沫凡的短视频分享。

（二）短视频平台下 MCN 机构广告营销价值

短视频平台下 MCN 机构广告营销价值体现在以下几个方面。

1. 资源整合价值

MCN 机构不仅为内容创作者提供了一系列服务，而且极大地便利了广告主的传播需求。在众多短视频平台上寻找合适的红人账号会耗费大量时间和精力，MCN 机构刚好能够满足这个需求，可以根据广告主的产品或品牌挑选最符合广告主需求的账号，并为其量身定制内容，使广告主省去筛选账号和沟通的时间。

例如，蜂群文化与火山小视频的合作推广案例，蜂群文化选取旗下不同领域的红人分别为广告主定制内容——英语教学的视频账号"凯蟹琳 and 塞巴虾"（现已改名为"阿蟹阿虾"）以分享与钱有关的英文知识为切入点，引出下载火山小视频拍视频既能挣钱，还能获得官方红包的挣钱方法，粉丝只要下载火山小视频应用截图发到评论区就可参与抽奖；微博搞笑视频博主马克翻拍短视频版《极限挑战》，利用该综艺节目当时的热度吸引流量，在视频最后指出火山小视频是《极限挑战》官方合作短视频平台。在与火山小视频的合作过程中，蜂群文化没有选择让旗下红人统一发布相同的广告内容，而是分别针对他们不同的社交身份和特点，整合旗下资源后制作相应的内容，更好地满足广告主的投放需求。

2017 年开始，国内各大短视频平台纷纷改变原有的与内容创作者对接合作的模式，转而与 MCN 机构合作。各大短视频平台纷纷推出合作计划，如 2017 年 4 月大鱼号推出"大鱼计划"，2017 年 9 月美拍举行"MCN 战略启动仪式"，2017 年 11 月企鹅号推出"百亿计划"，2018 年 6 月今日头条宣布"MCN 合作计划"，等等。短视频平台是 MCN 机构的依托，是其赖以生存的环境；MCN 机构则类似短视频平台的"管家"，使短视频平台上的内容更加专业化、规范化，有实力、能生产优质内容的 MCN 机构更是短视频平台争抢的资源。对于平台而言，自媒体账号好比散兵游勇，而 MCN 机构则类似正规军，扶持 MCN 机构可以节省大量的时间成本与人力成本。[①] 二者合作，对于平台来说，一方面能吸引大量优质内容创作者的进驻，提高平台内容质量，为平台吸引用户，节约获客成本；另一方面能减少筛选内容创作者、管理运营、质量把控等环节的人力和物力成本。

2. 内容生产价值

互联网公司获取流量的方式主要有三种：内容吸引、向用户发放补贴、通过其他公司买流量。其中，靠优质内容吸引用户是最有利于提高用户忠诚度以获取长期收益的方

---

① 杜雪艳. 短视频孵化的内容瓶颈及对策研究 [J]. 传媒观察，2019（1）：41-46.

法。内容产业的快速发展催生了大量内容创作者,作品数量激增对产业效率提出了更高的要求,随即产生了内容创作、资源整合、流量变现等需求,能够解决这些问题的中间机构——MCN 机构应运而生。MCN 机构的兴起将在一定程度上促进短视频向更加优质、多元化的方向发展。

内容是吸引流量最好的法宝。内容产业是门生意,专业生产的内容是产品,MCN 机构和平台的扶持宣传是营销,营销做得再好,产品质量不行,在市场上终究是没有竞争力的。① MCN 机构首先要打造优质内容来吸引粉丝聚集,其次才能进行广告营销、商业变现。如今,互联网用户的消费习惯和媒介接触越来越碎片化,没有深度的广告内容对于用户来说是一种打扰,易被忽略和引起反感。MCN 机构进行广告营销最普遍的方式是广告植入,让用户在欣赏内容的同时接收广告信息,这种方式不易引起用户反感,更容易让消费者与品牌产生情感共鸣,接受广告信息和广告传播的价值观。

在内容创作者"单打独斗"时期,内容制作水平参差不齐,MCN 机构加入之后便逐渐改善了这种状况。MCN 机构可以帮助内容创作者打造优质内容,根据不同账号涉及领域的特性、IP 的调性、粉丝人群喜好及产品特性来制作短视频内容;可以帮助内容创作者进行内容策划、制作,在不同的短视频平台上进行作品管理、统一上传、流量监管等,让内容创作者免去在这些繁杂环节上花费时间和精力,专注于创作优质内容;可以打通内容生产、运营、变现的商业链路,让流量和资本流动起来,同时 IP 的打造更能延长账号的寿命,提升其价值,保证其可持续发展。

创意和创新的广告策略是主要的工具。MCN 机构有着强大的创意输出能力,能够根据产品或品牌的特点为广告主量身定制广告内容,将产品与广告内容深度融合,不突兀、不无趣,实现广告内容的原生化传播。

原生广告包括形式原生广告和内容原生广告。形式原生广告即与用户当前正在浏览的内容形式相近的广告,如抖音的信息流广告,它完美契合使用场景,将对用户的打扰降到最低。内容原生广告即在统一短视频平台、品牌、内容创作者三方的调性基础上为产品或品牌打造的短视频内容,它能有效降低用户主动避开的概率,其优秀的创意内容更能使用户主动分享和转发,达到更好的传播效果。

3. 内容分发价值

MCN 机构"抱团作战"的另一大价值是能够发挥内部管理优势。当前,短视频市场是一个长尾市场,头部短视频内容占据了半壁江山,据易观分析报告数据显示,2017 年占据播放量前十名的短视频节目的播放量占比高达 50.6%。头部创作者已占据大量渠道资源和流量,中部和尾部创作者很难突破重围。即使能在短时间内爆红,缺乏运营能力的创作者也很容易快速失去人气,因此与 MCN 机构合作是明智的选择。

---

① 董中发. 中国短视频 MCN 市场发展状况研究 [J]. 内蒙古科技与经济, 2019 (5): 63 – 65.

例如，蜂群文化旗下签约短视频红人涉及领域众多，头部创作者经常在短视频中请旗下红人客串出镜，或在微博和微信公众号转发其他内容创作者的短视频作品，将流量引至旗下IP，实现团队内IP间影响力相互拉动提升。风格各异、涉及领域不同的红人可以满足不同广告主、不同品牌的广告投放需求。在孵化新人时，蜂群文化的做法是让运营和项目团队持续跟进已经立项的项目，对项目的内容产出的播放量等数据和评论等反馈内容进行分析，根据分析结果决定是否对该项目投入资源或分发流量，这样能提高有潜力项目的成功率，对表现不出色的项目也能及时止损。

当前，我国互联网平台市场结构呈金字塔结构，头部短视频应用如抖音、快手等国民级应用数量少，占据市场份额大；而尾部应用数量庞大，占据市场份额小。没有签约的内容创作者想靠自己的力量实现多平台战略是有很大难度的。首先，多数内容创作者是在某一个平台火起来的，分散的平台给内容创作者向上突破带来了相当大的难度和工作量，没有团队支持很难同时经营好多个平台的账号；其次，各平台都有自己的特征，其粉丝也带有不同属性，如B站用户多二次元爱好者、美拍用户多女性，多平台不是简单地将相同的内容同步上传到不同的平台，而是要有针对性地对内容进行差异化的加工；最后，许多内容创作者在前期不可避免地需要平台的宣传推广，但难以负担短视频平台高昂的推广费用。而MCN机构能够帮助内容创作者解决这些问题，结合自身特点运用不同平台，实现内容的多渠道分发，以扩大影响力。为了迎合不断增长的用户需求，新媒体或传统媒体都要对内容进行细化与分层，这样才能发挥媒体独特的优势，拓展其发展前景，进一步提高用户的留存率。①

例如，蜂群文化采取全平台的发展战略，团队内针对每个短视频平台都有专人负责研究其规则、玩法、用户特点等，将旗下红人与平台相契合的点打通，并帮助他们处理平台上的作品管理和运营等事宜。蜂群文化旗下红人陶喜儿，最初在小红书上分享美妆穿搭内容，后来公司安排她同时在微博和抖音上更新，并为她的微博、抖音、小红书账号配了三个团队，进行分布式管理。

通过一系列广告营销，企业能够将产品或品牌更加生动地展示给消费者，同时网红与粉丝的亲密互动能增加消费者对产品或品牌的好感，帮助品牌较好地传播。

除了红人营销外，蜂群文化旗下的营销团队还负责提供整合营销服务，曾为手游《恋与制作人》做宣传推广方案。方案以年轻女性为目标用户，采取了社会化营销、节日营销、事件营销等手段，其中，节日营销把握了消费群体女性用户希望在节日得到祝福关怀的心理，取得了较好的效果。《恋与制作人》的百度指数和微指数同步都有上涨，微博话题更是登上游戏超级话题榜第一名，整个方案获得了IAI国际广告奖整合营销类优秀案例奖，取得了APP Store排行榜第四名的好成绩。

---

① 任悦. 微博平台下短视频MCN的粉丝经营策略研究［D］. 保定：河北大学，2018.

▶▶（三）短视频平台下 MCN 机构广告营销存在的问题

短视频平台下 MCN 机构广告营销价值的实现也存在一定的问题和障碍。

一是短视频平台的限制和制约。首先，MCN 机构与短视频平台虽有合作关系，但终究是短视频平台掌握游戏规则。短视频平台掌握着算法，控制着内容的推送，除了少数被平台争抢的 MCN 机构有一定的话语权外，其余大多数都受制于平台，因此 MCN 机构在一定程度上处于弱势地位。其次，短视频平台限制 MCN 机构与已成名的头部红人签约，在许多平台的"霸道条款"下，MCN 机构只能私下与头部红人签约，签完后将其账号下内容全部删除从零做起。再次，短视频平台与 MCN 机构之间还存在独家签约之争，短视频平台的独家条款限制了 MCN 机构的多渠道发展。最后，短视频平台还限制与 MCN 机构签约的红人私自接广告，而当短视频平台想要绕过 MCN 机构，用零抽成的条件吸引红人直接与平台签约时，无疑又给 MCN 机构吸引红人造成了困难。

二是内容缺乏监管，乱象丛生。基于互联网监管困难、行业难以规范等原因，MCN 机构产生了很多负面社会影响。如今，互联网内容产业深陷"唯流量论"，导致 MCN 机构和内容创作者以播放量为唯一指标，在流量的裹挟下逐渐迷失本心，以低俗的内容吸引用户的眼球，恶意炒作，不利于行业健康发展。尽管这类低俗的广告营销能在短时间内吸引流量，节省培养新人的成本，但导致了不良社会风气，传播了扭曲的价值观，不利于行业和社会的健康发展。

内容是广告营销的依托，红人管理是 MCN 机构需要加强的重要一环。不同于专业经纪公司，大多数 MCN 机构是做内容或电商起家的，它们在管理红人这一环节的确缺少经验，尤其是自研 IP 型机构，从零开始捧红一个新人的成本是相当高的。对红人管得松了，约束力不够，红人容易解约单飞，浪费资源；而对红人管得严了，又容易激起红人"逆反"，与 MCN 机构产生矛盾纠纷，拉扯不清。

▶▶（四）短视频平台下 MCN 机构广告营销的优化路径

根据短视频平台下 MCN 机构广告营销发展的现状和问题，提出以下几条 MCN 机构广告营销的优化路径。

第一，以内容创作为中心，提高竞争力。MCN 机构应在保持自身优势的同时，根据市场情况积极调整、完善模式，注重产品和内容的品质，以吸引忠诚用户。MCN 机构要做到精细化生产，保证短视频内容的质量，应当加强内容制作团队建设，提高剪辑、编剧、宣传、运营人员的业务水平，在各个环节把控内容质量；MCN 机构要打造IP，"批量复制 IP 是 MCN 机构的护城河"，一个账号能否走红是很随机的，只有拥有了像工厂流水线一样的工业化批量复制 IP 的能力，才能在行业内立于不败之地；MCN 机构要深耕垂直领域，在一个垂直领域做大做强的成本远比在所有领域广撒网要低，收益也更高,打通垂直领域再横向扩展,才有可能成为这一领域的领军者。

第二,推动行业自律,促进广告营销专业化。MCN 机构自身应当严格把控内容质量,对旗下红人和创作内容进行严格审核,避免价值观不正、质量差的内容流入市场;内容创作者要突破媒体平台"唯流量论"思维的被动牵引,要用自己的坚持摆脱"唯流量论"的桎梏;相关部门应完善相关法律法规,制定 MCN 机构准入标准与竞争规范,规范 MCN 机构与内容创作者签约协议,规范市场运营;短视频平台更应思考如何更好地承担义务,保护短视频版权,推动原创内容蓬勃发展。MCN 机构要善于应用新兴技术,面对互联网技术、人工智能技术等信息技术的发展与完善,大量先进技术将会逐渐渗透到短视频 MCN 模式生态链中,如果 MCN 运营机构能够将这些信息技术应用于短视频 MCN 模式创新发展上,便能够在未来真正实现智能化、工业化与规模化生产。[1]可以预见的是,MCN 机构的专业化、机构化属性,使得大批 MCN 机构崛起,而这必将促进中国短视频内容生产走向更优质、更精准、更多样化的方向。[2]

第三,加强变现能力,多元立体布局。单纯依靠广告营销收入和平台补贴已不能满足 MCN 机构的多元发展。每一家 MCN 机构基于基因的不同,应当转变思路,找到自己擅长的业态,以内容和运营为基础内核,探索不同业态的组合发展路径,打出更加有力的组合拳。MCN 机构生产的内容是吸引流量的手段,商业变现才是终极目的。除了孵化、签约更多红人做好内容,横向拓展业务范围外,向产业链上下游积极探索,纵向发展也是一条道路。因此,拓展变现手段、立体化商业布局既是摆脱对平台依赖的手段,也是更好地履行职能、实现广告营销价值的路径。

小 结

短视频的兴起正是因为它填补了人们的碎片时间及满足了人们的表达欲、创作欲,能够直接接触消费者,让广告更具针对性和灵活性。短视频平台也因为巨大的流量和超高的活跃度成为品牌营销推广的"风水宝地"。而随着短视频的兴起,在困境中挣扎的传统广告也似乎看到了新的希望,视频广告、信息流广告成了传统广告的新方向。未来,在形式上,短视频广告应将互动技术与短视频相结合,有效实现"观看—互动—参与"的正向循环;在内容上,短视频广告的制作应从视频化语言、统一风格、建立诉求对话感出发,实现从"入眼"到"入心"的突破。

---

[1] 刘宁. 新媒体下短视频 MCN 模式的分析 [J]. 传播力研究, 2019 (3): 84.
[2] 李梦楠. MCN 模式在中国短视频行业内的兴起 [J]. 新媒体研究, 2017 (20): 51-52.

【思考题】

1. 短视频广告的传播模式怎样帮助形成社交网络?
2. 短视频广告的内容创作怎样避免同质化?
3. 短视频广告的制作和传播怎样保证版权不受侵犯?

【推荐阅读书目】

1. 王斌,曹三省. 直播与短视频深度运营[M]. 北京:中国广播影视出版社,2021.
2. 李维. 短视频营销[M]. 北京:中华工商联合出版社,2020.
3. 陈光锋,王易. 短视频全渠道运营引流一册通[M]. 北京:人民邮电出版社,2019.

第八讲

场景营销

场景营销是基于网民的上网行为始终处在输入场景、搜索场景和浏览场景这三大场景之一的一种新营销理念。浏览器和搜索引擎则广泛服务于资料搜集、信息获取、网络娱乐、网购等大部分网民的网络行为。场景营销就是针对这三种场景，以充分尊重用户的网络体验为先，围绕网民输入信息、搜索信息、获取信息的行为路径和上网场景，构建的以"兴趣引导+海量曝光+入口营销"为线索的网络营销新模式。用户在感兴趣、需要和寻找时，企业的营销推广信息才会出现，场景营销充分结合了用户的需求和目的，是一种充分满足推广企业"海量+精准"需求的营销方式。

一、场景营销的内涵

"场景"一词本来是影视用语，指在一定的时间、空间（主要是空间）内发生的行动或因人物关系所构成的具体生活画面。[1] 不同的场景加以组合形成一个个不同的场景故事，不同的场景所要表达的含义也不尽相同。

"场景"一词作为传播学意义上的专有名词，是由美国人罗伯特·斯考伯和谢尔·伊斯雷尔在《即将到来的场景时代》一书中第一次提到的，他们认为场景时代的到来依托五大技术的支撑，即"场景五力"，分别是移动设备、社交媒体、大数据、传感器和定位系统。[2] 同时，通过对"场景"这一概念相关文献的阅读，国内学者对新闻传播学领域中"场景"的定义主要有以下几个具有代表性的阐述。

彭兰认为，场景同时涵盖基于空间和基于行为与心理的环境氛围。[3] 胡正荣认为，每个人的角色都是在特定时间、空间、情境、场合和需要中实现和完成的，而围绕个体存在的这一切就是场景。[4] 郜书锴认为，场景是指人与周围景物的关系总和，主要包括硬要素（场景、景物）和软要素（空间、氛围）。[5] 严小芳认为，场景是一种浸染式传播、体验性传播和故事化传播。[6] 喻国明、梁爽认为，场景是社会和个人双重作用下被人为建立的环境，场景中的人受社会条件、个人条件两个方面的影响；而象征性要素和社会性要素影响受众的行为意向。[7]

场景可以按照不同维度划分成不同类型。按照空间与环境维度划分，场景可分为固

---

[1] 沈贻炜，俞春放，高华，等. 影视剧创作［M］. 杭州：浙江大学出版社，2012：173.
[2] 梁旭艳. 场景：一个传播学概念的界定：兼论与情境的比较［J］. 新闻界，2018（9）：55-62.
[3] 彭兰. 场景：移动时代媒体的新要素［J］. 新闻记者，2015（3）：20-27.
[4] 胡正荣. 传统媒体与新兴媒体融合的关键与路径［J］. 新闻与写作，2015（5）：22-26.
[5] 郜书锴. 场景理论的内容框架与困境对策［J］. 当代传播，2015（4）：38-40.
[6] 严小芳. 场景传播视阈下的网络直播探析［J］. 新闻界，2016（15）：51-54.
[7] 喻国明，梁爽. 移动互联时代：场景的凸显及其价值分析［J］. 当代传播，2017（1）：10-13.

定场景（消费者对地理空间有一定的依赖）和移动场景（消费者不再受地理空间的束缚）；按照场景的服务对象划分，场景可分为标准化场景（消费者数量多、满足消费者共性需求）和个性化场景（消费者数量少、满足消费者个性化需求）；按照场景建立的界面类型划分，场景可分为现实场景（侧重于实体环境的场景建构）和虚拟场景（侧重于线上场景的营造）；按照场景的功能划分，场景可分为实用性功能场景（生理需求、安全需求）和社会性功能场景（社交需求、尊重需求、自我实现需求）。

场景营销最为核心的步骤是探寻需求，包括需求的洞察、识别、刺激、满足等。早期商家在探寻客户需求时，往往运用简单的数据做支撑，如整理消费者年龄、性别、爱好、收入、地域等方面的数据，从中找到目标受众。传统的市场调研工具，如问卷调查、论坛、访谈等，主要是通过口头或书面形式对信息进行编码和解码。调查者可能在编码中因找不到语言或文字而不能表达真实意图，也可能在解码中产生一定程度的误差，导致调查失真。场景模拟工具以窗口选择、可视化、实际行动代替单一语言、书面表达。场景营销带来了丰富的信息传播，同时也缩短了信息流的过程，使信息的传播和反馈同时完成，从而减少了信息的流动，降低了信息失真的可能性，有助于提高市场调研的准确性。

场景营销是针对消费者在具体的现实场景中所具备的心理状态或需求而进行的营销行为，能有效地达到商家的目标，即场景营销的核心应是具体场景中消费者所具有的心理状态和需求，而场景只不过是唤醒消费者某种心理状态或需求的手段。①

除了满足人类的生理需求外，消费者往往会随着环境的变化而改变消费内容。如同一个人需要参加一场马拉松比赛，他会应激于"马拉松比赛"这个外在环境影响，从而需要的是一双合脚的运动鞋。这种应激反应既不是出于消费者生理上的需求，也和他的年龄、性别、爱好等因素没有太大关联，而是由"马拉松比赛"这个外在环境引发的。所以，消费者的需求并不全是生理需求，还与外在环境息息相关。消费者处于不同的环境，会有不同的消费需求，存在不同的消费动机。

首先，商家需要满足的是在哪些场景中，消费者的需求还没有被很好地解决。比如，在冬季冲泡婴儿奶粉没有办法恒温，商家为了解决这个问题生产了恒温器，可以让冲泡后的奶粉始终保持在适宜的温度。如果商家已经有具体的产品，想要更好地卖出去，那么在制订营销计划前，需要重点分析的是消费者在什么场景下会购买店铺产品，并分析消费者购买的动机。这就是场景营销维度中的购买场景。

其次，优化店铺产品的用户体验，提高消费者的复购率及口碑推荐。不同的商业模式和业态的出现，也是解决不同场景下消费者需求"痛点"的结果。比如，吃火锅一般是几个人一起的场景，但随着消费环境和需求的变化，也有一个人吃火锅的场景，单

---

① 本刊综合整理. 场景化营销：有心动才有行动［J］. 中国合作经济，2020（10）：47－50.

人份火锅则解决了这个场景消费者的需求"痛点"。这就是场景营销维度中的使用场景。

场景营销利用计算机网络、电子游戏、计算机数据库来模拟企业的营销环境，加强与客户的双向信息交流，达到营销目的。这一定义有以下三层含义。

第一，场景营销只是一种新的营销工具，而不是营销理念的改变。这意味着服务营销理念只有以客户需求为中心，才能更好地满足客户需求。

第二，场景营销是一种高度发达的电子信息技术产品，以计算机网络、电子游戏、计算机数据库营销技术为前提实现场景营销。

第三，在模拟真实环境中，企业与客户双向的信息交流有助于加强企业对客户消费心理的了解。

营销场景符合全球营销、网络营销的趋势。随着计算机网络和通信手段的迅速发展，营销的空间范围扩大、全球市场的一体化趋势不断推进，在全球营销中尽可能地做到在家就能买到全球商品的网络营销时代已经开始。场景营销，正是为了应对这样一种趋势而出现的。

场景营销使销售更容易。与现有的网络广告不同，场景营销的手段和方法更加创新和丰富，甚至更具吸引力。原因包含以下两个方面。

其一，场景营销是新产品的促销游戏，让消费者不断主动接触产品，不断强化对产品的认识，其力量远远超过广告的作用。因为对于消费者来说，在广告中是被动地接受信息，在游戏中却是主动地获取信息。情景模拟工具有助于激发消费者的占有欲，产生购买动机。

其二，场景营销的网络模拟了真实的购物环境，让消费者足不出户就能尽情享受购物的乐趣和满足感。漫游在琳琅满目的商品世界中，本身就是在刺激消费者的潜在需求。

场景营销的主体运营主要包括以下两个方面。

▶▶（一）情景模拟工具开发

1. 视频游戏的模拟

针对企业营销内容制作成各种游戏软件，如：① 新产品推广游戏。针对新开发产品的内容、功能、特点，采用游戏软件的方法制作，使玩家在娱乐、克服困难的过程中，充分了解新产品，甚至对新产品产生极大的兴趣。直到新产品进入市场，对于客户来说，它不再是新面市，而是像老朋友，这样有助于顺利开拓市场。② 产品改进游戏。与新产品推广游戏不同的是，这里有更活跃的玩家、游戏、软件，首先，为游戏提供一个平台，使之能够根据自己的需求达到对产品的重新设计；其次，根据游戏软件的经营记录，获取"再造"的信息，不断完善产品以满足市场需求。

2. 网络购物的模拟

企业在网络上建立免费网站，吸引互联网用户访问其模拟营销网站。这里的环境应该是真实的整体模拟，让用户恍若身临其境。作为一名互联网用户，在模拟的情景中可以感受到工作人员的热情，可以穿梭在货架之间浏览，可以"购物"，可以打开包装仔细观察产品。当然，所有这些模拟行为，除了网上购物外，实际的商品交易并没有发生。网络模拟是为了了解消费者购物的目的、消费倾向，同时刺激消费者的消费欲望。

（二）情景模拟工具的推广和管理

网络模拟购物需要的只是一个容易被公众接受的免费网站，所以情景模拟工具主要是为了推广游戏或软件。企业首先要注重游戏的内容，寻求知识性和趣味性的结合，使其具有吸引力；其次要及时补充主要礼品，例如，实施企业产品或商品与赠品的捆绑，或实施软件与其他游戏类礼品的捆绑；最后当游戏发展成为一种常规的企业营销活动时，以旧换新的方法也可以用来促进新的游戏软件的开发。

场景管理工具仅用于产品改进信息的收集和整理、网络仿真游戏及购物反馈，然而掌握消费者的反应对收集消费者反馈非常重要。因此，通过网络模拟的购物环境应连接到企业的数据库系统进行控制，及时准确地记录在各种模拟情况下消费者"购买"的数量等信息，为企业未来的决策提供支持。在产品改进游戏中，应建立一个记录自动化存储系统，使企业能够掌握所有消费者对产品的改进和设计。对于这类游戏、游戏软件来说，恢复是关键。如前文所述，企业既可以实行以旧换新，也可以开展相关的游戏比赛，以及付费回购等活动。

情景模拟工具的推广和管理，是实现商家与消费者之间双向信息流动的关键，要引起模拟营销设计者的充分重视。

二、场景营销中的仪式感营造

场景营销中的仪式感营造指的是营销主体通过对人们特殊消费行为的仪式感设计，赋予消费行为神圣意义或传承价值，从而达到创造、引导消费活动的营销目的。[①] 在这一理念的指导下，广告主在广告创意设计中会有意识地将消费过程高雅化、神圣化，并将这种仪式有目的地通过大众传媒进行强化，引发受众围观甚至参与。

"仪式"作为分析性的专门性词语，出现在19世纪末20世纪初，它被确认为人类

---

① 方迎丰. 仪式感营销 [J]. 销售与市场（管理版），2011（6）：67–69.

经验的一个分类范畴里的概念。在历史发展中，早期"仪式"被狭隘地认定为对宗教的实践活动和行为进行研究，随着社会文化人类学对仪式的研究逐渐完善，仪式开始不单单只局限在宗教范畴中研究，埃米尔·涂尔干等人类学家将仪式研究和社会生活活动相联系。随着人们越来越深入地研究仪式理论，仪式理论和其他学科学术领域的反复交叉，使"仪式"含义的研究呈现越来越复杂的趋势。在理查德·谢克纳的"仪式树"图中，他将人类的仪式进行了社会仪式、宗教仪式和美学仪式的分类，并将这三类进行了更细化的三级分类。也有些人将仪式划分为"仪式场域"的狭义仪式和"非仪式场域"的广义仪式，但不论在哪种场域下，都是希望仪式参与者能与仪式产生一种情感沟通，从中感受到神圣感、庄重感、文化自豪感、民族归属感等仪式感体验，使仪式不仅具有外在，也拥有内在的精神反映和共鸣。

詹姆斯·W. 凯瑞是传播仪式观的创始人，他在1975年发表的论文《传播的文化研究取向》中提出传播的传递观和传播的仪式观。前者指信息得以在空间传递和发布的过程，以达到对距离和人的控制，后者指信息传播通过仪式化的方式吸引受众参与价值共享的过程。詹姆斯·W. 凯瑞强调，"伪装"成仪式的传播通过传递信息，建立起共享的信仰，让对信息解释出不同意义的受众在顶礼中接受传播者的同化。这体现了传播不仅是信息的传递，而且是不同群体在社会交往中交流、共享意义的仪式。

仪式感是仪式的本质所在，仪式是仪式感的实践活动形式。仪式感包含了神圣感、崇高感、自豪感、神秘感、敬畏感、距离感等多种类型的情感体验，形成复杂心理情感，受主题、程序、文化、行为动作等因素的影响，可以通过感官进行体验。当代有关仪式感的理论研究成果较少，对仪式感的定义也没有一个统一的规定，因此人们对仪式感的定义也各不相同。百度百科上认为，仪式感是人们表达内心情感最直接的方式，是使某一天与其他日子不同、使某一时刻与其他时刻不同。维克多·特纳表示，仪式是个模式化的程序，仪式参与者的情感在心理极与观念极之间来回碰撞回应，在这种复杂心理中通过仪式的物件载体、行为程序、环境等与体验者建立关系，产生交互、获取能量，并产生教化和认同，最终获取一种感性和理性的、认知螺旋上升的心理感受和体验。由于这种情感十分复杂且包含多种情感，因此被认定为仪式感。

仪式感的体验主体是人，仪式参与者的感官体验、行为活动、审美、文化经验等与心理、观念反复交流、碰撞而产生的复杂情感使得身心形成共鸣，即仪式感。仪式感体验主要受仪式场域的内外部空间环境的影响，首先是对仪式的物件的体验，主要是通过物件本身被赋予的礼仪要求、艺术文化和意境给人精神情感等产生的特殊性、美感、崇高感等。其次是礼制要求下有秩序的、缜密使用程序所营造的秩序感等与艺术文化形成的认同感和满足感来进行相互渲染，使得生理和心理体验达到高度统一，借此营造和产生仪式感。[①]

仪式感营销最典型的特征是解构原先的符号意义，并重新赋予其新的意义。可乐不再只是一种碳酸饮料，它承载着对亲人的思念和归家的欣喜，是团圆饭常备的饮品；体育用品不再只是协助运动的工具，它被注入了坚持不懈的体育精神，被"拟人化"为陪伴运动员不断突破自我的见证者；"双11"不再只是个数字特殊的日期，抓住人类重视过节的特性，阿里巴巴将"双11"重新定义为电商促销的节日。

用仪式感抓住消费者的眼球，需要具体的方法，如语言和动作指令，就像奥利奥吃前要扭一扭、舔一舔、泡一泡，还有人物、道具等，仪式感在品牌营销推广中的应用由来已久。

星巴克（图8-1）最大的价值，既不是咖啡的口味，也不是店内体验，而是本身已经成为一种"触点"。消费者走进星巴克时，会有一种舒适、放松的感觉。这种近乎仪式感的体验，就是仪式感营销。星巴克的仪式感营销，在于让消费者从一种状态立即转变为另一种状态，注重的是基于场景的"消费者状态的转变"。

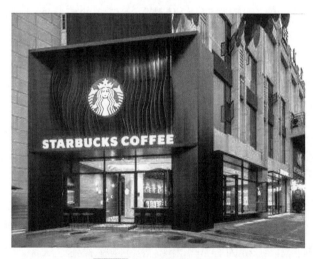

图8-1 星巴克线下门店

基于场景为消费者带来状态转变的仪式感营销还有很多。比如，很多SPA会所在提供按摩服务时，会利用香薰蜡烛、东南亚风格的软装布置（图8-2）来营造仪式感十足的场景。这和古人"沐浴焚香，抚琴赏菊"有异曲同工之妙。

---

① 郭盼盼. 仪式感体验的宴会用瓷设计研究[D]. 景德镇：景德镇陶瓷大学，2020.

图 8-2　SPA 体验

小米路由器工程纪念版（图 8-3）也是一个充满仪式感的产品，用户打开精致的木盒，会看到一个组装指南和一副白手套，戴上白手套，一种变身工程师准备工作的仪式感油然而生。小米这种细节上的仪式感设计，大大增强了用户的"参与感"。

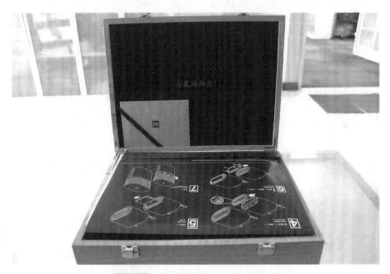

图 8-3　小米路由器工程纪念版

挂耳咖啡（图 8-4）相比于速溶咖啡来说，为什么感觉更"高级"？很大一部分原因就是挂耳咖啡是一种介于速溶咖啡和手磨咖啡之间的产品。我们常说速溶咖啡失去了咖啡的庄重感，没有慢下来享受咖啡的感觉，但大部分情况下我们确实没有时间享受现磨咖啡，于是挂耳咖啡的仪式感很好地弥补了速溶咖啡缺失的庄重感。

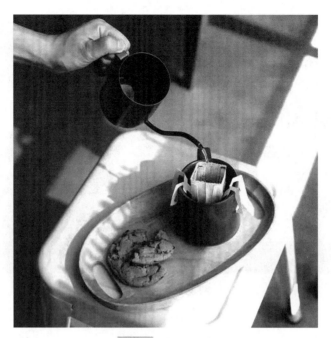

图 8-4　挂耳咖啡

还有一种仪式感营销，是基于节日的。比如，每年春节，百事可乐、可口可乐等很多大品牌都会推出新年主题的家庭微电影。百事近几年来一直在做的"把乐带回家"系列影片，其实本质上也是一种仪式感营销。比如，在这些影片中，没有明星对产品广告语直白地朗读，只有家人之间的对白、温馨的家庭团聚场景，看到这些，观众会将新年团圆与买百事可乐关联在一起，从而让百事可乐成为过年仪式感的"触点"。

再比如，每年春季樱花盛开时，很多餐饮品牌如星巴克、肯德基、瑞幸等都会推出"樱花"系列产品（图 8-5），引起一波抢购热潮。品牌在推出这些产品的时候，仿佛就已经在向大众宣告：春天到了，借此来为品牌增加附加值，强化年轻、时尚的品牌心智。

图 8-5　"樱花"系列产品

除此之外，还有一种叫作"造节营销"，它也属于仪式感营销中的一种。

比如，从天猫"双11"（图8-6）、京东"618"、苏宁"418"这些电商造节热，到更多品牌植根于自身特质和目标人群的造节营销，品牌给消费者提供了更多的消费理由。造节的同时，更多的是在创造"仪式感"。

图 8-6　天猫"双11"

再比如，钉钉趁着复工，开启了"开工节"仪式感营销（图8-7）。"文案+地铁场景+复工节点"，既拉近了钉钉与职场人的情感距离，也体现出了钉钉的品牌内涵。

图 8-7　钉钉"开工节"广告

综上所述，可以提炼出仪式感营销的三个关键词。

▶▶（一）体验的"高品质"

这里的"高品质"既指产品也指服务，在网红经济时代，颜值已成为一种高品质的评判标准。

"网红"雪糕钟薛高从包装到雪糕都具备高品质标准，更重要的是，在门店购买时，店员会将包装撕开，双手递给客户（图8-8）。这和早期的冰雪皇后（Dairy Queen, DQ）一样，都是在打造一种"仪式感"，是品牌的加分项。

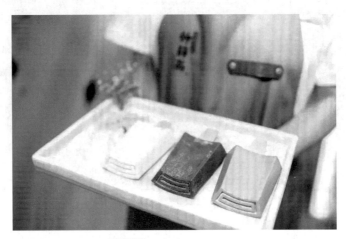

图8-8　钟薛高购买服务

▶▶（二）用户的"参与感"

打开宜家的家具（图8-9）包装，里面往往会附赠安装说明书，这一行为主要是为了让用户自己组装家具。用户在组装的过程中，往往会产生自豪感，这就是"宜家效应"。用户不断参与品牌互动，对品牌的依赖就会加深。

图8-9　宜家的家具

(三)媒介的"社交化"

小红书(图8-10)作为一个强社交平台,可以说是"仪式感人群聚集地"。在这里,一顿大餐、一次旅游、一支口红都会将仪式感体现得淋漓尽致。

社交媒体的优势在于既可以实现信息的裂变和聚集,也可以展开品牌与用户的深度互动,还可以通过圈层聚合让营销更精准。

综上所述,品牌的每一个营销动作,都离不开"仪式感"的构建。但"仪式感"又不仅仅是一句口号、一个场景、一次互动那么简单,需要品牌从战略发展的层面洞察品牌基因与用户的契合点,通过持续的灌输达成用户与品牌在仪式感上的默契。

图8-10 小红书广告

三、场景营销的案例运用

接下来以网易云音乐为案例,从现实场景和虚拟场景两个维度进行研究,分析其采取了什么样的策略来实现品牌传播的场景化,从而带来了很大的社会反响,让人们对品牌留下了很深的印象。

(一)网易云音乐品牌传播场景化的现状

为了更好地剖析网易云音乐品牌场景营销,下面将选取网易云音乐最典型的案例——地铁场景营销"看见音乐的力量"进行分析。

2017年,网易云音乐承包了杭州地铁一号线的几节车厢及江陵路地铁站,正式发起一项营销推广活动,名为"看见音乐的力量"。网易云音乐将网易云音乐UGC精彩乐评85条用户原创评论作为场景内容印满了杭州地铁一号线的车厢及江陵路地铁站(图8-11)。这次营销活动在微信、微博等社交媒体上实现了刷屏级传播。

图 8-11　网易云音乐车厢广告

《网易云音乐李茵：所有营销的起点，都是用户洞察》中提到，超过 2 000 个微信公众号对网易云音乐的地铁场景营销进行自发传播，总阅读量超过 1 000 万次，200 多家媒体对其进行自发报道，包括《人民日报》、新华社等中央级主流媒体。网易云音乐曾在 APP Store 里，从音乐排行榜的第三名上升到第一名，从免费排行榜的第 35 位左右飙升至第 16 位，如图 8-12 所示；百度指数增长 80%，微信指数更是翻了 216 倍，达到 1 300 万的峰值。①

图 8-12　网易云音乐"乐评专列"数据结果显示

网易云音乐的这次活动无疑是一次极其成功的场景营销，对于研究品牌传播的场景化来说具有一定的典型性。下面将从现实场景和虚拟场景两个维度探究网易云音乐是如

---

①　千龙网. 网易云音乐李茵：所有营销的起点，都是用户洞察 [EB/OL]. (2017 – 04 – 18) [2021 – 10 – 09]. http://tech.qianlong.com/2017/0418/1612907.shtml? prolongation = 1.

何进行品牌传播场景化的。

1. 现实场景

（1）传播内容满足受众情感需求

网易云音乐"看见音乐的力量"采用的是用户原创内容，选取的传播内容是网易云音乐用户的评论。它将点赞数较高的用户原创乐评当作广告文案，这些乐评可以看作网易云音乐用户情感的外在反映，容易引起用户的共鸣。当扎心的乐评被当作广告文案传播时，受众不自觉地与这些文案产生了情感的链接和共鸣，从而给予了受众饱满的情感体验，让受众对网易云音乐产生了深刻的印象。

根据艺术派广告大师威廉·伯恩巴克的 ROI 理论，即优秀的广告必须具备三个基本特征——关联性（relevance）、原创性（originality）和震撼力（impact）。广告要让受众产生共鸣和认同。网易云音乐通过从人们生活中不可或缺的音乐入手，加之生活化的乐评，让网易云音乐与受众密切关联起来；同时，网易云音乐选取的乐评是用户原创的内容，在这之前还没有品牌把乐评整合当作广告文案进行传播的，这使得网易云音乐的传播内容从同质化现象严重的广告文案中脱颖而出，更容易被受众接受；网易云音乐通过引起受众情感共鸣的扎心乐评，给受众在看到这些文案的瞬间带来极大的感官刺激，让受众震撼，进而加深受众对于网易云音乐的印象。

在这一系列因素的影响下，这次场景营销传播的内容唤起了受众的情感记忆，与受众实现了情感上的共鸣，为这次场景营销的成功打下了基础。

（2）象征性要素和社会性要素的应用

象征性要素和社会性要素的应用主要体现在以下两个方面。

一方面是象征性要素的应用。红色是可见光中对视网膜冲击最强的，可以使瞳孔扩大、血流速度加快、心跳加快，产生的生理变化与温暖时的生理变化相似，因而产生温暖感。整个场景营销的地点被网易云音乐用其本身具有代表性的红色包围，以红底白字的形式让受众在第一眼看见场景时就得到视觉上的冲击，同时在心灵上产生温暖感。利用受众在阅读广告时情感上的体验，加之生理层面带来的反应，使得受众的情感被彻底地调动起来，从而产生情感共鸣。

另一方面是社会性要素的应用。网易云音乐选择的场景建构地点是地铁。地铁是人们上下班常选择的交通工具，是人们听音乐的重要场所，同时地铁本身具有"半封闭"的客观属性。人们在上班或者下班途中，往往会因为生理上的疲惫产生一种强烈的孤独感，内心深处渴望着倾诉或者分享，希望能够被关注。加之地铁半封闭的空间属性，受众的这种情感更容易形成一种孤独的氛围，这时往往一点小小的温暖就能被无限放大。网易云音乐选取的乐评在很大程度上是具有受众共性的情感映射，在这种环境下，受众的情感共鸣被放大，从而实现这次场景营销的品牌传播效果最大化。

2. 虚拟场景

（1）品牌合理的定位，满足受众意向

网易云音乐的品牌定位是以"音乐社交""个性化推荐""差异化歌单"等功能建构有温度的音乐社区，同时网易云音乐一直坚持以用户需求为中心的产品设计理念，注重用户的参与。互联网时代到来以后，社交成为媒体的核心要素、成为内容生产的动力，人们的关系网络成为信息的传播渠道。在这种背景下，网易云音乐的"音乐社交"理念与现实环境中受众的需求相匹配。同时，网易云音乐特色的差异化歌单 UGC 更是满足了受众在虚拟环境中想要寻找心理慰藉的需求。网易云音乐在发展过程中，已经无形中为受众构建了一个网易云音乐特有的"虚拟场景"。

（2）社交网络构建场景环境

网易云音乐本次的场景营销利用社交网络构建的场景环境分为以下两个部分。

一是网易云音乐主动营造的场景环境。在现实场景构建完成进行品牌传播之后，网易云音乐利用微博和微信公众号引导本次品牌传播在社交网络上的发酵，通过受众接触的互联网平台宣传本次品牌传播。

二是受众主动营造的场景环境。由于现实场景的传播在很大程度上引发了受众的共鸣，因此受众主动在微博上发布关于本次品牌传播的信息，帮助网易云音乐将本次场景营销冲上微博"热搜榜"第一；同时受众在朋友圈转发微信公众号关于本次场景营销的文章，引发了病毒式传播。

在这二者的合力下，构建了网易云音乐本次场景营销的虚拟环境，使得网易云音乐本次品牌传播得到了最大限度的扩散，实现了品牌传播效果的最大化。

▶▶（二）网易云音乐品牌传播场景化的特征

通过对网易云音乐品牌传播场景化的深入分析，我们可以得知品牌因为所处行业不同，各自具有特点。网易云音乐品牌传播场景化的特征具体表现在以下四个方面。

第一，网易云音乐在进行地铁场景营销之前，准确地把握了自身的定位，收集了受众的意向需求，并且满足了受众的意向需求。这是品牌传播场景化最重要的一点。

第二，网易云音乐对象征性要素和社会性要素进行了恰当的使用。

第三，网易云音乐基于其"音乐社交"的品牌定位，在品牌传播的场景化过程中着重利用了社交网络构建场景环境。

第四，不同于其他品牌在科技上的领先优势，网易云音乐在品牌传播的场景化过程中着重利用了"音乐社交"和情怀抒发给受众个性化的体验。

▶▶（三）汽车行业场景营销

除了新媒体应用通过场景营销塑造品牌外，飞速发展的电子科技产业及制造业也日趋注重通过场景营销来提升消费体验。发展如火如荼的自动驾驶,尤其需要场景式体验,如自动驾驶场景之一的自主泊车,消费者能体验到在模拟日常用车环境下的车辆自动进入停车场泊车入位的场景。[①]

2019年10月10日,赛麟汽车中国首家品牌体验中心在北京正式开业,该体验中心是中国首家"沉浸式"体验美式硬核跑车文化的展示中心。除了可以让参观者近距离接触到首次在中国展示的运动车型外,体验中心还提供了全面的赛麟汽车品牌历史介绍、试乘试驾体验、赛车模拟器驾驶等项目。此外,体验中心还特别打造了一个全封闭的沉浸式体验影院,参观者可以在此感受美式跑车的独有文化。赛麟汽车北京体验中心成为国内跑车爱好者了解美式跑车和美国赛车文化的一个窗口,以"沉浸式"体验为中国汽车爱好者带来了纯正、硬核的"速度与激情"。2019年12月1日,在北京品牌体验中心落成后,赛麟上海体验中心也正式启幕。得客户者得营销,以消费者体验为核心,打造深层次的互动体验。目前,有身临其境之感的沉浸式场景体验打造需求逐渐增多。车企们先后推出了不同形式的"先体验后购买"的场景体验式销售,打造涵盖产品展示、企业文化、科技成果、娱乐休闲等更多维度的体验场所,推动汽车渠道战略升级。"百闻不如一见",为消费者提供价值且具有娱乐性,这些因素都能成就一场成功的营销。

广告的实质就是各种符号的巧妙叠加,不论用何种创意理论去设计广告,都是场景、色彩、色调、音乐和文本符号的精妙结合。不同的消费者有着不同的仪式感追求,仪式感满足了消费者的心理需求。

例如,沃尔沃汽车广告以《Only Time》为背景音乐,好莱坞动作巨星尚格·云顿站在两辆平行的新款沃尔沃FM系列卡车的后视镜上,镜头逐渐拉远,两辆卡车逆行,一辆卡车逐渐拉开两车的平行间距,尚格·云顿开始劈叉直到两腿成为一字形。整个广告只有尚格·云顿一开始的独白,其余没有过多的介绍,场景唯美,寓静于动。从相关性来说,该广告一气呵成,无特技,彻底地说服了受众,即沃尔沃FM系列卡车是平稳安全的;从原创性来说,该广告被赞为"伟大的劈叉",突破人真实的视觉体验,采用逆行的方式平稳分离,整个画面由近及远拉开,配合着清晨8点钟的朝阳从地平线升起的时刻,加上背景音乐,整体给人一种新生的力量,后来也有网友相继效仿该广告创意,沃尔沃的首创成了不少"发烧友"的风向标,既有新鲜感又具有实用性;从震撼性来说,两辆卡车逆行以相同的速度分离恰到好处,证明不仅仅前进能如此优秀,逆行依旧如此,并且让尚格·云顿踩在动态的卡车后视镜上完成"一字马"的惊人动作,动作大胆、难度大,动静结合,这无疑给受众心理上带来巨大的刺激和震撼。

广告最直接的目的是为商品服务。用一个关键词概括产品的核心内容,该广告凸显

---

① 如之. 中国汽车行业营销需求的10个洞察点[J]. 互联网周刊,2020(22):20-24.

"平稳"二字，首先紧紧围绕动态转向系统的稳定性下功夫，诉求单一，抓住卡车宣传的重点，广告中，尚格·云顿用行动诠释了沃尔沃转向系统的稳定性，定位准确；其次使受众容易理解这个广告要表达的意思：沃尔沃卡车系统技术相当成熟，行驶非常平稳；正是由于卡车这一重型车辆在日常生活中给人带来笨重的印象，沃尔沃通过此广告证明了沃尔沃 FM 系列卡车是平稳安全的，满足了消费者对高质量卡车的需求。

捷豹汽车广告大多运用蒙太奇手法将多个场景组接在一起，推进故事情节发展的同时，引导受众的联想朝着广告力图表达的产品概念靠拢。乔治·莱考夫和马克·约翰逊在《我们赖以生存的隐喻》中认为，场景是一种现象化的隐喻，隐喻的实质是通过另一个事物来理解和体验某一些事物。在丹·史蒂文斯主演的广告中，丹·史蒂文斯驾驶着捷豹汽车去友人家吃饭，友人用自制美食招待丹·史蒂文斯并向他介绍烹饪的过程。美食家们都将烹饪视为一种神圣的仪式，每道菜在选材、切、下锅等环节都有一套严格的程序，只有一丝不苟地遵照这些程序才能烹制出美味。广告采用表现蒙太奇的手法，在切菜、调制汤羹、装点等场景中穿插展示捷豹汽车的中控部件。表现蒙太奇，又称队列构成，其作用在于通过具有一定内在联系的镜头队列组接，间接地表达一种寓意，激发观众的联想。原本单一的烹饪过程和汽车内饰展示经表现蒙太奇的串联变为一种隐喻：捷豹汽车的做工犹如仪式般的烹饪，每道工序都认真对待、严格把控，最终锻造出了捷豹汽车的优良品质。

狭义上说，色彩即颜色，色调即色彩基调，意指色彩的总体倾向；描述色调一般用饱和度、亮度和冷暖三个维度。颜色的个体显现和总体变化犹如一场仪式的主持人，把控着仪式的进度。捷豹汽车广告均以冷色调为主，奠定了捷豹汽车沉稳、古典的驾驶氛围。大卫·贝克汉姆主演的广告用三次场景切换将色调由冷过渡到暖，广告开始的故事场景是 1950 年的勒芒 24 小时耐力赛，为了体现年代感，画面采用黑白色调。在第一次场景切换时，黑白色调一跃为加强了色彩亮度的复古色调，随着故事的推进，画面的色彩层次逐渐饱满，它昭示着捷豹汽车已迈入 21 世纪，并且大卫·贝克汉姆的座驾颜色也开始向大红色转变。最后，大卫·贝克汉姆以象征优雅高贵的白色捷豹 F-TYPE（F 型）跑车带领捷豹其他车款穿过西敏寺大桥。似一场仪式的谢幕，绚烂的颜色搭配是捷豹汽车在后工业时代多元化发展趋向的最终体现。

作为一种跨越语言界限的沟通交流工具，音乐通过音色高低、节奏起伏、旋律快慢来引起人们情感上的共鸣，表现出画面无法描绘、语言无法传达的情感。8 支捷豹汽车广告的背景音乐由史诗音乐和钢琴曲组成，其中，史诗音乐占比最大。史诗音乐是交响乐的一种表现形式，它具有磅礴大气的特点。音乐具有可视化的功能，人们在听到一段音乐时脑海里会自动浮现出画面。广告中的史诗音乐配合捷豹汽车出镜和驾驶的场景，以辽阔的音域、壮丽的旋律营造氛围感。而钢琴曲在广告中则有加快节奏的作用，其穿插在汽车行驶和部件装配的场景中。这些场景需要一个有感染力的符号向受众传递加速的信息，跳跃的琴声是一个强调镜头加速的符号。广告利用史诗音乐和钢琴曲来表达情感的不同特点，使场景立体化，令作为一种仪式体验的驾驶与日常生活相契合。

四、户外广告的场景化构建

VR 技术、人脸识别技术、3D 投影技术等的应用对传统户外广告的传播方式产生了巨大的冲击，户外广告的形式也产生了一定的转变。"场景"的意义随着时代变化不断演变，在新媒体环境下，媒介技术加持，场景为这一大众媒介世界搭建了特殊的社会状态。客观环境变得更加虚拟化、仿真化，受众这一主体的感知、心理、行为习惯等也受到了一定的影响。户外广告通过场景化的构建，真切地传达着广告信息。

（一）媒介环境的场景表现力

以前消费者购买商品是为了满足基本的生活需求，随着社会发展，人们开始追求更高层次的满足，在这种情况下，商家把商品包装得更加精美，商品的购物环境也日趋虚拟化、娱乐化，以使消费者在消费过程中得到消费的快感、欲望的满足及理想的实现。如同让·鲍德里亚所说的"消费社会"，消费的真实目的被表面化的东西掩盖，消费者不自觉地进入户外广告所创造的虚拟场景中。在这一场景中，商家通过对商品、消费环境进行各种形式的构建，建立一个个虚幻的景象，在这里，每个人都是"景观"中的一员，其生产生活，甚至一举一动都被烙上景观化的标签。消费环境以满足人自身的欲望为线索，引导消费者走入虚妄的陷阱，让人们不断地为满足自己的欲望进行一系列的生产与消费活动。如瑞典的宜家广告，将宜家家居搬至地铁车厢内，通过对地铁车厢的重新装饰，将密闭的地铁车厢打造成现实可感的生活空间，主体眼中的场景便是现实场景。

以往广告发布的媒介环境对于传统户外广告而言只是背景性的存在。但在新媒介环境下的户外广告实践中，媒介环境成为广告创作的重要元素，直接参与场景的构建。

媒介环境通常作用于固体类的媒体广告，与现实生活场景建立联系。比如，瑞典的 APOTEK 药店在地铁站发布的护发产品创意广告（图 8-13），就是一个环境因素参与设计表现的典型案例。策划人员将一个电子互动广告牌安置在地铁站的候车区，并利用广告牌装置内的超声波来监测列车停靠的时间。在地铁驶进站台快要停靠之时，广告牌被激活播放广告内容，广告画面中原本静止的女孩的秀发开始"迎风飞舞"，似地铁靠近所带来的冲击使得女孩秀发像被吹起来一般，让广告的核心诉求"让你的头发更有活力"得以生动传达。媒体创意对发布媒体进行技术改造，结合产品及地铁站的环境特点在恰当时机呈现由静到动的视觉形态，创造了一个虚拟而又真实的场景。这比以往在地铁站安置静态的广告牌更能让人感受到广告的张力。

图 8-13　APOTEK 护发产品创意广告

▶▶（二）技术嵌入的场景感知性

莫里斯·梅洛-庞蒂的"知觉在先"的观点认为，人是通过身体的知觉来认识事物的，并通过知觉与外部世界建立联系。最初的意识模式是知觉不是思维，知觉来自身体看到、嗅到、触摸到的客观世界。按照莫里斯·梅洛-庞蒂的观点，传播者在进行广告场景的构建时要对受众的感官进行适度的刺激，从而诱发受众对广告的注意。于是，带有体验元素的户外广告应运而生，当前受众不再满足于对信息的被动获取，迫切地渴望着参与信息的传播过程，体验当中的乐趣，并融入自己的生活方式。那些优秀的体验型广告实践不仅在概念上创新，还更多地借助于新媒体技术来实现创意性体验，比如扩增 AR 技术、面部识别技术、眼球随动技术、触摸技术等。

全球知名的男士护理品牌"凌仕"在伦敦维多利亚机场推出了名叫"天使坠落"的香水互动广告，第一次将 AR 技术运用到户外传播中。策划人员用 AR 技术对机场显示屏加以改造，当参与者站在屏幕前方指定位置时，一个虚拟的"凌仕天使"便会出现在参与者的身边，给参与者带来强烈的视觉体验，并且参与者还能够通过大屏幕与"凌仕天使"进行表情和肢体语言方面的互动。动态信息的传达在数字化媒体的辅助下所带来的视觉体验是前所未有的，数字广告通过模拟声音、动作等新元素实现与受众的近身接触，提升受众的体验感。

同样地，在2013年年初的上海徐家汇，可口可乐公司利用AR技术，与博视得（中国）合作投放户外广告（图8-14），当消费者走到屏幕前时，他们就能看到自己在屏幕中头戴舞狮帽的样子，同时还能跟随节拍舞动。这一户外广告利用AR技术构建了新年热闹的场景，营造了轻松、接地气的氛围，调动身体的运动机能，加强趣味性与娱乐性，使消费者充分调动视觉、知觉，感知愉悦，这种形式的广告传播效果良好。

图8-14　可口可乐广告

（三）主体参与的场景互动性

在户外广告所营造的场景设计中，受众才是核心。莫里斯·梅洛-庞蒂在《知觉现象学》中用"交叉"来探讨身体与世界之间的关系，他认为，只要身体是活动着的，身体便会自动将环绕在周围的事物变成身体的一种延伸，使其成为身体的一部分，进而使自身更好地融入周围环境，属于身体运动体验的一个内在特征。同时，莫里斯·梅洛-庞蒂还认为，身体本身对环境有意向性，身体主体在场景体验中的参与感是受到外界刺激所产生的内在反应。因此，当运动着的身体成为场景中的一部分时，主体会自觉地与周围商品、环境产生互动，以达到身体与心理在某一情境中的完全投入。

比如，宜家包下了东京一整列地铁车厢举办营业派对来宣传即将开张的东京新店就是一个成功的案例。顾客通过线上报名的形式参与宜家线下情景体验活动，车厢上配有零食和迷你手工作坊，还有工作人员扮成列车长与大家一起做游戏。在整个广告传播过程中，受众没有产生一丝抵触心理，甚至还萌生出了新奇感。受众在车厢这一场景中的身体参与，使宜家这一广告品牌与受众的情感心理产生深层次的连接。

▶▶（四）媒体创意的场景视觉性

户外广告常在媒体创意方面通过视觉冲击构建更为丰富新奇的场景，一个重要的表现就是对传统载体的不同程度的创新，如普通户外广告牌、公交候车厅、户外墙体等。以往地铁大厅的海报常用喷绘，表现形式缺乏张力，过于单调，不仅没有视觉冲击力，看多了难免产生视觉疲劳，忽视广告宣传的内容。而新媒介环境下，户外广告在进行媒体创意时，利用新技术在平面基础上进行设计维度的创新，带给受众全新的视觉体验。

比如，2011年在北京三里屯举办的"宝格丽系列3D投影炫彩夜"活动（图8-15），宝格丽为了推广新研发的赋有白金与玫瑰金材质的"蛇"形系列珠宝腕表，将3D投影技术运用于户外建筑的超大展示屏中，对作品进行完美震撼的演绎，手表华美高超的工艺细节尽收眼底。此次展示打破了传统大屏的平面化演绎，通过运用三维的立体表现，给观众带来了震撼的视觉体验，构建了更为深刻的场景体验感。

图8-15　宝格丽广告

再比如，旧金山一家商场的经营者亚当·霍兰德制作出新媒体"T恤电视"，T恤上装有电视屏幕与喇叭，可以投放Flash动画与幻灯片，剧院让模特身着新型T恤在剧院门口宣传新片，吸引大量观众前来观影，构建了一个临时的、生动的场景。在观众好奇于新型媒体技术所带来的视觉体验的同时，宣传也达到了最佳效果。

小 结

场景营销时代已经到来,人们都生活在场景之中,消费需求也从以往的产品和服务转向场景体验。这就要求营销人员运用场景化思维来设计方案,在营销中更加注重满足消费者的场景价值需求。用户的行为是可以被引导的。因此,我们需要在用户与产品之间搭一座桥,建立一种联系,给用户一个购买的理由。这座桥的名字就叫场景化。用户的消费行为都是在特定的场景下进行的,用户也是透过场景来认知产品的,在不同的场景下具有不同的需求,将产品卖点与用户需求完美结合,有效地触动用户的"痛点",引起用户的情感共鸣,激发其购买欲望,与其建立起良好的互动关系,并形成消费者黏性和忠诚度。

【思考题】

1. 为什么说场景营销会提升用户转化率?
2. 举例说明怎样在营销文案里植入适宜的场景。
3. 场景营销与体验经济有怎样的关联?

【推荐阅读书目】

1. 刘大勇. 场景营销:打造爆款的新理论、新方法、新案例[M]. 北京:人民邮电出版社,2019.

2. 向世康. 场景式营销:移动互联网时代的营销方法论[M]. 北京:北京时代华文书局,2017.

3. 罗恩·沃尔佩. 情境销售[M]. 张艳,译. 北京:科学技术文献出版社,2021.

第九讲

情感营销

中国经济与社会发展正在经历若干转型，随着我国居民收入水平的不断提高，我们正由生产型社会迈入消费型社会，目前已经进入感性消费阶段，逐渐呈现出消费感性化的趋势。美国的巴里·费格教授提出了"情感营销时代"这一概念，认为情感是营销世界的力量源泉。生产者从情绪角度创造了消费动机，受众的情绪能够持续创造购买力，因此情感营销（Emotional Marketing，也称情绪营销）成了营销界最为有效和持久的营销方式之一，能帮助实现品牌与消费者的"双赢"。

一、情感营销的内涵与特征

情感营销是指把消费者个人情感差异和需求作为企业品牌营销战略的核心，通过借助情感包装、情感促销、情感广告、情感口碑、情感设计等策略来实现企业的经营目标。[①]

情感营销策略的独特之处在于把情感元素、情感载体等创意内容糅进策略，满足消费者的个人情感诉求，从而使品牌与消费者建立有效联系。

▶▶（一）情感营销的内涵

情感营销的内涵主要体现在以下几个方面。

1. 情感包装

大多数人都喜欢依第一眼辨别万物，对形状的观察和认识往往来自主观第一意识。因此，视觉修辞艺术越符合本能水平，就越容易被认可和追捧。以酒行业为例，许多企业的白酒产品包装就很好地运用了情感因素，其白酒的外包装呈个性化定制趋势。洋河蓝色经典运用"颜色"这一元素，分别打造了梦、天、海三个子品牌，通过在人们心中树立这个品牌的"刻板效应"，产生产品联想，用纯粹的蓝色塑造"天高海深"的豁达胸怀，而这点恰恰也贴合了喜欢喝酒这一类消费者的潇洒豪气。

2. 情感促销

情感促销是指商家通过情感让利的方法维系与顾客之间的互动，在交易过程中创造顾客100%的满意度，从而建立起顾客与商家的良性循环。微电影广告的情感促销要求商家尽可能为顾客打造积极愉悦的消费体验，了解顾客真实的消费需求，及时把信息反馈给广告主，以顾客情感需求为纽带，从而为顾客量身定做广告，久而久之，加深其对

---

① 张凯璇，侯欣洁. 新浪微博娱乐营销号的情绪营销状况研究［J］. 北京印刷学院学报，2020，28（2）：30-34.

某个品牌的感情信赖，成为产品的忠实拥护群体。2000年，TCL首次利用情感促销策略取得了空前的好成效。在情人节进入倒数的第35天推出了"千年之爱"的主题情话活动，如向情侣或其他有爱的人群寻找、征集情话，特邀数位著名作家担任评委，获得活动名次的参与者都能收到TCL赠予的电话机等。一时间，TCL电话机声名大噪，引起了广大群众和新闻媒体的强烈反响，同时销售额呈直线上升。

3. 情感口碑

情感口碑是指商家通过塑造良好的企业形象，提供优异的个性化服务来赢得消费者的广泛认同和赞誉，然后利用消费者的口碑宣传，把更多关于企业、产品及服务的尝试、喜欢等传播出去。在传播期间，微电影广告最大化地借助网络提供的一系列功能进行实时转发、关注分享、评论点赞等，通过网友自发不断地扩大其影响力，尤其是一些掌握了一定话语权的"意见领袖"，通过使用他们的力量传播，微电影广告顺势可获得更广泛的品牌热度和关注度，即"名人效应"。2016年，轻奢护肤品牌SK-II创作"黄金独立未婚女孩"主题微电影广告《她最后去了相亲角》，一经推出，便引起了广大网友的疯狂转发，点击率呈顶峰式增长，长时间占据各大平台的热搜榜。SK-II倡导的价值观正好契合当下主流群体对自我与内在心灵追求的潮流，并且在近几年推出的广告作品中，邀请的代言人大多数也是影响力大的轻熟型明星。从2017年开始，SK-II在国内的宣传更为大胆，邀请了个性极为鲜明的"95后"作为代言人，不仅深刻地突出了SK-II在"黄金剩女"层面上的感悟，更彰显了广大女性自立自强的精神，也和"90后"群体"做自己"的观点不谋而合。

4. 情感设计

情感是人们主观上对客观事物的一种特殊表现形式，既包括主体对外界刺激产生的积极的或消极的心理反应，也是某种事物的存在是否符合客观规律、是否契合人们辨别时所具备的习惯和经验的反映。以陈可辛导演的微电影广告《三分钟》为例，短片中最具意义的情感设计"火车站"，既是整个影片的贯穿线索，也是情感载体。春节期间的火车站，则更加体现情感交融，因为它象征着归途，象征着团圆。电影一开始便以飞驰的列车代入情节，先大环境再转接小场景，聚焦站台上亲人们拥抱团圆的喜悦画面。最后引出只有3分钟在站台相聚的母子，团聚的那一刻，达到了影片的情感高潮。我们通常认为，春节就意味着回家，而故事中的母子恰巧一反常态，只能分别。恰恰这样的情感设计，在春节期间的特殊时段，反而特别容易使人产生情绪代入。

▶▶（二）情感营销的特征

情感营销的特征主要体现为传播速度快、辐射面广、投入成本低，而在数字时代，情感营销的特征突出体现在以下几点。

1. 数字时代情感营销的互动性

网络媒体的出现,实现了即时性互动,使广告主及其产品与消费者实现了直接对话,获得了实时性的话语沟通,营销沟通也就与广告形式实现了统一。凸显"互动性"的数字传播技术改变了传统传播模式中的"单向传播",实现了广告主与广告受众之间相互作用、相互影响的"双向互动"。为了加深用户对产品的记忆、增强用户的使用黏性,线上线下的参与式互动无疑是优质之举。而数字时代情感营销的互动性,一方面赋予线上线下联动式营销更多的可能性,另一方面也能使部分缺乏线下活跃度的品牌与受众构建多维度的情感交流。

以杜蕾斯品牌的数字广告投放为例。杜蕾斯在微博、微信、抖音等线上平台及线下快闪店、品牌联名互动等营销渠道都较为活跃,广告活动多样,效果出彩。杜蕾斯作为两性生活健康品牌,在数字广告中除了表现自身产品的可靠及舒适外,既追求更精准、有效的产品营销,也注重向受众传达品牌本身的价值取向和认知态度,倡导健康性行为,呼吁关注女性心理。

2019年七夕节前夕,杜蕾斯发布了90周年品牌形象宣传片。这支数字广告通过画面和声音等形象化的表达,阐述了杜蕾斯对促进爱的交流的重要意义,同时也以情感的渲染引发受众的强烈共鸣。以旁观者的口吻、参与者的视角,讲述了一个个勇敢去爱的故事,我们可以看到这些爱超越了种族、年龄、国别与观念。

从视频广告本身的性质来看,这条数字广告具有高度的二次传播潜质,在社群化经济盛行的当下易引起群体互动,从而增加话题热度,引发持续关注。从其传播流程来看,杜蕾斯前期发布"再向前一步"话题造势,通过微博、微信等平台预热,吸引目标受众的关注;活动中期邀请相关KOL、KOC等进行情感"背书",更激发消费者的兴趣;最后以杜蕾斯本身品牌故事做底色,进一步进行情感渲染,在消费者心中建立丰满完整的品牌认知并形成好感度。

除了这些之外,杜蕾斯还积极发起话题讨论和进行知识科普,如"什么是性同意""爱的自修课""杜绝胡说""杜杜小游戏"等,吸引粉丝参与互动抽奖,打造出一个平等友好的互动圈。

而数字广告几乎存在于这个过程中的每个环节。不难看出,一个品牌通过构建丰富多样的数字广告营销矩阵,能更精准、有效地完成市场占位和消费者情感链接。对于杜蕾斯这样一个较为敏感的品类品牌,能恰当运用各种形式的数字广告,掌握好撩拨大众情绪的度,撬动传播势能,传播效果将会事半功倍。

2. 数字时代情感营销的审美共鸣

自从约瑟夫·派恩和詹姆斯·吉尔摩提出了"体验经济"的概念之后,"体验"作为一种重要的营销手段日益受到关注,体验感也是情感营销中最重要的立足点。究其根本,情感营销要求的是企业在营销过程中不仅让顾客获得产品功能上的满足,同时在审美直觉和审美体验的基础上获得情感上的愉悦，从而实现顾客与品牌、产品之间的一种"审美共鸣"。情感营销的多元性、立体化和引导性在其独有的视觉传达冲击力下能发挥得淋漓尽致。数字媒体时代为我们搭建了一个全新、交互、敞开式的信息平台，受众能在其中随时随地地交流和获取信息，这在一定程度上给广告主施加了压力。如何在数字媒体众多、受众注意力分散的情形下快速抢占市场，占领消费者心中的高地，这是一个品牌发展的难题。

以杜蕾斯的品牌发展历程为例。据《2019—2023年中国安全套行业研究报告》显示，中国存在数百家安全套品牌企业，但能被消费者叫上名字的屈指可数。而杜蕾斯在进入中国后，经过二十多年的发展，其目前的市场占有率居同类产品第一，约占市场总额的50%。在杜蕾斯品牌崛起的过程中，数字广告立下了汗马功劳，主要是引起大众的情感的共鸣。

杜蕾斯洞察到疫情期间人们居家抗疫难免无聊，便发起"花式贴合"挑战赛，以视频、H5等数字广告形式鼓励受众参与挑战，并邀请有影响力的"大V"等进行话题传播，充分调动受众的情绪，提供给受众一个情绪和情感的宣泄口，让大家感受到趣味和温暖，并借此提升杜蕾斯的品牌形象，增加受众的好感度。

《复仇者联盟4：终局之战》（以下简称"复联4"）的上映激发了相当一部分消费者内心的冲动和消费欲，杜蕾斯紧抓热点，烘托大众情绪，以数字海报、微博话题等数字媒体的形式借势营销。"蹭热点"的行为不禁让大家感叹杜蕾斯的"鬼马精灵"，其数字广告本身也紧密结合复联4的特征进行宣传，使受众找到了一个很好的情感归属，进而对杜蕾斯品牌产生好感。

3. 数字时代情感营销的人文情怀

人文情怀的升华是提升品牌形象的关键，品牌可以根据不同的时机结合自身的定位推出不同的广告宣传。相比于传统媒体广告营销而言，数字时代各类沉浸式体验、动画、视频类数字广告层出不穷，令人应接不暇。身处信息流广告的大环境中，如何才能做到广告投放的精准、有效，提升其转化率呢？抓住广告的人文情怀，从内心深处建立与消费者的情感链接是本质。被赋予情感的产品具备了人格化的特征，就不单单是一个被用来使用的物体，而是一个具备人格魅力的连接手段，因情连接着产品与受众，不断增加受众对产品的好感度。

以杜蕾斯结合妇女节等节日热点和反家暴等社会热点所发布的数字广告为例。（图9-1）

（a）妇女节广告　　　　　　　　（b）反家暴广告

图 9-1　杜蕾斯数字广告

妇女节这天，杜蕾斯在微博平台发布的这则广告 [图 9-1（a）] 极为巧妙地运用拼音和英语的同与不同，既表达出对女性的尊敬和感恩，烘托节日气氛，又让人联想到其品牌，增加受众的好感度。这则广告很有效地传达了杜蕾斯的价值精神，让受众感受到尊重和爱。这种简单组合的背后既体现出杜蕾斯对热点事物优秀的把握能力，也展现出杜蕾斯对女性主体的尊重，展现出其强大的品牌实力和品牌价值观深处的人文情怀。

在紧跟反家暴的社会热点中，杜蕾斯一改往日轻松谐趣的风格，严肃地讨论两性家庭关系及性行为性质，表现出强烈的社会责任感和道德价值观，有助于更好地树立品牌形象，增加受众的信任度和好感度。不论是从产品还是从品牌诉求上，杜蕾斯都主张幸福、快乐的两性生活，以及关爱、保护女性。而反家暴倡议的营销，正是与杜蕾斯的品牌诉求、主张不谋而合的。如此一来，这种与品牌契合度极高的热点话题实践，不仅符合了杜蕾斯的品牌形象，也迎合大众的心意，让消费者感受到品牌的人文关怀。

二、情感营销的优势和困境

在绝大多数情况下，人是非理性的动物，只会依赖自己的看法和感受行事。按经济学家的话说，这叫有限理性。我们应该适时激发目标消费者的情感，并最终为营销工作服务。

▶▶（一）情感营销的优势

情感，是击穿人与人之间的隔阂，与他人产生联系的最有力的途径之一。

情感营销的第一个优势是，情感总能够快速抓住人的注意力。人的大脑不需要通过认知，就能接收情感性的信息。人的大脑特别容易受强烈的情感刺激吸引，并且比较擅长记录和存储这类刺激。这种现象已经被心理学家证明和解释，如果有东西触发了我们的情绪，如恐惧、厌恶、意外等，通常更需要我们投入注意力，因为这很可能与生死存亡息息相关。情感抓住我们的注意力，承载的信息便快速被我们的大脑记录。

情感营销的第二个优势是，用情感互动获得口碑和声誉，继而赢得更多赚得的媒体（earned media）。人类是社会性动物，很喜欢彼此分享，而互联网让一切变得轻而易举。对于许多品牌而言，决胜点就是去创造引人入胜的内容，能够被大量分享从而形成"病毒式"传播。这种分享是完全免费的，而且包含一定程度的个人"背书"——"朋友说这值得一看"。

情感营销的第三个优势是，情感让品牌有了更高的业务价值。让品牌与消费者保持情感上的联系至关重要，因为这关乎"感知价值"的建立。比方说，假使一块手表只是用来计时，那么它的售价很难超过 500 元；但如果这块手表与身份、地位、教养挂钩，它的售价就有可能超过 50 万元。这可不是差了一点半点，而是要比完全理性的决定多花将近 1 000 倍的钱！名贵手表的制造商并不强调其产品在准确性方面的优势，他们更倾向宣传与手表的计时功能无关的其他特性……人类的追求、成就，甚至传承。这个道理，放在任何产品上都适用。

喜爱品牌的人越多，品牌的业务价值就越高，因为人们愿意为情感支付额外的费用。但假如没有品牌，那就意味着只有产品，人们在购买这件产品时，就只愿意为产品的成本付费。情感联系的建立来自消费者对品牌的良好体验，人们不会为一个产品花很多钱，但会心甘情愿地为一种体验买单。

事实上，品牌是某种产品本身携带的、能够激发欲望的感觉和情感。一个品牌并不等同于一个商标的名字，它是我们通过营销赋予某种产品的"价值"。优质营销要围绕产品建立情感，创建出品牌，而商标名、视觉识别设计都是我们识别品牌的途径。拥有了一个品牌，就拥有了将人们的欲望变现的机制。

▶▶（二）情感营销的困境

虽然情感营销乍听起来很美好，但事情往往并没有那么简单，这主要有两个困难点。

第一，感性广告比理性广告要难做很多。形成并传播一个关于品牌的"杀手级"事实，要比通过广告为品牌建立情感联系容易得多。诉诸情感，需要的是卓越的创意和时间。我们平日里看很多大品牌做的广告，很少涉及促销、折扣、功能介绍等理性内容，一支广告下来，全是"形而上"的东西，但消费者很愿意买单。一辆法拉利，只是看到它性感娇俏的外形，就已经被迷倒了，而无须介绍它有多少马力、它的"破百速度"有多快。为什么呢？因为法拉利早已家喻户晓，所以它可以把广告全部投资在建立与消费者的情感联系上，品牌名只扮演一个帮助识别的角色就够了。对比来说，一个新品牌就没有这样的优势，它要想从情感领域让自己占据用户的心智，非一朝一夕之事，需要经年累月地持续投入，所以在营销投入上注定预算不菲。

第二，我们在衡量一支广告的效果时，往往对它的互动效果关注不够，而通常只考虑了触达、曝光、ROI等显性量化指标。但我们知道，一条感性信息通过互联网传播，能激起强烈的情感共鸣和情绪共振。用户的这种看法和感受，很难被客观感知和衡量。如今，大品牌广告主已经在调整他们的广告预算，将更多的预算放在了数字广告的投放上。例如，耐克每年都在减少自己在电视和平面媒体上的广告预算，转而持续发掘更具互动性的传播方式，力求创造比传统的被动的"感性"广告更好的效果。新加入的都是数字代理商，它们帮助耐克创造如FuelBand（能量腕带）这些科技产品，同时也负责监测和管理这些产品所产生的数据。

三、情感营销的案例运用

首先，数字营销要具备"人格化"属性，基于情感、行为、认知等多个方面，与消费者产生联系和连接；其次，传播不是传统的自上而下的信息"强输"，而是基于"信任"的平级"对话"。那么，数字营销企业和互联网企业如何玩转"人格化"趋势？以下和大家分享的是情感营销的案例分析。

▶▶（一）情感和传递

广告对于用户来说，是信息相通，还是气味相投？我们认为，用户因为情感的共鸣自发传递，应该是传播的最高境界。2022年年初，伊利与网易合作推出了"热杯牛奶，温暖你爱的人"主题项目（图9-2），借助暖意，打通寒冷的冬日。活动搭载于网易新闻客户端之上，以H5页面的形式，主打温暖视觉及手掌互动。为了吸引用户互动，开屏画面即呈现布满雾气的窗玻璃，就像冬日里在窗上涂鸦一样，只要用户轻擦屏幕，暖心文字就会浮现，温暖氛围就此营造。而随后的手掌互动，更进一步带给用户"温暖"体验，用户只需将手掌贴在屏幕上，利用手机屏幕的感应机制，牛奶就可以被"加温"。为了扩大传播，活动中还设置了分享朋友圈，邀请好友一起加热的环节，借助

"一杯牛奶"的暖意,品牌激发用户为爱而传递。

图9-2 伊利"热杯牛奶,温暖你爱的人"主题项目

案例启示 伊利既是品牌也是信息,"为爱热牛奶"既是内容也是情感,消费者乐于参与内容的互动和分享,同时也不排斥信息的表露。品牌较为实效的互联网数字营销是"内容+"的模型,例如,"内容+情感""内容+信息""内容+品牌"等,借助多维度传播,才能使广告具有持续的传递效果。

▶▶(二)情感和认同

如何构建出与用户情感相契合、相关联的数字营销是每一家数字营销公司都在探讨的问题,借由情感的认同能够很快地实现品牌形象的树立和扩散。在情感认同这一点上,2021年年初,360(北京奇虎科技有限公司的简称)和博拉网络股份有限公司完成的"360手机助手公关案例"就很有看点。有周鸿祎在必有"战事",周鸿祎的形象已经深深根植于360企业。此次360手机助手同样发扬了360的自有"气质",针对安卓用户和苹果iOS用户间的矛盾点,在360手机助手应用上为安卓系统打广告,并向苹果iOS系统发起一系列攻击。此次360手机助手的营销在精准锁定目标用户群后,通过情感认同和品牌认同,更深度地强调了360的品牌形象和360手机助手的应用价值。

案例启示 360的案例看似是周鸿祎的"战争",但也可以说是粉丝的力量,巧妙地将安卓用户群转化为360手机助手的粉丝,拥有了粉丝的360,自然不缺少用户。数字营销应构建情感认同体系,使具有同样喜好和同样价值观的用户聚集到同一社群,深度地开发社群和粉丝的价值。

▶▶（三）情感和表达

真诚的情感表达既是最动人的，也是最难得的，如何将情感表达应用于数字营销？对此，传统的媒体应该如何应对？在 2014 年下半年，分众传媒在楼宇电梯广告中加入了 Wi-Fi 热点，增添了互通、互联、互动功能，及时抓住移动互联网这一媒介。分众传媒从一个户外生活圈媒体变成了一个 LBS 的公司，通过楼宇的基于位置的广告平台，可以和移动互联网上的所有客户端进行互动。2015 年 2 月 13—14 日，分众传媒推出的"全城示爱"活动，让女友/男友之间的祝福以弹幕形式呈现在对方所处位置的分众屏上，让小区楼下、办公大楼、购物中心成为表白发布中心，让传统的数字广告推广插上了信息交互和情感表达的"羽翼"。

案例启示 数字营销不应该是"自嗨"型的内容传播，而应该是发动用户参与和互动的"众乐乐"模式。转型为 LBS 的分众传媒通过平台、内容、位置、技术等多方整合，不仅实现了数字营销情感的表达，更推动了户外媒体进入一个线下即线上、线上即线下、媒体即渠道、渠道即媒体的时代。

▶▶（四）情感和体验

当你驾驶着越野车，轻松地行驶于各崎岖路段，欣赏着佳境之美时，你会产生怎样的感觉？是赞赏沿途之景、挑战自我，还是欣慰于有这个一路陪伴的"老朋友"？没错，这就是基于场景和体验，触发用户的情感，福特翼虎联合博拉公司推广的"无尽之旅·翼虎大型车主/潜客线下体验"活动（图 9-3），通过线下的真实场景和体验，加深福特车主和潜在客户对于福特翼虎的信任和情感上的关系，再通过线上的传统媒体和社交网络媒体，加速传播、扩散，从而促使各地区的潜在客户到 4S 店体验，更为福特翼虎在全国营销中树立了真实可信的品牌形象。

图 9-3　福特翼虎大型线下体验活动

案例启示 体验是触发情感的捷径，数字营销是情感传递的快速通路。品牌与用户间的连接需要通过对话和交互产生，如果只是一味专注于线上，或单纯地经营线下营销的单一渠道营销，很难再吸引大量消费者为其买单。

▶▶（五）情感和娱乐

数字营销如何能好玩、有趣？广告内容如何能深度洗脑？在最为正统的营销思想里，这是完全不可能存在的，但在"奇葩"的世界里稀松平常。2014年11月29日，由美特斯邦威冠名的爱奇艺自制节目《奇葩说》正式上线，节目不仅围绕社会最热门的话题展开辩论，还会由主持人露骨地播报品牌广告，如主持人常说的"本节目由史上时尚时尚最时尚的美特斯邦威冠名播出"等，这样极具娱乐性的广告播报，在这类娱乐性的节目中，非但不会引起用户的反感，还会成为用户的谈资，这对于美特斯邦威而言是绝佳的广告传播和扩散。同时，《奇葩说》第一季刚刚落下帷幕，美特斯邦威便迅速拿下第二季的冠名权。

案例启示 数字媒体的传播，不应只是信息的分发，而是需要在以用户为核心的基础上，搭建极具话题和娱乐属性的内容。这是一个传播即内容、内容即广告的时代，不具备娱乐属性的营销，便不具备话题和传播性。

▶▶（六）情感和定位

上面谈了很多数字营销如何与情感发生联系的案例，除了数字营销能与情感发生关系外，就算是最为系统化的程序化购买，同样也可以与情感"碰撞"出火花。2015年3月，承德露露和易传媒合作进行的互联网推广项目就有此种特质。承德露露广告的投放，通过DSP精准锁定"70后""80后""90后"人群，针对不同人群定位，输出有针对性的广告信息（图9-4）。例如，针对"70后""80后"人群，传递的是露露在他们成长岁月里的陪伴；对于"90后"人群而言，露露更多的是建立情感纽带和市场拓展机制。针对不同人群、不同情感的定位，可以更为可观地实现数字广告的精准转化。

图 9-4 承德露露广告

案例启示 2015年，程序化购买从2014年的井喷状态逐渐转变为常态化，程序化购买成为品牌主的标配。程序化购买的升级和转型将成为近年来的重点话题，我们不能仅单方面地观察程序化购买的系统性，更需要拓宽程序化、人格化的视野。

▶▶（七）情感和原生

做有情感的数字营销，不应只考虑数字广告和情感间的关联，还应考虑用户在接收广告信息后会产生怎样的情感波动，是欣然接受，还是拒之千里？近些年来，原生广告作为与场景相融合的广告形式，深受广告主青睐。例如，网易有道词典就曾与联想合作，除了传统的弹窗和横幅广告外，原生广告最大的特点便是与有道词典双语例句的内容进行深度结合。用户搜索"creative"一词，网易有道词典随即给出内嵌的双语例句（图9-5），将其工具性与商业性完美结合，是原生营销概念的经典诠释。

案例启示 原生广告本质上是利用原生的方式和情感让广告主将想传达的信息传达给消费者，使消费者在视觉、情感、思维等多维度上悄无声息地扩散广告的商业性。同时，作为消费者，如果看到这个内容对自己有价值，甚至超出了自己的期望，就会被激发，从而有进一步的行为。

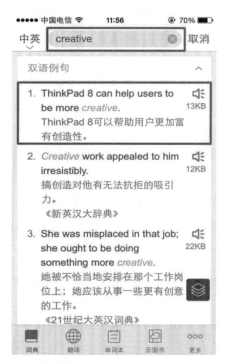

图 9-5　网易有道词典广告

四、微电影广告的情感营销

微电影是指借助数字制作技术生产，在新媒体平台上传播，适合在移动状态和短时休闲状态下观看，且具有完整故事情节的短时长电影。微电影具有微投入、微制作、微时长、微叙事的特点。微电影广告是指广告发布主体为某个产品或品牌量身打造的，以叙事蒙太奇为表现手法，以新媒体为主要播放途径，时长在30秒至30分钟之间，具备完整故事情节，以产品或品牌的宣传推广为主要目的的广告短片。①

微电影广告是新媒体环境中形成的新型广告表达形式。它是为了宣传某品牌或某产品而拍摄的，具有一定情节的，运用电影摄制技术和视听语言，通过情感共鸣激发受众

---

① 彭雅兰. 传播学视角下的微电影广告叙事研究：以 New Balance 品牌微电影广告为例 [D]. 西安：西北大学，2016：1-56.

购买欲的非传统广告,是由传统广告演变而来的,是硬广告向软广告转变的结果。

微电影广告经历了十几年的发展,从一个新生事物逐渐为大众所熟知。凯迪拉克的第一支微电影广告《一触即发》具有里程碑意义,可以算作国内第一支真正意义上的微电影广告。这一阶段的微电影广告与传统广告之间的区别并不太明显,依然采用直白的灌输式的宣传手法,但其广泛的传播使品牌商意识到了微电影广告的潜力。随后,凯迪拉克的第二支微电影广告《66号公路》将微电影广告的理念提升到了一个新的高度;而姜文为佳能相机拍摄的微电影广告《看球记》发布3天就斩获1 000万次的点击量,标志着微电影广告进入了一个新的阶段。根据学者李瑞的研究,这时的微电影广告已不仅仅局限在宣传产品和推广品牌上,而是更多地将目光聚焦在人们的情感表达上,从而引发观众情感和心理上的共鸣,以此获得观众对企业品牌的情感认同,最终达到推广品牌、宣传品牌价值的目的。[①]

(一)微电影广告情感营销的传播特征

微电影广告情感营销的传播特征包括以下几个方面。

1. 多主体性

在新媒介环境的影响下,网络的多元化和自主性使传播主体形式发生了巨大转变。微电影广告的传播不再和原来一样,单纯地依靠媒介团队和专业广告制作人,同时还囊括了对信源"二次传播"的广大自媒体人和普通受众。

(1)广告主

作为第一制作主体和发起人,他们全程参与创作,从选题确立、脚本设定、拍摄过程到后期传播,都是广告的源头和创意活动最得力的执行者。

(2)自媒体人

无论是视频还是文字、图片等其他信息源,自媒体当之无愧是最好的"搬运工"。除了相应垂直网站(新浪网、今日头条等)、门户播放平台(爱奇艺、优酷、腾讯等)和移动短视频APP(抖音、快手等)外,社交自媒体发展得更是如火如荼,有了这些平台做后盾,微电影广告宣传范围大大扩展。

(3)受众

自媒体时代,人人都能拍大片。作为发起者,受众可以自发,也可以受产品方委托,只要具备拍摄工具和好创意,便可以拍出好作品。作为二次传播者,受众在接收到一部符合他们自己心中设定的微电影广告作品时会被感染,且由于认同而主动转发、分享。

好的微电影广告创意出其不意,画面多样,情感动人,悄然使受众代入剧情,碰撞

[①] 李瑞. 基于叙事结构的微电影广告隐喻策略研究[J]. 出版广角,2019(7):70 - 72.

出情感的火花。这样反复加以二次传播，就像滚雪球一样，范围越"滚"越大，产品口碑像细胞一样生成扩展，最终传向众多相互关联的个体。

2. 故事性

所谓"故事性"，是指用叙事感染受众，通过制造悬念或冲突，直击人们头脑，进而对产品产生消费行为。纵观近几年的微电影广告作品，反响较好的一般具备两大因素：恰当的热门话题和有创意的叙事手法。

首先，微电影广告的故事性主要体现在题材的选择上，要结合当下最恰当的热门话题演绎一个完整故事，进行合理造势，抓住消费者的注意力。微电影广告题材的选择，一般从普通大众的点点滴滴中提炼获取，即所谓"艺术来源于生活"。先找素材来源，适当改编加工，再使其"高于生活"。二者的共通之处在于"移情"，受众能较快感受到剧情的要点，从而迅速产生代入感。① 例如，苹果2020年新春贺岁短片《女儿》，百事公司"把乐带回家"系列广告，都是将生活中的情感冷暖，结合话题热点，不断浓缩，编织进故事，用电影方式呈现，使其上升到情感高度，赋予产品更深刻内涵。

其次，微电影广告的故事性还表现在叙事结构的运用上。微电影广告是"合成品"，先是商业，再是艺术。微电影具有完整的叙事结构特点，即采用叙事手法，同时依附完整扎实的戏剧框架，对每段情节进行合理有序的艺术重组叠加，以取得情感、智力或戏剧上的最佳效果。以陈可辛导演的《三分钟》为例，《三分钟》最大的成功就是运用影像艺术的表现方式，真实再现普通人的生活处境，赤裸裸地表达，毫不掩饰。它将亲情主线贯穿影片始终，没有生硬宣传，没有华丽广告词，仅仅是不动声色地存在于整个故事，使人们在关注跌宕起伏的故事情节时，潜意识地接收该品牌传达的产品信息和品牌理念。

3. 感染性

信息时代，人们对于商品的选择，占据着主动地位。传统广告的"填鸭式"灌输，早已不能满足消费者需求，如何让广告感染消费者，使消费者产生品牌联想，是现代广告能否"鹤立鸡群"的核心。广告有没有感染性，首先要看它的内容输出是否具备相应的"情感市场"。

第一，是否符合人基本的情感需求。只有紧紧抓住受众最基本的"人性"，观众才会逐渐被感染。例如，2017年，招商银行留学生借贷服务中心出品的一则广告《世界再大，大不过一盘番茄炒蛋》，就是以"亲情"为主线，讲述了一段关于留学生家庭的故事，凸显了远隔重洋母子之间的情感交流方式，满足了广大在外求学游子的情感诉求。"亲情""家"这些元素对于中国人而言，都包含着深厚的意义。

第二，能否营造出观众期待的情感氛围。广告主和商家在制作微电影广告时，要尽

---

① 华颖臻. 微电影式广告的情感价值研究［D］. 西安：陕西科技大学，2014：1-46.

可能把企业品牌本身的情感、微电影故事题材的情感和受众感知的情感联系在一起，形成一个完整的情感链。① 例如，2016 年，百事可乐依照《西游记》中"美猴王"扮演者六小龄童原型重组打造的《把乐带回家》，展现出了一个历经多代传人的"美猴王"角色，凸显出猴戏传承的不易，艺术家却仍然坚持不懈，为后世传递传统文化精粹，这样的设定很贴合观众心理情感期待的氛围。百事可乐品牌致力把快乐传递给每一个人，这也与"金箍棒交接了一代又一代"的猴戏传承精神相呼应，让观众形成"把快乐带到一户又一户人家"的品牌认知。

把情感寄托在剧情中，受众能够拥有灵敏的感知度，品牌理念也能更透彻地灌输给受众，这是微电影广告发展成熟的表现，也成为"圈粉"众多商家客户的关键因素。微电影广告只有遵循大众文化一贯相通的理念，达到与受众相同的情感认知标准，才能受到大众追捧。

▶▶（二）微电影广告情感营销的运用

1. 多种情感载体的融合运用

正如传播学中的"冷媒介"与"热媒介"提法，从马歇尔·麦克卢汉的理念来看，小说为"冷媒介"，因为它的语言表现力更丰富，需要读者发挥自身想象力，且每个人的理解会不一样；电影则是"热媒介"，呈现出的是高清晰度，同样需要观众发挥多种感官想象，但大多数人的想法和态度呈一致状态，而这点正符合企业致力品牌传播的目的。微电影广告中所存在的情感意义可以通过以下三种形式表现出来。

（1）文本内容

结构主义符号学认为，文字是构成一部完整广告作品的基础，创作前必须要有脚本和文案。文本内容可以被反复推敲、解释，这也是所指与能指在一定层面上的相互博弈。所指，在上文中提到，意为表层含义，可以由文本创造出来；能指则意为深层内涵，可以有无数种建构的方式。受众在观看过程中基于自己的文化水平、生活背景等因素的影响可解读出不同的含义。一部好电影不仅仅在于有一个好故事文本，专业人士往往更加关注如何把这个故事讲好。微电影广告尤其注重与受众的情感互动和激发受众自身的情境想象，在较短时间内产生较深刻的情感印象，以达到宣传某种产品或服务的目的。

（2）镜头语言

俗话说，世界并不缺乏美，而是缺乏发现美的眼睛。从电影创作技术层面来说，镜头便是电影中发现美的"眼睛"。镜头技术决定美感高度，它提升了消费者的审美素

---

① 应群，汪颖，蔡建军. 节庆营销中的微电影广告情感诉求与效果分析：以百事可乐六小龄童贺岁广告为例[J]. 大众文艺，2016（11）：180.

质，促进了电影艺术的发展。古代人只能通过自己的双眼发现和欣赏大自然的美，最直观但也最容易消逝；而现代人的审美和情感表达，除了可以通过自己的眼睛进行外，还可以借助技术手段来完成。而微电影广告正是凭借成本低、创作周期短，且制作技术高超、画面细腻优美等特点，成功进入人们的视野。因此，镜头语言运用得好，也能巧妙地表达情感。

（3）背景音乐

背景音乐也是一种建构符号，能传递情感、力量、精神等抽象内容。音乐是一种独特的艺术表现形式，具有特殊的"音乐叙事性"。微电影广告通常会根据剧情的起伏配置背景音乐或穿插主题音乐，以此增强对受众的感染力。不同类型的音乐会使受众对广告产生不同的反应，节奏快的音乐会让受众感觉充满力量，节奏缓慢的音乐会让受众心情愉悦……在促进剧情的发展、丰富人物的心理、呈现电影的氛围等方面，音乐有时比语言更有效果。因此，背景音乐的使用要时刻符合广告中产品或品牌所具有的调性和宣传理念，这样也能为广告的传播锦上添花。

2. 情感营销与病毒营销的结合

微电影广告营销不仅能在短短几分钟内呈现出一个有头有尾的故事，且大多数故事原型基于社会热点改编而成，还能密切联系产品信息，这样既能满足广告主的商业宣传需求，又能愉悦受众的精神情感生活。

赵静等在《病毒营销：基于网络的情感口碑》一文中指出"病毒营销，是通过用户的口碑宣传网络，借助于因特网，利用快速复制的方式将有利于企业的营销信息像病毒一样传递给他人，使之在曝光率和影响上产生几何级增长速度的一种营销推广策略"[1]。然而，要想实现"病毒式"营销，使消费者能够自发主动进行传播，广告内容就必须对受众有价值，最好是紧贴受众或有利于受众的社会文化及话题，符合受众的切身利益，只有这样才能使受众接受营销内容并主动向他人传播。

小　结

一个好的品牌能建立顾客偏好，吸引更多的品牌忠诚者。但是，品牌忠诚的建立除了有过硬的产品质量、完美的产品市场适应性和营销推广策略外，在很大程度上与消费者的心理因素有密切的关系。选择合适的营销方式、恰当的情感切入点，将品牌与情感内容相结合，才能自然地拉近品牌与用户之间的距离。随着社会经济的快速发展，人们

---

[1] 赵静，刘畅，秦梓华. 病毒营销：基于网络的情感口碑 [J]. 商场现代化，2008（29）：102.

的需求开始向个性化转变,而引起情感共鸣是最好的个性化过程。情感营销是从消费者的情感需求出发,把消费者对企业品牌的忠诚建立在情感的基础之上,以唤起和激起消费者的情感需求,诱导消费者从心灵上产生共鸣,使之产生心理上的认同,从而产生偏爱,形成一个非该企业品牌不买的忠实顾客群。

【思考题】

1. 情感营销在广告劝服中起到怎样的作用?
2. 情感营销怎样帮助建立消费者的品牌忠诚度?
3. 情感营销对消费者的行为有哪些影响?

【推荐阅读书目】

1. 李光斗. 情感营销(升级版):社交媒体时代的营销生态[M]. 北京:电子工业出版社,2015.
2. 唐纳德·诺曼. 情感化设计[M]. 付秋芳,程进三,译. 北京:电子工业出版社,2005.
3. 周高华. 情感营销:体验经济、场景革命与口碑变现[M]. 北京:人民邮电出版社,2016.

第十讲

新零售营销

2016年,"新零售"(New Retailing)概念腾空出世后,便迅速向各行各业渗透,从单一的零售范畴逐渐密布为综合性产业。伴随着用户体验的习惯养成及其模式的创新,"IP+新零售"的"盲盒"组合玩法也逐渐步入大众视野,成为当下的营销热词。媒介融合时代,线上线下的全面整合为新零售场景实现多元体验感埋下伏笔,也为消费市场未来的发展提供了诸多素材。由此衍生出的营销思维其实就建立在洞察消费者的心智之上,消费体验趋于娱乐化,盲盒的火爆可以作为这一市场游戏里的生动例子。

一、新零售营销的内涵与特征

新零售,即企业以互联网为依托,通过运用大数据、人工智能等先进技术手段,对商品的生产、流通与销售过程进行升级改造,进而重塑业态结构与生态圈,并对线上服务、线下体验及现代物流进行深度融合的零售新模式。[①]

▶▶(一)新零售营销的内涵

新零售既是零售业态不断适应新生产力发展需求的选择,也是经济、技术、政策、文化等因素共同推进引导的风向口。学者鄢章华、刘蕾在《"新零售"的概念、研究框架与发展趋势》一文中认为,"新零售"的概念是指蕴含在旧名字中的新事物[②],即在不断发展的业态局势下与时俱进的一种新模式、新思想和新创造。零售业带动的经济效益,在我国整个商业化布局进程中仍占据一定的重要地位。

在我国,"新零售"一词是在2016年被首次提出的,这几年便迅速落地发展,社会关注度较高,相关的理论研究和创业实践也有了初步成果,但总体来看,与其相关的理论研究仍然较少。在研究内容上,学者大多集中探讨其定义与内涵、背景特点、产生原因与发展形势、生态构建与战略规划等问题,人、货、场三要素则是基础的分析层次,对新零售是以消费者为中心、建立在数据与渠道物流上的新消费关系的变革这一观念达成共识。在未来,链态整合的场景化体验还将不断渗入服务与商品之中。网络设备、大数据、社交媒体、传感器、定位服务是场景营销的五大核心元素,零售业还将不断适应新的生产力水平,在物流链路与技术的运用中创造更为深入有效的消费场景。此外,在有关盲盒IP产业的文献资料中,学者们主要从辩证的角度分析其发展前景和隐忧,从消费行为和消费心理角度做进一步的解释,而有关于IP新零售营销场景的系统研究仍

---

① 杜睿云,蒋侃. 新零售:内涵、发展动因与关键问题[J]. 价格理论与实践,2017(2):139-141.
② 鄢章华,刘蕾. "新零售"的概念、研究框架与发展趋势[J]. 中国流通经济,2017,31(10):12-19.

然较少。

在国外，由于金融体系和经济形势的不同，"新零售"的"新"也是因地制宜的，主要体现在技术驱动和业态融合上。国外学者的讨论大部分建立于我国阿里的战略布局，并肯定了新零售对行业、生活甚至世界的影响。对于一些发达国家而言，技术层面的云计算和人工智能也已运用于零售业，如谷歌利用自身数据优势展开新零售布局、亚马逊书店及其概念店的用户体验优化、沃尔玛的电商平台推广、Farfetch（发发奇）未来商店对数据的互联互通等。虽然各国新零售的发展路径和未来趋势不同，但底层逻辑和出发点有共通之处，即提升效率、优化体验。

▶▶（二）新零售营销的特征[①]

1. 生态性

新零售的商业生态构建将涵盖网上页面、实体店面、支付终端、数据体系、物流平台、营销路径等诸多方面，并嵌入购物、娱乐、阅读、学习等多元化功能，进而推动企业线上服务、线下体验、金融支持、物流支撑四大能力的全面提升，使消费者对购物过程便利性与舒适性的要求能够得到更好的满足，并由此增加用户黏性。当然，以自然生态系统思想为指导而构建的商业系统必然是由主体企业与共生企业群及消费者共同组成的，且表现为一种联系紧密、动态平衡、互为依赖的状态。

2. 无界化

企业通过对线上与线下平台、有形与无形资源进行高效整合，以"全渠道"方式清除各零售渠道间的种种壁垒，模糊经营过程中各个主体的既有界限，打破过去传统经营模式下所存在的时空边界、产品边界等现实阻隔，促成人员、资金、信息、技术、商品等的合理顺畅流动，进而实现整个商业生态链的互联与共享。依托企业的"无界化"零售体系，消费者的购物入口将变得非常分散、灵活、可变与多元，人们可以在任意的时间、地点以任意的可能方式，随心尽兴地通过诸如实体店铺、网上商城、电视营销中心、自媒体平台甚至智能家居等一系列丰富多样的渠道，与企业或者其他消费者进行全方位的咨询互动、交流讨论、产品体验、情景模拟及购买商品和服务。

3. 智慧型

新零售商业模式得以存在和发展的重要基础，正是源于人们对购物过程中个性化、即时化、便利化、互动化、精准化、碎片化等要求的逐渐提高，而满足上述要求则在一定程度上需要依赖于"智慧型"的购物方式。可以肯定，在产品升级、渠道融合、客户至上的新零售时代，人们经历的购物过程及所处的购物场景必定会具有典型的"智慧

[①] 杜睿云，蒋侃. 新零售的特征、影响因素与实施维度[J]. 商业经济研究，2018（4）：5-7.

型"特征。未来,智能试装、隔空感应、拍照搜索、语音购物、VR 逛店、无人物流、自助结算、虚拟助理等图景都将真实地出现在消费者眼前,甚至获得大范围的推广与普及。

4. 体验式

随着我国城镇居民人均可支配收入的不断增长和物质产品的极大丰富,消费者的主体性得以充分彰显,人们的消费观念将逐渐从价格消费向价值消费过渡和转变,购物体验的好坏将越发成为决定消费者是否买单的关键性因素。现实生活中,人们对某个品牌的认知和理解更多地来源于线下的实地体验或感受,而"体验式"的经营方式就是通过线下实体店面,将产品嵌入所创设的各种真实生活场景之中,赋予消费者全面、深入地了解商品和服务的直接机会,从而触发消费者视觉、听觉、味觉等方面的综合反馈,在增进人们的参与感和获得感的同时,也使线下平台的价值得以进一步凸显。

二、IP 之于新零售营销:新的链接符号和语言

IP,即知识产权,英文全称为"Intellectual Property",在本书语境里更偏向于有一定影响力、外延性的原创内容成果,可以通过授权、联名、展览、衍生品开发或二次改造等形式进行多渠道运营。尤其是在网络的发展和普及之下,IP 得以融入各行各业,形成一定规模的产业链,成为品牌推广、文化创新与消费沟通的新型符号和链接语言。

学者高锐在《IP 产业对互联网新零售企业发展的重要性分析》一文中表示:"泛娱乐的核心是 IP,其可以是一个故事、一个角色或者其他任何大量用户喜爱的事物。"[①] 对于 IP 本身而言,原创是根基,而其自身所带的记忆属性和粉丝效应则提供了具有潜力的经济效益,如同细胞裂变繁殖,在原来基础上产出的内容与形象价值可以源源不断地更新成长。同样得益于"互联网+",新零售与 IP 在融合与链接的营销气质上相类似,真正具有生命力的 IP 可以说是一座新的沟通桥梁。在营销领域,趋同的产品与个性的需求更是使得体验感成为流量引擎。

▶▶(一)场景构建:实现以消费者为中心的服务体验

新零售的一切出发点都围绕着消费者,所以在云计算和大数据出现后,对消费者需求的统计和分类逐渐以数字化的形态进行。在各类数据报告中不难看出,当今消费群体对满足物质欲望的需求日渐降低,市场游戏里更多的是以新中产阶级为代表的"理性玩

---

① 高锐. IP 产业对互联网新零售企业发展的重要性分析 [J]. 市场研究,2019 (4):40-41.

家"，他们对自我发展有个性的认知，对生活有独特的品位，十分注重自身的体验感，注重颜值，也乐于分享和表达，愿意付出更多来购买理想的产品与服务，也特别关注社会未来的发展。对于同一类产品，他们的区分法则是看其背后的价值体现及特征品质。尽管消费者是一个庞大的群体，但个性化的追求让这个群体变得分散而独立，如何找到用户、培养用户、粘住用户是商家和企业需要思考的问题。

当我们向产品和服务注入 IP 因子时，其实就是在试图吸引相对应的潜在用户，而 IP 触达消费群体的渠道便是场景。"场景"一词最初是指戏剧、电影等影视作品中的环境氛围，是在特定时空中人物关系与行动的具体画面。在《即将到来的场景时代》一书中，作者首次提出场景时代的技术支点分别是移动设备、社交媒体、大数据、传感器及定位系统[①]，可见，场景营销还具有追踪与引导的特质。人们每天的生活轨迹都像是一条无形的线，随着时间的积累慢慢汇聚成特殊的平面，在大数据的分析之下，平面被加入更多的元素，逐渐立体化。在这些立体化的特质背后，消费者的行为、属性、需求、习惯等都将延伸出可推测的纬度，纬度相组就变成了一个有"靶心"的营销方案。可以说是从场景来观察人群，再模拟构建出营销者所预期的、可在特定时空精准重现的"新场景"来吸引人群，同时也可以减缓人们被现代广告引导变得麻痹而产生的厌恶情绪，优化体验感受。

为了提高效益，企业对数据来源与场景投放的精准度需要有较好的把握。目前，场景营销中的用户数据主要来源于两类：一类是线下信息通信设施，另一类是线上浏览点击搜索足迹，这相较于传统的网络营销数据会更加丰富，但也存在着信息量庞大导致选择上的误判。场景投放的精准度把握的难点在于算法，无论是运用场景定位、用户定位、行为定位，还是运用媒体和内容定位，如何运用数据，又要用怎样的算法思维推导，还须结合实际情况做出合理判断。譬如，用户经常浏览同类同质的内容，是因为只喜欢这一类还是因为对其他类目不了解而形成了"信息茧房"。总而言之，对于消费者内在真实需要的探索，场景的多样化给营销人员提供了更多创新的可能。

▶▶（二）场景经营：线上线下的"分离"与"融合"

在场景的运用和经营中，艾瑞咨询认为，其发展路径应自核心场景顺延至外围场景，再顺延至边缘场景。其中，核心场景主要是指人们日常生活中较为常见、普遍都会参与的场景，如餐饮、购物、休闲娱乐等；外围场景则多指一些娱乐活动，是人们乐于参与的场景，如户外、运动、游戏等；边缘场景主要指向于较为严肃的场景，如工作、学习、医疗等。随着科技的发展和移动通信与网络的普及，场景也不再单是具象化、客

---

① 罗伯特·斯考伯，谢尔·伊斯雷尔. 即将到来的场景时代［M］. 赵乾坤，周宝曜，译. 北京：北京联合出版公司，2014：11.

观化的，我们可以将其分类为线下场景与线上场景。

1. 线下场景：客观、传统、实体场景

提起线下的生活场景，主要特征就是真实可感，是身临其境的，同时它也是线上场景勾勒的前提和参考来源。在新零售层面，线下场景的亲身体验感既是线上场景所无法比拟的，也是其一直强调的要为商业综合体赋能。尽管在网络发达的今天，购物消费无须出门便可轻松快捷地实现，我们的视觉、听觉得以在时空中解放，但味觉、触觉、嗅觉及体感还未能依靠技术被成功替代，也许在未来也不会有被真正替代的可能。网络的发展只是压缩了部分线下活动的"独裁"，给消费者提供了新的方式和选择。就比如，当我们想喝咖啡时，我们既可以选择网络下单配送，也可以选择坐在咖啡店享受氛围，这完全取决于我们的意愿。而为了避免不被选择，线下场景就更需要突出自身的优势，提升氛围感和体验感，不断创新形式，由此还诞生了无人商店、智能贩卖机及结合AR、VR技术的3D体感游戏舱。

2. 线上场景：移动、互联、虚拟场景

在线上，场景的塑造是非常依赖技术的，为了模拟真实的感官体验，需要弥补线上的感觉误差。因此，利用移动设备在技术上的便捷与多元，"互动"成为线上场景中新的体验关系，如社群的管理建设将用户的社交场景搬进屏幕，打造线上的交流社区。此外，iH5、小程序（其中的互动游戏和商家应用程序）、AR和VR，甚至是近年来迅速发展的5G技术，都意味着线上场景的呈现方式愈加丰富。

人们的消费观念和个性需求催生了场景的交织交融，使其展现形式不断创新发展，线上与线下两端的情境体验也并非孤立且相互竞争的，在整合营销的范式下，表现出互相弥补与协同合作的关系。

▶▶（三）场景趋势：多元化、融合化、精准化

目前，互联网已发展到一定的程度，网民的增长速度变缓，人口红利不再是导致获客成本下降的加速器，多数企业在完成用户获取的增长阶段后还须将用户资源转变为营收效益，而场景营销的优化功能和替代效果逐渐显现。在技术层面，数据的开发和共享既可以实现更好的用户行为预测，也吸引着越来越多的垂直企业相继进入。在内容层面，IP的情感赋能配合营销手法，为人群的划分、抓取与培养提供了新思路。对于IP新零售营销场景未来的发展趋势，我们认为有以下三点。

1. 场景多元化

场景的开发从本质上说是对需求的响应。一方面，消费升级与泛娱乐趋势都在强调体验的重要性，消费群体的庞杂和多变势必引起多元场景的创新，IP创新也为其带来内容的素材；另一方面，技术的发展提供了各种搭配组合的可能，在同一诉求下，场景

的展现形式也各有不同。除此之外,触及消费者的终端渠道也有了更多的选择,洞察消费期待、营造场景的载体实为难点。

2. 跨界融合化

新零售的出现重构了人、货、场三者之间的关系,线上与线下的边界在融合,场景与场景之间的边界也在融合,实现互助互推。纵观场景营销链路里的参与环节,线下入口主要是数据的采集和场景的应用,线上入口则有云端智能操作系统、便捷的移动支付平台、媒体服务平台等,它们相互补充、支持,形成融合的流程闭环。另外,加盟的IP主要是作为黏合剂,将硬性的内容产出柔软化,在场景的氛围里烙上主观印记,是技术理性与内容感性的结合。

3. 分析精准化

在精准度上,无论是源头数据还是中间算法平台、触及渠道和展现内容,所有的指标属性都在为标签的细分添砖加瓦。当前的各类平台、各类设备,甚至是我们所处的任何地理空间,业务所及之处都能够准确捕捉我们的行踪轨迹,记录我们的特征和偏好。让消费者从场景中走来,又向场景中走去。企业之间的资源置换和数据共享将使数据更为详尽和透明,但也存在用户数据隐私被泄露的风险。

三、盲盒思维下 IP 新零售营销

回顾 2019—2020 年,新零售的发展一度遭遇困境,一些头部标杆企业的业务增长疲软,创新型企业发展形势仍不稳定。从生鲜领域开始逐渐兴起激荡开来的营销新方式,却不一定适用于所有零售业态,行业试水最终仍要走向"盈利"的商业本质。而在这场变革中,POP MART(泡泡玛特)以"IP+新零售"供应链的方式进军 2019 三季度胡润大中华区独角兽榜单,找到了属于自己的独特坐标与文化调性,打开了"潮玩"(Art Toy/Designer Toy)圈层的需求大门。自我国改革开放以来,巨大的消费市场为零售企业奠定了"中国制造"这一强有力的生产基础,而对智能化、数据化、虚拟化技术的运用,更是使商家与消费者之间连接得更紧密。此外,伴随着中国文化国潮复兴,IP 成了一条特殊的情感纽带。在丰富的资源与纷杂的市场之中,POP MART 无疑在新零售领域开拓出了一片新蓝海。

"潮玩",顾名思义即潮流玩具,也被称为艺术玩具、设计师玩具,在海外(美国、日本、韩国等)和对外贸易较多的国内城市(主要是香港)率先流行,尤其是一些发达国家早已在市场红利的收割下形成初具规模的产业链。由于全球化进程进一步打开了不同地区之间的商业贸易,各国各地的文化交融、碰撞,在国内大陆市场并没有得到良好开发的"潮玩"多是境外进口，且货量不多，价格昂贵，国内没有自主供应的商业模式，所以在很长一段时间里都处于空白状态。国内外的发展状况极不平衡。

在我国的"潮玩"IP 新零售领域，POP MART 率先引资进入市场，不断开拓版图进驻商圈，将本土"潮玩"带给大众，填补空缺，拉动内需，并有意向海外市场推广。

▶▶（一）丰富新零售业务形式

POP MART 的主营业务大致可以分为五类：潮流商品零售、艺术家经纪、互动娱乐、衍生品开发及授权、潮流展主办。在零售业务中，POP MART 主要将潮玩、二次元周边、球型关节人偶及大 IP 的衍生品作为服务产品；艺术家经纪则是指对艺术家的粉丝社群进行运营与管理；互动娱乐以盲盒为载体，利用机器与人的交互形成互娱，将消费行为娱乐化、游戏化；衍生品开发即在 IP 成型后，做多次流量引导，创造出更多的变现途径；潮流展主办是从文化层面进行多次传播，吸引具有相同兴趣的消费者，为社区的建立营造现实的场地。

▶▶（二）打造"潮玩"闭环供应链

为了将独特的艺术品做成商业化的产品，POP MART 做了许多尝试：一是集合艺术家和设计师自建多样化的子品牌 IP；二是打造完整的供应链系统，改变"潮玩"的"独乐"体质。鉴于"潮玩"的卖点在于精神消费，所以 POP MART 将目标受众定位在奋斗于一、二线城市的"80 后""90 后"，并在"她经济"盛行的形势下，主要以爱逛街、爱消费的女性为市场切入口。

在供应链的前端，POP MART 改变一味引进外部 IP 资源的局势，选择和国内小有名气的有潜质的艺术设计师签约合作，收购"小而美"的独家版权孵化运营，巩固自身的渠道优势，并为旗下每个 IP 制订发展规划，培养包装其背后的设计师资源，并通过原创设计和创造力为产品的生命力源源不断地供能，形成品牌文化。在制造端，POP MART 内部团队会将设计师拟好的草图进行精加工和 3D 设计，通过产品化的建模和工业化的生产，批量打造系列产品并进行评估和推广。在销售端，POP MART 打通了线上线下的各类社群和渠道，并通过加入展销会、跨界合作等多种形式扩大其知名度，再根据用户的反馈信息做出调整，开发、制作 IP 衍生品，逐渐将"潮玩"驱动力转化为品牌优势，不断积累修正，形成自主的"潮玩"闭环供应链。

▶▶（三）建立全渠道营销场景

在新零售商业的升级和创新中，"场景"是一个重要词汇，也是传播的接触点和分享的触发点，生产者、销售者与消费者之间的关系渐渐紧密，社交元素和娱乐效应正为全渠道营销增添新势能。在零售娱乐化的趋势中，POP MART 也在不断进化自己的商务模式，除了对供应链的全程把控外，在渠道上也建立起各式互动窗口。

针对实体的线下销售场景，POP MART 主要在一些大型商场、购物中心、甲级写字楼、地铁、机场、高铁站、五星级酒店等碎片化场景，依据场地面积和人流量分别设立主题门店、机器人商店、无人便利店及为了响应相应广告营销活动而设立的快闪店。在每个流量触及地都采取因地制宜的方法，从消费者需求出发，合理分配场地资源。此外，"潮玩"展会与艺术赛事也是 POP MART 品牌印象与消费者的接触点。

针对线上的虚拟消费场景，POP MART 主要入驻了天猫旗舰店，开发了"泡泡抽盒机"微信小程序，设计 IP 主题游戏，同时还建立起具有社交属性的社群 APP"葩趣"。另外，POP MART 的粉丝和消费群体也会在各个社交媒体软件中自发组成"潮玩"的话题小组。而"葩趣"作为最大的"潮玩"交流社区，集合了"潮玩"讯息、摇盒心得、艺术家 follow、线上商城等功能，不断提高圈内爱好者的忠诚度，其他平台则为 POP MART 吸引潜在消费者，将"潮玩"亚文化带入私域和公域的流量池。

在零售业的门类细分中，"潮玩"作为新起之秀，逐渐从小众视野走向大众消费市场。在人们对美好生活的不断追求下，情感、体验元素也逐渐在产品的价值属性中占据更多的份额，巧借艺术性的美感可以削弱大众对价格的敏感度。尤其是新一代的互联网"原住民"在消费领域的崛起，个性服务、质感产品、品牌彰显等打在产品上的符号标签也潜移默化地成为这一代人的"自我认同"与"自我展示"。为了响应不断情感化、场景化、融合化的时代需求，POP MART 也从一个简单的零售渠道商发展成为一个艺术经济的集合平台，用"潮、酷、萌"的流行玩具和充满好奇的盲盒体验，为都市青年搭建起娱乐生活的情感载体和个性消费的游戏"乌托邦"。

场景设计的前提是良好的用户洞察与产品创新，对于 POP MART 而言，"零售娱乐化"则是一个契机，从传递商品到传递娱乐，盲盒玩法作为纽带搭建起消费互动的"元场景"，在新技术的加持下不断拓展和裂变，逐渐形成一种社交语言，贯穿在 POP MART 的场景营销系统中。（图 10-1）

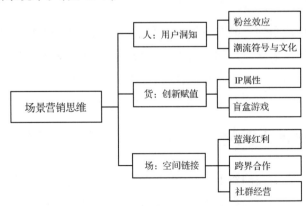

图 10-1 POP MART 的场景营销思维导图

1. 人：用户洞知

人是游戏者。生活建立在游戏的模式之上，而游戏源自文明，是一种社会的原始冲动，人人都有参与游戏的渴望。如今，全球化的进程加速了文化的交融与更迭，相比于主流传统，越来越多的亚文化被年轻一代挖掘，具有相同兴趣和偏好的人在互联社交的跳板上做出选择性会聚，形成一汪小众蓝海。在用户方面，POP MART 主要利用粉丝经济的效应，建设潮流符号并大力推广和培育"潮玩"文化。

"潮玩"集艺术设计、潮流文化和科技商业于一体，可以塑造出多种形象，它们背后的制作者往往是知名设计师、插画师、建模师等，在圈内已经拥有一定体量的粉丝，譬如 POP MART 旗下子品牌的设计师——顶流 MOLLY（茉莉）的设计师 Kenny Wong（王信明）、年度玩具 PUCKY（毕奇）太空猫的设计师毕奇、软胶玩具 LABUBU（拉布布）系列的设计师龙家升等。除此之外，在大数据的加持下，POP MART 也不断挖掘和培养具有潜质的艺术家，推动国潮玩具市场的发展，建立自己的艺术家集合平台，以类似经纪人的身份运营和管理旗下各类潮玩 IP，从而充分发挥粉丝经济效应，万象包容般汇集各类 IP 粉丝于 POP MART 这一主品牌之下。正是因为以制作者个人为单位生产"潮玩"难以形成一定体量的商业规模，给了 POP MART "从小做大"的机遇，将独特的艺术品适当量产，使其进入大众视野。此外，POP MART 还通过展销渠道、跨界合作和 KOL 推广获取另一批潜在粉丝，用潮流风向打开消费者的流量入口。

除了售卖 IP "潮玩" 盲盒外，POP MART 还积极推动、宣传国内的"潮玩"文化，并相继在北京、上海举办潮流玩具展，进一步提高"潮玩"的知名度。从游戏理论的角度可以理解为在人们的选择性会聚下强化的社会控制，不仅能将 POP MART 的品牌定位与之紧密挂钩，还可以形成后续的消费动力。

2. 货：创新赋值

玩具并不只是孩子的专利。随着年龄的增长，越来越多的人借助生活好物来进行自我表达，成年人的童心依然未泯，迪士尼（Disney）、乐高（LEGO）及网游流行的趋势已然证明了这一点。相较于其他品类，"潮玩"本身就自带 IP 属性，其背后的艺术家故事与创作成长历程便是在产品之上的创新赋值，这些情感体验使得"潮玩"不仅仅是个艺术玩具，也可以是具有纪念意义的收藏品。在 POP MART 的集合平台中已经孵化了一定数量的独家 IP，大大降低了经营风险，消费者可以投己所好进行挑选。

在盲盒营销法则中，不断推陈出新制作出新品来拉动需求，同时设定盲盒专属的"隐藏款"和高价的"限量款"，而用抽取的形式可以刺激收藏型玩家不断购买，大大降低了凑齐全系列的概率，有利于形成交流互换的社群，成为连接消费者之间的沟通渠道，为二次传播提供了可能，同时在社交讨论中增强品牌黏性，延伸出二手市场的交易。一些资深收藏者甚至还能根据摇晃盒子听震感的方法来判断玩具的款式，在 POP MART 的线下主题店经常可以看到消费者聚在一起摇盒猜款的场景。盲盒的不确定性带动了情绪的起伏，但在抽取和打开盒子的瞬间，消费者所能体会到的是与产品见第一面的快乐氛围，不论是否抽取到了心仪的玩具，拥有即快乐。

热点 IP 与盲盒营销，都是用富有品质的艺术美感和多场景化的游戏互动为玩偶产品溢价，渗透进消费群体，以丰富多样的玩法不断刷新消费者的认知，同时针对受众不同的"自我"推出换季主题系列，且不给玩偶形象设置过多限制，让消费者自由想象、改装和交换，让每个玩偶都有不同的含义，充分满足了消费者个性化的体验。

3. 场：空间链接

业界学者吴声以场景入口逻辑为基础，提出了三个场景原则：① 不再是简单执着于产品研发，而是专注洞察新的场景可能；② 不再是拘泥于自我本位的诉求，而是激发用户主动传播分享；③ 不再是红海竞争性流量获取，而是新品类独占新场景红利。在 POP MART 的生态场景中，跨界合作、社群经营、蓝海红利将这三点基本实现了。

场景氛围是感情的发酵地，人们穿梭在各个场景的活动轨迹都隐藏着自己的生活动向，或者也可解释为新场景正在塑造人们的生活方式。在以消费者需求为中心的前提下，POP MART 将触达场景进一步细分，对于不同层次的时空有相对应的场景塑造。

例如，在大型商业综合体，POP MART 会在休闲娱乐区设立自己的主题商店，各式各样的玩偶及盲盒在货架上错落有致，配合着店内的灯光、气味、音乐，为专门前来的购买者营造出了品牌场景，提供了逛街的趣味性。而在机场、地铁站、小型商圈也可以看到色彩鲜明的 POP MART 机器展示货架，可以配合潜在消费者的零碎时间，试图抓取碎片化的注意力。此外，在其他领域，POP MART 也相继与各类品牌联合跨界打造衍生品，在综艺和影视剧中进行软性植入，扩大传播版图，完善 IP 的授权准则。

随着智慧互联和多屏互动的发展，POP MART 的产品也相继数字化，游戏机制被带入线上活动，可以通过"摇手机"的体感功能来还原线下"摇盲盒"的仪式。而拥有相同兴趣爱好的人群形成"再部落化"社群，由消费者自己主笔，协同生产 IP 内容。在社交媒体的导流中，POP MART 通过邀请一些潮流 KOL 和跨界合作品牌，在微博、小红书、豆瓣、抖音等平台晒"潮玩"来设下标记，增加曝光量。在个体私域空间中，当消费者抽到新盒时也易形成二次传播。这样的社交属性实为一条关系线，为人与空间、人与商品、空间与商品之间绑上了牢固的关系链条。

四、盲盒思维下 IP 新零售营销的发展趋势

(一) 构建思路

在盲盒思维中，消费行为是一场有关互动游戏的体验仪式。在仪式中，消费者是主动沉浸的，从对功能利益的满足到对品牌的信任与喜爱，在重复的类似于"摇盒"① 的娱乐机制内不断叠加情绪，通过情景再现暗示习惯性的购物欲望。上瘾模式的四个阶段：触发（又分为内部、外部）、行动、多变的酬赏及投入。粉丝经济、IP 效应和潮流风向的塑造触发了潜在消费者的心理"痒点"，在经济支持下追求精神层面的快感和对自我的身份认同触发了行动中的热情，而抽盒时的不确定和产品的多样性刺激则作为酬赏，维系着玩家长期的兴趣和期待，最后有一定的概率会使消费者在一次次的投入中形成偏好与习惯，但也有一定的概率会形成认知偏差，不足以满足心理预期。所以，游戏化是建立在消费者的需求市场与品牌效应的基础上的。

在 To C 的模式下，消费者的感受无疑是企业品牌较为重视的，在 IP 的可持续化运营中，提升用户的品牌黏性与终身价值也必不可少。像类似于盲盒的"上瘾模式"，可以进一步拉近与消费者之间的距离，实现深度沟通，且基于潮流品牌的定位，让溢价成为对社会身份象征的心理预期，同时也可以提高在同类产品中的竞争力。从目标用户即新中产阶级的消费趋势来看，体验美学的比重大大提高，无论是在线上还是在线下，接触产品的场景与氛围都成了关键的记忆点。

此外，从外部因素来看，物流水平的提高和科学技术的发展的确给新零售营销场景虚拟化、真实化带来了诸多的想象空间和技术支持，这也是线下商业综合体在与时俱进的技术运用中带给消费者的期待和新鲜感，是吸引消费者参与的另一途径。AR、VR、5G 应用、跨屏互动，甚至是最新发行的游戏圈内的虚拟引擎 5 技术②，都为打造下一代

---

① "摇盒"是指消费者通过摇晃盲盒来感知内部玩具碰撞的声音，以猜测盲盒内玩具的品类，从而挑选出心仪的玩具，其判断能力也具有不确定性，是盲盒玩家参与购买的一种行为方式，如今发展到线上也有不同的摇盒玩法。

② 虚拟引擎 5 技术，是 Epic Game 公司在 2020 年 5 月发布的一项在计算机图形学领域的实时细节渲染技术，可以使游戏画面更加逼近电影 CG（Computer Graphics，计算机图形学）效果和真实的物理世界，它支持次世代主机、本世代主机、PC、Mac、iOS 和 Android 平台，具备两大全新核心技术：Nanite 虚拟微多边形几何技术和 Lumen 动态全局光照技术。Nanite 虚拟微多边形几何技术的出现意味着由数以亿计的多边形组成的影视级艺术作品可以被直接导入虚幻引擎，Nanite 几何体可以被实时流送和缩放，因此无须再考虑多边形数量预算、多边形内存预算或绘制次数预算了，也不用再将细节烘焙到法线贴图或手动编辑细节层次（Level of Detail，LOD）。这是图形学领域革命性的飞跃。

的空间创造力提供了解放的可能。

(二) 传播策略（图10-2）

1. 持续内容创新，优化 IP 管理

对于零售商品而言，其功能性是最基本的元素，产品本身的品质是消费者形成购买动力的关键。在此基础上，内容和 IP 的注入才能带给商品更多溢价的可能，赋予其消除同质化的情感定位，让简单的物品变成一种感性的容器。

持续内容创新，即为产品"添砖加瓦"。产品的功能属性是定向且固定的，但内容创作是天马行空的永恒蓝海，可以无限畅想。就像"潮玩"这一个品类，其实质都是玩具，在内容创新的细分之下才演变成为不同的系列，甚至是不同的个体，内容的渲染为无声的玩具注入了生命力。尤其是在已有 IP 加持的新零售中，内容创新其实就是 IP 的再创作，创作者既可以是企业品牌，也可以是消费者。

优化 IP 管理，即对 IP 未来的发展途径和衍生版图进行合理的规划与控制。IP 的原创性、独特性、艺术性、商业性使其具有能力标签，不仅可以自行发展，也可以通过跨界合作为双方带来效益。对于 IP 的挑选和培养，需要建立在消费者的心智洞察基础之上，归纳出一个群体性的"痒点"。但 IP 的形成并不意味着可以一劳永逸，它所对应的价值体系与用户心理需求呈现动态发展的趋势，需要企业品牌时时观察、维系与规划，以避免 IP 流于庸俗和同化。

2. 善用技术渠道，营造个性场景

新兴技术的发展正在重新定义商品的生产方式和触达渠道，作为创新点和注意力资源，在场景营销中投入新技术也是一种外在的触发动因。在大数据时代，算法的升级重新定义了人与企业品牌之间的关系，实现了消费洞察的精准分析和个性化的高效匹配。移动社交媒体的普及也为线上场景的设计打开了大门，增加了产品的曝光率。

不同的品类有不同的购买场景，不同的用户会被不同的场景打动。在 AR、VR 及物联网、5G 技术的发展形势下，虚拟空间、万物互联、信息传输效率又为新场景的创造提供了可能，人们既可以与机器产生更多的互动，也可以打破时空的限制沉浸于消费的小世界，不断丰富体验。线下的商业机器也可实现跨屏互动，将线上线下的情绪氛围和感受串联在一起，通过数据分析为消费者营造出具有个性化的营销场景。

3. 协同产业合作，实现多点触达

对于企业内部的产品供应链来说，整合是为了提高生产效率和产品效益，而产业与产业之间的合作则是为了实现共赢；对于产品而言，协同合作可以实现其传播路径的多点触达，形成高频率的曝光。

从生产链整合的层面来看，加强 IP 孵化流水线的协同合作，使分散的零件与步骤整合到一起，才能转变 IP 与品牌的依靠关系，使 IP 为品牌赋能，而不是品牌向 IP 靠拢、让消费者记住了 IP 而失去了对品牌的印象。从产业合作层面来看，即品牌跨界，利用 IP 效应增加合作品牌的坪效，创造新的物种和新的场景，将不同领域的产品相关联，在消费者的使用过程中形成共鸣，达成互利共赢的局面。

4. 深耕游戏机制，培养用户黏性

在 IP 新零售的营销场景中，游戏机制给消费者带来的价值体验和氛围呈现既是复合性的，也是泛娱乐化进程中的营销契机。在游戏营销中，游戏机制确立了核心的规则、流程及数据运用，玩家遵循规则参与游戏获得情绪与体验，同时产生可量化的反馈。而游戏的不可预测性也会维系消费者的好奇心与注意力，譬如加入一些"偶然因素"，让玩家自行选择，从而设计出一些可衍生的复杂玩法等。

在互动层面，传播学与游戏学的结合可以进一步培养用户黏性，形成习惯与感知力。游戏的可玩性衡量着互动的时效和参与程度，其中，成就感、代入感、奖励刺激、情绪刺激、学习曲线、时间成本、社交需求等都是参考标准。此外，从盲盒营销来看，游戏机制是可以独立于媒介的，同一种规则也可以植入不同的媒介渠道。无论是线上场景还是线下场景，产品的功能属性与游戏化的互动连接，都是更新场景体验的重要方法和工具。

5. 依托社群运营，强化品牌记忆

IP 的效应之一便是聚集。在 IP 新零售的发展中，随着消费人群的扩大，社交功能也进一步浮现，成为企业品牌的重要资源。移动社交媒体的出现大大拉近了人与人之间的时空距离，使得品牌营销向直接触达消费者的品牌商业模式（Direct To Consumer，DTC）发展。社交网络不断催化用户的裂变与增殖，向渠道商引入高效的流量，一方面，创新消费场景，营造消费氛围；另一方面，积累用户的静、动态数据，在不断反馈中建立亲密的社群关系，由消费者来组建新的营销话术和内容，通过社群价值的打造建立起企业品牌的口碑，强化记忆点。

社群的选择性会聚是 IP 与生俱来的优势，也是新零售在以消费者为中心的前提下对人心智洞察、把握的培养皿。良好的沟通平台更有利于关系的搭建与维系。

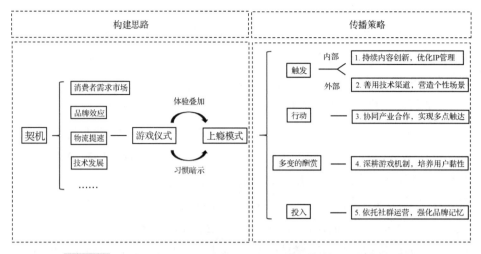

图 10-2　盲盒思维下"IP 新零售"营销场景的构建思路和传播策略

数字化、娱乐化的社会进程将我们带入了智慧型的场景时代，商业与商业之间的边界逐渐融合，场景与场景之间的体验相互连接。与此同时，原创 IP 为新零售创建了新的语言交流符号，渗透进场景的构建和经营中，向着多元化、融合化和精准化发展。盲盒的游戏机制为场景的传播带来新的体验感，在社交互动中成为一种消费仪式，是产品运营中的情感加持。

小　结

"新零售"商业模式得以存在和发展的重要基础，正是源于人们对购物过程中个性化、即时化、便利化、互动化、精准化、碎片化等要求的逐渐提高。"新零售"商业模式打破了之前线上和线下各自封闭的状态，使线上和线下得以融合、取长补短且相互依赖。在该商业模式下，线上更多地履行交易与支付的职能，线下通常作为筛选与体验的平台，高效物流则将线上和线下相连接，并与其共同作用形成商业闭环。基于该种模式，消费者既能获得传统线下零售的良好购物体验，又能享受到线上电商的低价和便利，而各种新兴技术对人们购物全过程的不断渗透将使企业提供的商品与服务得以融入更多的智慧因子，进一步产生"1+1＞2"的实际效果。在"新零售"商业模式下，消费者可以畅游在智能、高效、快捷、平价、愉悦的购物环境之中，购物体验获得大幅提升。

【思考题】

1. 新零售与传统零售的区别在哪？
2. "新零售"商业模式如何帮助品牌更高效地直接触达消费者？
3. 数字技术是怎样赋能新零售营销的？

【推荐阅读书目】

1. 杜凤林. 新零售：打破渠道的边界［M］. 广州：广东经济出版社，2017.
2. 董永春. 新零售：线上+线下+物流［M］. 北京：清华大学出版社，2018.
3. 张箭林. 新零售：模式+运营全攻略［M］. 北京：人民邮电出版社，2019.

参考文献

[1] 丁汉青,杨雅,喻国明.2020 中国互联网广告市场的十大特点与发展趋势:基于对《中国互联网广告数据报告(2020)》的分析[J].新闻界,2021(2):34-39.

[2] 舒咏平,陈少华,鲍立泉.新闻媒体与广告互动传播[M].武汉:华中科技大学出版社,2006.

[3] 尼古拉·尼葛洛庞帝.数字化生存[M].胡泳,范海燕,译.海口:海南出版社,1996.

[4] 刘庆振,于进,牛新权.计算传播学:智能媒体时代的传播学研究新范式[M].北京:人民日报出版社,2019.

[5] 姜晓秋.新媒体环境下传统文化植入广告的新路径[J].今传媒,2020,28(10):95-97.

[6] 何迪诗.现代广告设计中数字媒体艺术的应用[J].传媒论坛,2019,2(19):123-124.

[7] 袁勇,王飞跃.平行区块链:概念、方法与内涵解析[J].自动化学报,2017,43(10):1703-1712.

[8] 栗建.区块链的营销黑科技[J].IT 经理世界,2017(5):41-43.

[9] 戴世富,陈倩楠.计算与算计:计算广告的伦理反思[J].国际品牌观察,2021(22):18-22.

[10] 颜景毅.计算广告学:基于大数据的广告传播框架建构[J].郑州大学学报(哲学社会科学版),2017,50(4):150-154.

[11] 吴忠斌.关于计算广告相关算法的解析[J].电子世界,2017(21):34-35.

[12] 杨扬.计算广告学的理论逻辑与实践路径[J].理论月刊,2018(11):162-167.

[13] 柯兰,芬顿,弗里德曼.互联网的误读[M].何道宽,译.北京:中国人民大学出版社,2014.

[14] 段淳林,崔钰婷.颗粒度、信息质量和临场感:计算广告品牌传播的新维度:基于 TOE 理论的研究视角[J].武汉大学学报(哲学社会科学版),2022,75(1):79-90.

[15] 刘庆振,钟书平.重新思考计算广告:概念界定与逻辑重构(六)[J].国际品牌

观察,2021(25):20-21.

[16] 吕尚彬,郑新刚.计算广告的兴起背景、运作机理和演进轨迹[J].山东社会科学,2019(11):164-169.

[17] Wing J M. Computational Thinking[J]. Communications of the ACM,2006,49(3):33-35.

[18] 卡鲁姆·蔡斯.人工智能革命:超级智能时代的人类命运[M].张尧然,译.北京:机械工业出版社,2017.

[19] 邢冰冰.计算广告的传播范围窄化问题与其可行性解决模式[J].新闻前哨,2021(9):125-126.

[20] 张驰,安瑀.信息流广告的缘起、发展及其存在的问题[J].品牌研究,2017(6):37-42.

[21] 易龙.智能广告初论[J].新闻界,2008(4):170-172.

[22] 牟怡.传播的进化:人工智能将如何重塑人类的交流[M].北京:清华大学出版社,2017.

[23] 李凯,严建援,林漳希.信息系统领域网络精准广告研究综述[J].南开管理评论,2015,18(2):147-160.

[24] 鞠宏磊,黄琦翔,王宇婷.大数据精准广告的产业重构效应研究[J].新闻与传播研究,2015,22(8):98-106,128.

[25] 喻国明.镶嵌、创意、内容:移动互联广告的三个关键词:以原生广告的操作路线为例[J].新闻与写作,2014(3):48-52.

[26] 刘梦娟,岳威,仇笠舟,等.实时竞价在展示广告中的应用研究及进展[J].计算机学报,2020,43(10):1810-1841.

[27] 娜日迈.大数据时代媒介投放策略的转变[J].中国传媒科技,2017(5):92-93.

[28] 王智阳.移动互联网时代下的品牌广告传播研究[J].中国传媒科技,2017(5):97-98.

[29] 张静,鲜宁,蒋睿萍.移动DSP平台在营销领域对广告行业的作用机理[J].现代营销,2018(7):48-49.

[30] 曹文平,宁彬.DSP广告主管理平台的设计[J].现代信息科技,2017,1(5):87-88.

[31] 秦雪冰.复杂关系网络:人工智能重构下的广告产业链[J].当代传播,2021(2):103-105.

[32] 韩霜.程序化创意的现状和发展路径分析[J].广告大观(理论版),2017(3):77-87.

[33] 倪宁,金韶.大数据时代的精准广告及其传播策略:基于场域理论视角[J].现代

传播,2014(2):99-104.

[34] 吴德胜,张军,张兆军.大数据时代DSP广告的困境与对策[J].新闻研究导刊,2016(10):302-303.

[35] 秦雪冰.智能的概念及实现:人工智能技术在广告产业中的应用[J].广告大观,2018(1):27-31.

[36] 朱建秋.AI赋能广告需求方:人工智能在数字营销领域的新使命[J].国际品牌观察,2021(5):71-72.

[37] 段淳林,任静.智能广告的程序化创意及其RECM模式研究[J].新闻大学,2020(2):17-31,119-120.

[38] 聂佳佳,熊中楷,曹俊.双寡头市场中品牌广告竞争和大类广告合作策略研究[J].中国管理科学,2010,18(2):134-142.

[39] 康瑾.原生广告的概念、属性与问题[J].现代传播(中国传媒大学学报),2015(3):112-118.

[40] 杨辉.论互联网广告监管存在的问题及对策[J].新闻研究导刊,2019,10(18):214-215.

[41] 赵月奇.浅析互联网广告虚假流量的常见类型及产生原因[J].传播力研究,2019(27):177-178.

[42] 钱增艳.互联网广告曝光率对广告效果的影响探究[J].中国商论,2019(1):14-15.

[43] 徐升.基于淘宝平台的竞价广告自动投放系统设计与实现[D].成都:电子科技大学,2015.

[44] 袁潇,付继仁.大数据时代原生广告的传播路径研究[J].新闻界,2017(10):51-54,63.

[45] 曾鸿,吴苏倪.基于微博的大数据用户画像与精准营销[J].现代经济信息,2016(24):306-308.

[46] 邢千里,刘列,刘奕群,等.微博中用户标签的研究[J].软件学报,2015,26(7):1626-1637.

[47] 王笛.消费文化和粉丝经济影响下的"英雄神话":郭敬明流行现象个案研究[D].南京:南京大学,2014.

[48] 方潇.微博广告传播的议程设置效果分析[J].大众文艺,2011(16):278-279.

[49] 彭兰.网络传播概论[M].北京:中国人民大学出版社,2001.

[50] 熊锦慧.社交媒体移动端原生广告研究:以新浪微博为例[D].西安:西北大学,2017.

[51] 徐宏伟.我国信息流广告的研究现状及趋势分析[J].今传媒,2020(9):89-92.

[52] 杨莉明,徐智.社交媒体广告效果研究综述:个性化、互动性和广告回避[J].新闻界,2016(21):2-10.

[53] 李彪.信息流广告:发展缘起、基本模式及未来趋势[J].新闻与写作,2019(10):54-58.

[54] 姜智彬.技术赋能:"十三五"时期的中国广告行业变革[J].编辑之友,2021(1):44-52.

[55] 苏涛.H5新闻的概念起源与技术逻辑:基于技术视角的考察[J].新媒体研究,2019(20):1-5,12.

[56] 李青.互动广告新形式:H5广告研究[J].新闻研究导刊,2016(9):286.

[57] 刘鹏,王超.计算广告:互联网商业变现的市场与技术[M].北京:人民邮电出版社,2015.

[58] 陈培爱,闫琰.数字化时代的广告传播[J].编辑之友,2012(9):6-10.

[59] 廖秉宜.大数据时代数字广告产业的发展模式与战略[J].广告大观(理论版),2015(4):27-31.

[60] 覃清桐,张其星,张惠丽,等.程序化购买广告的受众体验分析[J].新媒体研究,2020(11):54-56.

[61] 吴俊.程序化广告实战[M].北京:机械工业出版社,2017.

[62] 贺磊.大数据时代下程序化购买广告中的伦理问题研究[D].广州:暨南大学,2016.

[63] 郑雯静.互联网企业的程序化广告服务平台研究:以巨量引擎为例[J].新闻研究导刊,2020,11(13):210-211.

[64] 霍小凡.程序化革新如何助力品牌营销[J].新闻传播,2019(12):51-52.

[65] 常馨文.程序化广告优缺点分析[J].新闻研究导刊,2020,11(20):215-216.

[66] 刘梅.我国程序化广告规制的问题及其完善研究[D].重庆:重庆大学,2019.

[67] 黄霁风,陈丹丹,张琰.注意力模式视域下的网络短视频平台运营策略:以抖音APP为例[J].今传媒,2018(11):87-92.

[68] 王雅楠.数字网络传播背景下,传统广告媒介的生存与发展研究[J].传播力研究,2019(21):168.

[69] 韩文静.基于用户画像的数字广告智能传播[J].青年记者,2019(18):76-77.

[70] 何自然,陈新仁.语言模因理论及应用[M].广州:暨南大学出版社,2014.

[71] 苏珊·布莱克摩尔.模因机器:它们如何操纵我们,又怎样创造文明[M].郑明璐,译.北京:机械工业出版社,2021.

[72] 曹进,刘芳.从模因论看网络语言词汇特点[J].南京邮电大学学报(社会科学版),2008,10(1):46-50.

[73] 杜雪艳.短视频孵化的内容瓶颈及对策研究[J].传媒观察,2019(1):41-46.

[74] 董中发.中国短视频 MCN 市场发展状况研究[J].内蒙古科技与经济,2019(5):63-65.

[75] 任悦.微博平台下短视频 MCN 的粉丝经营策略研究[D].保定:河北大学,2018.

[76] 刘宁.新媒体下短视频 MCN 模式的分析[J].传播力研究,2019(3):84.

[77] 李梦楠.MCN 模式在中国短视频行业内的兴起[J].新媒体研究,2017(20):51-52.

[78] 沈贻炜,俞春放,高华,等.影视剧创作[M].杭州:浙江大学出版社,2012.

[79] 梁旭艳.场景:一个传播学概念的界定:兼论与情境的比较[J].新闻界,2018(9):55-62.

[80] 彭兰.场景:移动时代媒体的新要素[J].新闻记者,2015(3):20-27.

[81] 胡正荣.传统媒体与新兴媒体融合的关键与路径[J].新闻与写作,2015(5):22-26.

[82] 郜书锴.场景理论的内容框架与困境对策[J].当代传播,2015(4):38-40.

[83] 严小芳.场景传播视阈下的网络直播探析[J].新闻界,2016(15):51-54.

[84] 喻国明,梁爽.移动互联时代:场景的凸显及其价值分析[J].当代传播,2017(1):10-13,56.

[85] 本刊综合整理.场景化营销:有心动才有行动[J].中国合作经济,2020(10):47-50.

[86] 方迎丰.仪式感营销[J].销售与市场(管理版),2011(6):67-69.

[87] 詹姆斯·W.凯瑞.作为文化的传播:"媒介与社会"论文集[M].丁未,译.北京:华夏出版社,2005.

[88] 郭盼盼.仪式感体验的宴会用瓷设计研究[D].景德镇:景德镇陶瓷大学,2020.

[89] 倪宁.广告学教程[M].北京:中国人民大学出版社,2001.

[90] 余小梅.广告心理学[M].北京:北京广播学院出版社,2003.

[91] 如之.中国汽车行业营销需求的 10 个洞察点[J].互联网周刊,2020(22):20-24.

[92] 张凯璇,侯欣洁.新浪微博娱乐营销号的情绪营销状况研究[J].北京印刷学院学报,2020,28(2):30-34.

[93] 彭雅兰.传播学视角下的微电影广告叙事研究:以 New Balance 品牌微电影广告为例[D].西安:西北大学,2016.

[94] 詹姆斯·韦伯·扬.创意[M].李旭大,译.北京:中国海关出版社,2004.

[95] 李瑞.基于叙事结构的微电影广告隐喻策略研究[J].出版广角,2019(7):

70-72.

[96] 华颖臻. 微电影式广告的情感价值研究[D]. 西安:陕西科技大学,2014.

[97] 应群,汪颖,蔡建军. 节庆营销中的微电影广告情感诉求与效果分析:以百事可乐六小龄童贺岁广告为例[J]. 大众文艺,2016(11):180.

[98] 赵静,刘畅,秦梓华. 病毒营销:基于网络的情感口碑[J]. 商场现代化,2008(29):102.

[99] 杜睿云,蒋侃. 新零售:内涵、发展动因与关键问题[J]. 价格理论与实践,2017(2):139-141.

[100] 鄢章华,刘蕾."新零售"的概念、研究框架与发展趋势[J]. 中国流通经济,2017,31(10):12-19.

[101] 杜睿云,蒋侃. 新零售的特征、影响因素与实施维度[J]. 商业经济研究,2018(4):5-7.

[102] 高锐. IP产业对互联网新零售企业发展的重要性分析[J]. 市场研究,2019(4):40-41.

[103] 吴声. 场景革命:重构人与商业的连接[M]. 北京:机械工业出版社,2015.